■2025年度高等学校受験用

文化学園大学杉並高等学校

収録内容一覧

★この問題集は以下の収録内容となっています。また[illegible]用紙を省略させていただいている場合もございますのでご了承ください。

（○印は収録、一印は未収録）

入試問題の収録内容			解説	解答	解答用紙
2024年度	第1回	英語・数学・国語	○	○	○
	第2回	英語・数学・国語	—	○	○
2023年度	第1回	英語・数学・国語	○	○	○
	第2回	英語・数学・国語	—	○	○
2022年度	第1回	英語・数学・国語	○	○	○
	第2回	英語・数学・国語	—	○	○

★当問題集のバックナンバーは在庫がございません。あらかじめご了承ください。
★本書のコピー，スキャン，デジタル化等の無断複製は著作権法上での例外を除き禁じられています。
本書を代行業者等の第三者に依頼してスキャンやデジタル化することは，たとえ個人や家庭内の利用でも，著作権法違反となるおそれがあります。


リスニングテストの音声は、下記のIDとアクセスコードにより当社ホームページで聴くことができます。

（実際の入試で使用された音声です）

ユーザー名：koe　アクセスコード（パスワード）：80587　使用期限：2025年3月末日

※ユーザー名・アクセスコードの使用期限以降は音声が予告なく削除される場合がございます。あらかじめご了承ください。

●凡例●

【英語】

≪解答≫

〔　〕　①別解
②置き換え可能な語句（なお下線は置き換える箇所が2語以上の場合）
（例）<u>I am</u>〔I'm〕glad〔happy〕to ~

（　）　省略可能な言葉

≪解説≫

1, **2**… 本文の段落（ただし本文が会話文の場合は話者の１つの発言）

〔　〕　置き換え可能な語句（なお〔　〕の前の下線は置き換える箇所が 2 語以上の場合）

（　）　①省略が可能な言葉
（例）「（数が）いくつかの」
②単語・代名詞の意味
（例）「彼（＝警察官）が叫んだ」
③言い換え可能な言葉
（例）「いやなにおいがするなべにはふたをするべきだ（＝くさいものにはふたをしろ）」

//　訳文と解説の区切り

cf.　比較・参照

≒　ほぼ同じ意味

【数学】

≪解答≫

〔　〕　別解

≪解説≫

（　）　補足的指示
（例）（右図１参照）など

〔　〕　①公式の文字部分
（例）〔長方形の面積〕＝〔縦〕×〔横〕
②面積・体積を表す場合
（例）〔立方体 ABCDEFGH〕

∴　ゆえに

≒　約、およそ

【社会】

≪解答≫

〔　〕　別解

（　）　省略可能な語

＿＿　使用を指示された語句

≪解説≫

〔　〕　別称・略称
（例）政府開発援助〔ODA〕

（　）　①年号
（例）壬申の乱が起きた（672 年）。
②意味・補足的説明
（例）資本収支（海外への投資など）

【理科】

≪解答≫

〔　〕　別解

（　）　省略可能な語

＿＿　使用を指示された語句

≪解説≫

〔　〕　公式の文字部分

（　）　①単位
②補足的説明
③同義・言い換え可能な言葉
（例）カエルの子（オタマジャクシ）

≒　約、およそ

【国語】

≪解答≫

〔　〕　別解

（　）　省略してもよい言葉

＿＿　使用を指示された語句

≪解説≫

〈　〉　課題文中の空所部分（現代語訳・通釈・書き下し文）

（　）　①引用文の指示語の内容
（例）「それ（＝過去の経験）が ～」
②選択肢の正誤を示す場合
（例）（ア，ウ…×）
③現代語訳で主語などを補った部分
（例）（女は）出てきた。

／　漢詩の書き下し文・現代語訳の改行部分

文化学園大学杉並高等学校

所在地	〒166-0004 東京都杉並区阿佐谷南3-48-16
電　話	03-3392-6636
ホームページ	https://bunsugi.jp/
交通案内	JR中央線・総武線，地下鉄東西線 阿佐ヶ谷駅より徒歩約10分 JR中央線・総武線，地下鉄東西線・丸ノ内線 荻窪駅より徒歩約10分， 地下鉄丸ノ内線 南阿佐ヶ谷駅より徒歩約10分

普通科

男女共学

くわしい情報は
ホームページへ

応募状況

年度	募集数	受験数	合格数	倍率
2024	特進　80名 進学　80名 ＤＤ　40名	169名 266名 18名	166名 240名 12名	1.0倍 1.1倍 1.5倍
2023	特進　70名 進学　70名 ＤＤ　40名	180名 283名 15名	180名 266名 14名	1.0倍 1.1倍 1.1倍
2022	特進　80名 進学　80名 ＤＤ　60名	176名 339名 33名	174名 318名 30名	1.0倍 1.1倍 1.1倍

※ＤＤ＝ダブルディプロマコース
※推薦入試・一般入試(第１回・第２回)の合計。
　帰国生入試の人数は含まない。
※合格者数は他コース合格を含む。

試験科目　(参考用：2024年度入試)

[推薦入試]
＜特進・進学＞
　作文(50分)，面接(受験生本人のみ)
＜ダブルディプロマ＞
　英語(筆記90分(30分延長可)＋口頭試問約20分)，
　面接(受験生本人のみ)
[一般入試]
＜特進・進学＞
　国語・英語(リスニング含む)・数学(各50分)，
　面接(受験生本人のみ)
＜ダブルディプロマ＞
　英語(筆記90分(30分延長可)＋口頭試問約20分)，
　国語・数学(各50分)，
　面接(受験生本人のみ)

※その他に，帰国生入試も実施している。

本校の特色

本校では，主体的・協働的な学びを重視し，科学・技術・工学・芸術・数学の５領域を融合的に学ぶＳＴＥＡＭ教育とＰＢＬ(課題解決型学習)を推進している。

また，中間考査を実施せず，授業への取り組みとその学習成果が重視される環境で，生徒たちの自ら学ぶ姿勢を大切にしている。

さらに，生徒の多様な意欲や目標に合わせた指導を実現するため，以下の３つのコースを用意している。

＜特進コース＞

国公立大学や難関私立大学(早慶上理・GMARCHなど)の進学を目指すコースで，国公立クラスも設置している。英語４技能を強化するなど，入学直後から，大学入試問題を意識したハイレベルな授業や講習を実施。生徒は充実した学習環境の中で，希望進路の実現を図る。

＜ダブルディプロマコース＞

海外の大学や国内難関大学の国際学部等への進学を目指すコース。欧米型の授業が行われ，卒業時には，日本とカナダ両方の高校卒業資格を取得できる。１年次には約５週間のカナダ短期留学も実施。進路選択においては進学・留学のプロが相談に乗るなど，きめ細かな指導を行う。

＜進学コース＞

多彩な大学受験に対応したコース。生徒個々の希望進路に応じた選択科目を導入している。また，文化学園大学への優先入学制度や，総合型選抜・推薦入試に向けたサポート体制も整っている。

編集部注ー本書の内容は2024年3月現在のものであり，変更されている場合があります。正確な情報は，学校のホームページ等で必ずご確認ください。

出題傾向と今後への対策　英語

出題内容

	2024	2023	2022
大問数	6	6	6
小問数	29	29	29
リスニング	○	○	○

◎大問６題，小問数30問程度である。長文読解２～３題のほか，文法問題，作文問題などが出題される。

2024年度の出題状況

Ⅰ 放送問題

Ⅱ 長文読解総合（英問英答形式）―物語

Ⅲ 長文読解―適文選択―説明文

Ⅳ 長文読解総合（英問英答形式）―案内文

Ⅴ 整序結合

Ⅵ 和文英訳―完全記述

解答形式

2024年度	記　述／マーク／併　用

出題傾向

長文読解は２～３題で，近年は表などを見て答える問題も出題されている。設問は内容真偽や英問英答など内容把握を試すものが中心である。整序結合と和文英訳が頻出で，基本的な文法事項や構文，熟語が出題されている。放送問題は対話を聴いて，その内容に関する質問に答える形式。

今後への対策

教科書の単語や重要構文を全て暗記してしまうくらい教科書をすらすら読めて，そのスピードで内容が理解できるようになるまで何度も音読しよう。問題集は１冊決めて繰り返し解こう。放送問題はラジオ講座などを活用し，毎日英語を聞こう。仕上げとして過去問題集を解き，問題形式と時間配分を確認しておこう。

◆◆◆◆◆ 英語出題分野一覧表 ◆◆◆◆◆

分野		年度	2022	2023	2024	2025 予想※
音声	放送問題		●	●	●	◎
	単語の発音・アクセント					
	文の区切り・強勢・抑揚					
語彙・文法	単語の意味・綴り・関連知識					
	適語(句)選択・補充					
	書き換え・同意文完成					
	語形変化					
	用法選択					
	正誤問題・誤文訂正					
	その他					
作文	整序結合		■	●	●	◎
	日本語英訳	適語(句)・適文選択				
		部分・完全記述	●	●	●	◎
	条件作文					
	テーマ作文					
会話文	適文選択					
	適語(句)選択・補充					
	その他					
長文読解	内容把握	主題・表題				
		内容真偽	●	●	■	◎
		内容一致・要約文完成	●		●	◎
		文脈・要旨把握		★	●	◎
		英問英答		★	★	◎
	適語(句)選択・補充					
	適文選択・補充		●	●	●	◎
	文(章)整序					
	英文・語句解釈(指示語など)					
	その他					

●印：１～５問出題，■印：６～10問出題，★印：11問以上出題。
※予想欄　◎印：出題されると思われるもの。　△印：出題されるかもしれないもの。

出題傾向と今後への対策　数学

出題内容

2024年度

大問４題，総設問数23問の出題。①～③は小問集合で，計18問。①は，数・式，方程式の計算と，データの活用で，計10問。基本的な計算力や知識を見るものが中心。②は，数の性質，確率，方程式の応用などで，計４問。③は，図形から計４問。④は関数で，放物線と直線に関するもの。２つの角の大きさが等しくなるときや，２直線が平行になるときなど，図形の知識も要するものである。

2023年度

大問４題，23問の出題。①～③は小問集合で，計18問。①は数や式，方程式などの計算を主とするものと，数の性質や関数などで，計10問。説明の中の間違いを正す問題もある。②は確率，方程式，数の性質などで，計４問。③は平面図形，空間図形から計量題が各２問。④は関数で，放物線と直線に関するもの。平行四辺形など，図形の知識も要する。

作…作図問題　証…証明問題　グ…グラフ作成問題

解答形式

2024年度　記　述／マーク／併　用

出題傾向

近年は，大問数４題，設問数23問となることが多い。①は小問集合で約10問。計算問題に加え，他分野からの出題も見られる。②以降は，関数，図形は必出。関数は，一次関数，放物線と直線に関するもののどちらか。図形は小問形式で出題されることもある。その他，方程式の応用や場合の数・確率などの出題も見られる。

今後への対策

基礎・基本を徹底的に理解し，定着させることが第一である。教科書の章末問題や練習問題はひと通り解けるようにしておくこと。さらに基本問題集などでしっかり定着させるようにしよう。次に標準レベルの問題を一つ一つていねいにこなしていき，少しずつレベルアップをはかろう。

◆◆◆◆◆ 数学出題分野一覧表 ◆◆◆◆◆

分野	年度	2022	2023	2024	2025 予想※
数と式	計算，因数分解	★	★	★	◎
	数の性質，数の表し方	●	■	■	◎
	文字式の利用，等式変形	●			△
	方程式の解法，解の利用	■	■	■	◎
	方程式の応用	●	●	●	◎
関　数	比例・反比例，一次関数				
	関数 $y=ax^2$ とその他の関数	★	★	★	◎
	関数の利用，図形の移動と関数				
図　形	（平面）計　量	★	■	★	◎
	（平面）証明，作図				
	（平面）その他				
	（空間）計　量	●	■	●	◎
	（空間）頂点・辺・面，展開図				
	（空間）その他				
データの活用	場合の数，確率	●	●	●	◎
	データの分析・活用，標本調査	●		●	△
その他	不 等 式				
	特殊・新傾向問題など	●			
	融合問題				

●印：１問出題，■印：２問出題，★印：３問以上出題。
※予想欄　◎印：出題されると思われるもの。　△印：出題されるかもしれないもの。

出題傾向と今後への対策　国語

出題内容

2024年度

論説文　小　説

課題文

一鈴木宏昭『私たちはどう学んでいるのか』／今井むつみ『学びとは何か』
二天沢夏月『青の刀匠』

2023年度

論説文　小　説

課題文

一齋藤　保『コミュニティカフェ』／栗田　勇『日本文化のキーワード』
二額賀　澪『風に恋う』

2022年度

説明文　小　説

課題文

一田近英一『凍った地球』
二安岡章太郎『瀑布』

解答形式

2024年度　記　述／マーク／併　用

出題傾向

設問は，読解問題にそれぞれ10問程度付されており，そのうち，７割程度が内容理解に関するものとなっている。設問のレベルは，基本的なものであるが，30～70字前後の記述式解答の設問が，いくつか含まれている。課題文については，内容的には比較的読みやすいが分量が多い場合がある。

今後への対策

記述式解答が比較的多いので，課題文の内容を正確にまとめて表現する力をつけておかなければならない。そのためには，問題集をたくさんこなすだけでなく，問題集の課題文の要旨をまとめてみたりするのも有効である。国語の知識については，慣用句・四字熟語など語句関連を中心に勉強するとよい。

◆◆◆◆◆ 国語出題分野一覧表 ◆◆◆◆◆

分野		年度	2022	2023	2024	2025予想※
現代文	論説文 説明文	主題・要旨		●	●	◎
		文脈・接続語・指示語・段落関係	●		●	◎
		文章内容	●	●	●	◎
		表現			●	△
	随筆 日記 手紙	主題・要旨				
		文脈・接続語・指示語・段落関係				
		文章内容				
		表現				
		心情				
	小説	主題・要旨				
		文脈・接続語・指示語・段落関係				
		文章内容	●	●	●	◎
		表現	●		●	◎
		心情		●	●	◎
		状況・情景				
韻文	詩	内容理解				
		形式・技法				
	俳句 和歌 短歌	内容理解				
		技法				
古典	古文	古語・内容理解・現代語訳				
		古典の知識・古典文法				
	漢文	(漢詩を含む)				
国語の知識	漢字 語句	漢字	●	●	●	◎
		語句・四字熟語	●	●	●	◎
		慣用句・ことわざ・故事成語		●		△
		熟語の構成・漢字の知識				
	文法	品詞				
		ことばの単位・文の組み立て				
		敬語・表現技法				
	文学史					
作文・文章の構成・資料			●			△
その他						

※予想欄　◎印：出題されると思われるもの。　△印：出題されるかもしれないもの。

合格を勝ち取るための

本書の使い方

本書に掲載されている過去問をご覧になって，「難しそう」と感じたかもしれません。でも，大丈夫。ほとんどの受験生が同じように感じるのです。高校入試の出題範囲は中学校の定期テストに比べて広いですし，残りの中学校生活で学ぶはずの，まだ習っていない内容からも出題されているかもしれません。
ですから，初めて本書に取り組む際には，点数を気にする必要はありません。点数は本番で取れればいいのです。

過去問で重要なのは「間違えること」です。自分の弱点を知るために，過去問に取り組むのです。当然，間違った問題をそのままにしておいては意味がありません。
本書には，長年にわたって高校受験に関わってきたベテランスタッフによる詳細な解説がついています。間違えた問題は重点的に解説を読み，何度も解きなおしてください。時にはもう一度，教科書で復習するのもよいでしょう。

別冊として，抜き取って使える解答用紙を収録しました。表示してあるように拡大コピーをとれば，実際の入試と同じ条件で，何度でも過去問に取り組むことができます。特に記述問題では解答欄の大きさがヒントになる場合があります。そうした，本番で使える受験テクニックの練習ができるのも，本書の強みです。

前のページにある「出題傾向と今後への対策」もよく読んで，本校の出題傾向に慣れておきましょう。

2025年度 高校受験用

文化学園大学杉並高等学校　3年間スーパー過去問

をご購入の皆様へ

お詫び

本書、文化学園大学杉並高等学校の入試問題につきまして、誠に申し訳ございませんが、以下の問題文は著作権上の問題により掲載することができません。設問と解答は掲載してございますので、ご必要とされる方は原典をご参照くださいますよう、お願い申し上げます。

記

2024年度　第2回　英語　Ⅱ　の問題文

2023年度　第2回　英語　Ⅱ　の問題文

以上

株式会社　声の教育社　編集部

2024年度 文化学園大学杉並高等学校(第1回)

【英　語】(50分)〈満点：100点〉

I　Listen to the conversation and answer the questions about it. You will hear the conversation and questions twice.

■リスニングテストの音声は，当社ホームページで聴くことができます。(実際の入試で使用された音声です)
再生に必要なユーザー名とアクセスコードは「収録内容一覧」のページに掲載しています。

(1)

A. About 20%.
B. About 25%.
C. About 50%.
D. About 75%.

(2)

A. Some of the plastic is too small.
B. We don't know where the plastic is.
C. People don't want to collect the plastic.
D. There is too much plastic.

(3)

A. About 20%.
B. About 25%.
C. About 50%.
D. About 75%.

(4)

A. A company sells water in a small *container made from something from the sea.
B. A company sells water in a small container made from paper.
C. A company sells water in a small container made from plastic.
D. A company sells water in a small container made from the things we cannot eat.

(5)

A. All stores recycled plastic bottles people used.
B. No stores sold drinks.
C. No stores sold plastic *products.
D. No stores sold water in plastic bottles.

*product 製品　　*container 容器

※　リスニングテスト放送文は，英語の問題の終わりに付けてあります。

Ⅱ Read the passage from Part A to Part B and answer the questions from (1) to (10).

［Part A］カルロスは大きなタクシー会社に勤めている。

Every day Carlos walks to the taxi company. He works from 6:00am to 3:00pm. But Carlos always arrives at work at 5:00am. He arrives early to clean his taxi. The company has a rule. After work, all taxi drivers have to clean the taxi they drove. But many drivers don't clean them. Sometimes the taxi Carlos has to drive is dirty. Carlos doesn't like that. So he cleans the taxi before he starts work.

When Carlos finishes work, he goes to the art gallery. He likes art. But especially, he likes the painting of Maria Benedita Gregória. He stands in front of the painting and looks at it for a long time.

He knows everything about the painting. He bought a catalogue from the art gallery. It has a small photograph of the picture in it. He keeps the catalogue next to his bed. The woman in the picture is very beautiful and young. She is wearing a white satin dress. She has beautiful jewellery – diamonds and emeralds. She is looking out of the picture. Carlos thinks she is looking at him. Carlos dreams that she is still alive. He dreams that she is his girlfriend. It is very sad because Maria Benedita Gregória died in 1929.

Carlos knows it is crazy. He never tells anyone about his secret love. But he knows he will never love another woman. Sometimes, if he is alone in the art gallery, he talks to Maria. He thinks that sometimes she answers him.

One morning, Carlos arrives at work as usual at 5:00am. "Good morning," he says to the man in the taxi office. "Which car will I drive today?" "Good morning, Carlos," answers the man in the office. "Number 505 for you today. I'm sorry. Benny drove it last night. It's very dirty. That man is a pig. He never cleans his taxi." "That's O.K," says Carlos. "I have time. I will clean it."

Carlos cleans the outside of the taxi first. Then he starts to clean the inside. Benny was eating in the taxi last night. On the floor next to the driver's seat there are empty cans and an empty pizza box. The back of the taxi is not so dirty, but Carlos cleans that too. Then he sees something shiny. It is on the floor next to the back seat. He picks it up. It is an earring. Carlos looks at it. He thinks, *I know this earring! I have seen this earring before. Maybe I saw a passenger wearing it.*

The taxi company has a rule. If a driver finds anything in the taxi, he has to give it to the man in the office. Then, if a passenger calls and says, "I left my wallet in one of your taxis" or, "I left my coat in the taxi," the man in the office can say, "I have it here," or "I'm sorry, we didn't find it."

But Carlos doesn't want to give the earring to the man in the office. He wants to think about it. He puts the earring in his pocket.

When Carlos finishes work, he takes the taxi back to the company. Then he takes a bus to his apartment. He makes a sandwich and a cup of coffee. He sits down at the table in his small kitchen. He takes the earring from his pocket and looks at it.

Where have I seen this earring? he thinks. He holds the earring in his hand. He thinks for a long time. Then he remembers!

He runs to his bedroom. He takes the catalogue from the art gallery. He looks at the photograph of the picture of Maria Benedita Gregória. He looks at Maria's earrings.

Yes! That's it! The earring in his hand is the same!

Carlos goes back to the kitchen. He thinks, *This earing has emeralds and diamonds. If they are real jewels, this earring is very valuable. I should give it to the man in the office. But I don't want to. I want to find the owner. I want to give the earring back to the owner myself.*

Questions about Part A

(1) Which is true about Maria Benedita Gregória in the painting?
A. She is wearing black clothes.
B. She isn't young but she is beautiful.
C. She is wearing earrings.
D. She is Carlos' girlfriend.

(2) Which is **NOT** true about the taxi Benny drove?
A. Benny was eating in it the night before.
B. There were an empty pizza box and empty cans in it.
C. Carlos also cleaned the back of it because it was very dirty.
D. Carlos cleaned the inside after he cleaned the outside.

(3) Where was the earring he found?
A. On the floor beside the back seat.
B. On the floor next to the driver's seat.
C. Outside of the taxi.
D. In the empty pizza box.

(4) What is a rule of this company?
A. Taxi drivers have to work from 6:00am to 3:00pm.
B. All taxi drivers have to clean the taxi they'll drive before work.
C. No taxi drivers can work after 3:00pm.
D. Anything a driver finds in the taxi must be given to the office.

(5) Which is **NOT** true about Carlos?
A. He likes Maria in the painting, so he doesn't think that he will love another woman.
B. After work, he takes the taxi back to the company and walks to his apartment.
C. He thinks that Maria sometimes answers him when he speaks to her.
D. He cleans the taxi if it is dirty.

(6) Why didn't Carlos want to give the earring to the man in the office?
A. It was so valuable because it had emeralds and diamonds.
B. He wanted to give it to his mother.
C. He didn't want to lose it because he loved the earring.
D. He wanted to find the owner and give it back to her.

[Part B] カルロスはあるホテルがイヤリングの持ち主と関係があることをつかみ、そのホテルに行くことになる。

Early the next morning, Carlos is standing outside the hotel. It is a small and cheap hotel. It is for young people with no money.

He thinks, *Only poor people stay in this hotel. So this earring is made of glass and plastic.* But he wants to see the owner of the earring. Carlos waits for hours. He watches the people walking into the hotel and out of the hotel. Of course Carlos doesn't know the owner of the earring. He doesn't know her name. He doesn't know her face. But he believes he will find her.

It is 2:00pm. Carlos is tired and hungry.

I have seen many people, he thinks. *But who is the owner of the earring? I still don't know. I am so stupid. What can I do? I will go to the gallery. I will ask Maria Benedita. She will help me!*

Carlos goes to the gallery. When he arrives at the gallery, he feels angry. Someone is standing in front of the picture of Maria Benedita Gregória. He can't talk to her. He has to wait.

Carlos walks across the room until he is near the picture. A woman is standing in front of the picture. She is young and pretty. She is crying. She doesn't hear Carlos. Then Carlos gets a surprise. The young woman is talking to the picture!

"Oh great-grandmother, I am Barbara. I came here from my home. It is a very small town near Tejupa. I worked in the local shop. I hated it. I want to live in the city but my father wants me to stay at home. I have no mother. My grandmother was very kind. She told my father to let me go to the city. I saved my money. I saved for two years. Finally, I had enough money to come here. Grandmother told me about you. She told me to come and see your picture. She gave me her earrings. She said, 'The earrings will bring you good luck! They are my mother's earrings. Long ago our family was rich and powerful. But now our family has nothing. We only have the earrings'.

"Last week I got a job in the city. ・・・中略・・・ I got a taxi. When I got to my hotel I looked in the mirror. I was very shocked. I only had one earring. I cannot go back to that office. I cannot go home. I don't know what to do! I am so sorry."

Carlos waits. He is sure the picture will talk to Barbara. He looks at the picture. But the eyes in the picture are not looking at Barbara. The eyes in the picture are looking at him!

What does this mean? Carlos asks himself. *Maria Benedita wants me to do something. But what? What does she want me to do?*

Carlos suddenly shouts, "Maria Benedita. Tell me! What should I do?" The young woman turns around. "Who are you?" she asks. "I am Carlos. I drive a taxi. I have something for you." Carlos puts his hand in his pocket. He takes out the earring and gives it to her. "Is this yours?" he asks. She takes the earring and looks at it for a long time. "Yes! It is! This is a miracle! Where did you find it? How did you find me?"

(*Life is Surprising!,* I Talk You Talk Press, 2018)

https://italkyoutalk.com/

Questions about Part B

(7) Why did Carlos decide to go to the gallery?

A. He wanted to see a lot of paintings.

B. He thought Maria Benedita would help him.

C. He thought he wanted to eat something there because he was hungry.

D. He thought he wanted to relax there because he was tired.

(8) Why did Carlos feel angry when he arrived at the gallery?

A. He was very tired because he was standing outside the hotel.

B. He didn't eat anything, so he was very hungry.

C. The painting he loved wasn't displayed.

D. Someone was standing in front of his favorite painting, so he had to wait.

(9) What is **NOT** true about Barbara?

A. She saved money because she wanted to live in the city.

B. Her father didn't want her to stay at home, so she decided to go to the city.

C. She got the earrings from her grandmother.

D. She was very happy when she found the earring.

(10) Which one of these sentences is true?

A. Carlos thought Maria Benedita wanted him to do something while he was waiting.

B. The hotel was so expensive that it was not for young people with no money.

C. Barbara came to the city, but she hasn't got a job yet.

D. Barbara's great-grandmother was so kind that she helped her to go to the city.

Ⅲ Read the passage and choose the correct letter from A to J to fill in the blanks.

The Effects of Smartphone Use on University Students

One of the most important *possessions of a university student, if not *the* most important possession, is their smartphone. Along with textbooks, notebooks and other *supplies, almost every student brings their *trusty phone with them when they make the daily trip to campus. (　　1　　). But what are the effects of smartphone use on university students?

First of all, smartphones are, of course, very convenient. (　　2　　). They can take high-quality pictures easily and share them with family and friends. (　　3　　), so students can *register for classes online, access their university website and gather information for academic papers—anywhere and anytime.

On the other hand, smartphones can be a serious *distraction in the university classroom. It is becoming increasingly common for students to text friends or surf the Net instead of listening to lectures, taking part in group activities, or completing in-class assignments. (　　4　　). Smartphone *addiction may also have *destructive consequences. A recent study found that four out of five university students experienced panic, *isolation and stress when they didn't have access to their smartphones even for one day.

(　　5　　), but they may also distract them from learning and cause destructive results. Therefore, it is important for students to *take advantage of the opportunities that smartphones offer, while using them in a*mature and responsible way.

(Hickling, R, Yashima, J, Jigsaw—Insightful Reading to Successful Writing パラグラフのパターン別に学んで磨く英語力, センゲージラーニング株式会社,2022)

*possession 所有物　*supply 生活必需品　*trusty 頼りになる　*register 登録する

*distraction 気をまぎらすもの　*addiction 中毒　*destructive consequence 破壊的な結果

*isolation 孤立　*take advantage of… …を利用する　*mature 賢明な

A. Smartphones also provide Internet access

B. Smartphones also provide many functions

C. It's the one thing they want to leave home

D. It's the one thing they never want to leave home without

E. As a result, this type of behavior often positively affects students' academic performance and doesn't prevent them from learning

F. As a result, this type of behavior often negatively affects students' academic performance and prevents them from learning

G. In conclusion, smartphones cannot always be great information and learning tools for students

H. In conclusion, smartphones can be great information and learning tools for students

I. Because of smartphones, students can find information quickly, and they never have to look for a *pay phone or wonder where their friends are

J. Because of smartphones, students can find information quickly, but they sometimes have to look for a pay phone and wonder where their friends are

*pay phone 公衆電話

Ⅳ Read the information below and choose the best answers to fill in the blanks.

THE GIANTS STADIUM TOUR

The tour is a one-hour tour that includes visits to the field, clubhouse (when the Giants are not playing at home) and historic Monument Park.

Regular Tour

The regular tour starts at noon, seven days a week, except when there are day games. *Up to 20 people can join the tour. No reservations are *required for this tour, though tickets can be *purchased on line at *www.Giants stadium.com* before the day of the tour. On the day of the tour, tickets can only be purchased at the ticket windows.

Reserved Group Tour

Reservations are required for groups of 21 or more. A *maximum of 60 people can join the tour. Group tours are held between 10:00 a.m. and 4:00 p.m. every day except when there are day games.

Tour Prices

Adults (over 18) -$18.00
Students (from 13 to 17) -$14.00
Children (12 and under)-$10.00
Senior Citizens (over 60)-$10.00

If over 4 people join the tour, they can have 10% discount off the total amount.

Special Prices for School Groups (special prices on weekdays)

Teachers-$14.00
High School Students-$9.00
Elementary and Middle School Students- $8.00
Reservations are required for all school groups. (You have to make a reservation online.)

For further information, go to
www.rockets-stadium.com/tour
or call 1-800-XXX-XXX

*up to… …まで　*require… …を要求する　*purchase… …を購入する　*maximum 最大

(1) Which statement is true? (　　　).

A. You cannot visit the clubhouse when the Giants are playing at home.
B. The regular tour starts at noon, seven days a week, except when there are night games.
C. If you want to join the regular tour, you need a reservation.
D. Over 60 people can join the reserved group tour.

(2) A family has five people: a grandmother aged 65, a father aged 45, a mother aged 39, and two children (aged 17 and 12). If all of them join the tour, they will pay (　　　).

A. $48.00
B. $53.00
C. $63.00
D. $70.00

(3) If you are an elementary school teacher who wants to take 10 of your students on a tour, (　　　).

A. you have to wait in line to buy your students' tickets
B. you have to make a reservation on the phone
C. you have to pay $104.00 in total
D. special prices cannot be used on Saturdays

V Put the words in the correct order.

(1) 彼女は日本で最も有名な芸術家の一人になった。
She (the / famous / became / artists / of / one / most) in Japan.

(2) 努力をせずに、君は夢を実現させることはできない。
You (come / cannot / your dream / without / make / true) making an effort.

(3) このビンを開けるものを探しています。
I'm (open / for / this bottle / something / looking / to / with).

VI Make an English sentence for each question using the given word.

(1) 彼女は何回、京都を訪問したことがありますか。(has)

(2) 私は自分をしあわせな気分にしてくれる映画が好きです。(make)

(3) この花は日本語で何と呼ばれていますか。(called)

＜リスニングテスト放送文＞

Ken and Jane are in a classroom. Jane is an exchange student from New Zealand. They are talking about a problem in New Zealand.

Ken: What are you looking at, Jane?

Jane: I'm looking at pictures of a beach in New Zealand. There is a lot of garbage. In New Zealand, three quarters of the garbage along the coast is plastic. A newspaper says that there will be more plastic garbage than fish in the sea by 2050.

Ken: Really? There are so many plastic products in our lives. For example, we use plastic in bottles, containers, and bags. They are used only once and thrown away. Then, some plastic goes into the sea.

Jane: That's right. That plastic stays in the sea for a long time and breaks into pieces. Some people try to collect them, but some of them are too small to collect.

Ken: I hear that fish and other marine animals sometimes eat the plastic and it stays in their bodies. If we eat these fish, we may have health problems.

Jane: About half of the plastic garbage on the beach is plastic bottles, so let's think about some ways to reduce the number of bottles which go into the sea.

Ken: I think recycling is the best way. If people recycle plastic bottles, they will not go into the sea. Then, we will not see any garbage on our beach.

Jane: But some people don't recycle plastic bottles. They just throw them away. They don't think about environmental problems, so recycling is not enough to reduce the number of plastic bottles.

Ken: I have found an interesting idea on the Internet. Some companies have started choosing eco-friendly products instead of plastic bottles. For example, in England, a company sells water in small containers which are made from seaweed.

Jane: That's a nice idea. In our country, a town became famous because every store stopped selling water in plastic bottles. I think it's a good idea.

Ken: I think we will solve many problems if they do this at every store. Anyway, there are many ways to reduce the number of plastic bottles. Let's learn more and find our own way.

Q1: What percentage of garbage along the coast is plastic?
Q2: What is one of the problems when collecting the plastic in the sea?
Q3: What percentage of plastic garbage on the beach is plastic bottles?
Q4: What does a company in England do to reduce plastic bottles?
Q5: Why did a town in New Zealand become famous?

【数　学】（50分）〈満点：100点〉

1 次の各問いに答えなさい。ただし，答えが分数のとき，分母は $\sqrt{\ }$ がつかない形にすること。

(1) $9+(-2^3)\div\left(-\frac{4}{3}\right)$ を計算しなさい。

(2) $\frac{20}{\sqrt{5}}-\sqrt{10}(\sqrt{32}-2\sqrt{2})$ を計算しなさい。

(3) $\frac{a-2b}{3}-\frac{2(a-3b)}{5}$ を計算しなさい。

(4) $2(x+7)(x-1)-(x+6)^2$ を計算しなさい。

(5) 連立方程式 $\begin{cases}2x+3y=1\\0.5x+0.2y=0.8\end{cases}$ を解きなさい。

(6) $(2x-3y)^2+3y-2x$ を因数分解しなさい。

(7)　$x=3$，　$y=-1$ のとき，$20x^2y\div15x\times6y$ の式の値を求めなさい。

(8)　$(\sqrt{5}-2)^{100}(\sqrt{5}+2)^{99}$ を計算しなさい。

(9)　2次方程式　$\dfrac{x^2-3}{2}=2x+1$ を解きなさい。

(10)　次のヒストグラムは，あるクラスの数学のテストの得点をまとめたものである。
このヒストグラムについての説明で下線部が間違えているものを，次の ① ～ ④ から1つ選び，記号で答え，正しい答えを書きなさい。

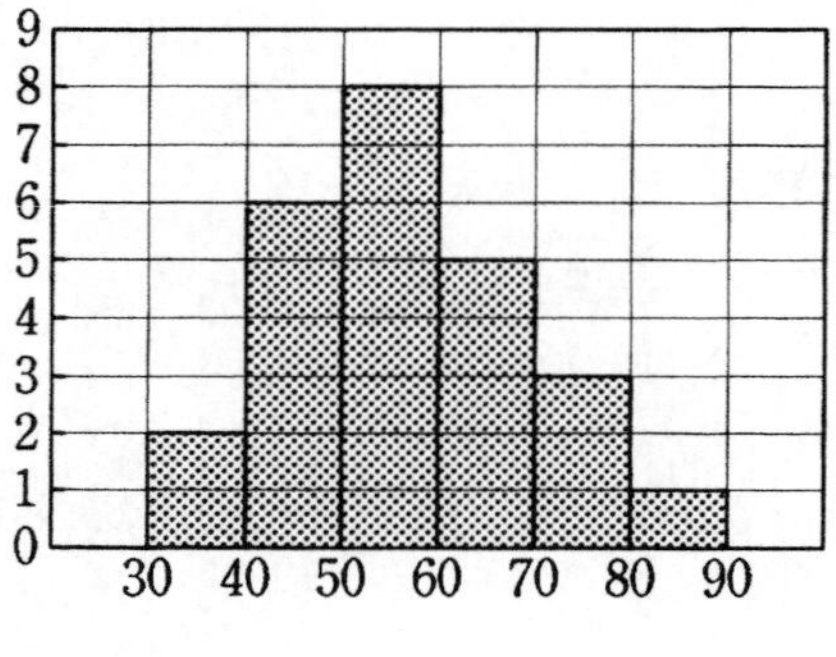

①　このクラスの人数は 25 人 である。

②　中央値が含まれる階級の階級値は 55点 である。

③　40 点以上 50 点未満の階級の相対度数は 0.25 である。

④　最頻値は 55 点 である。

2 次の各問いに答えなさい。

(1) 次のア～エの数の中で，小さい方から３番目のものを記号で答えなさい。

ア… $3\sqrt{2}$　イ… $\sqrt{(-4)^2}$　ウ… $\sqrt{15}$　エ… $\dfrac{10}{\sqrt{5}}$

(2) １つのさいころを２回投げて，１回目に出た数を a，２回目に出た数を b とする。$10a+b$ が素数になる確率を求めなさい。

(3) m，n を自然数とするとき，条件 $n \leqq \sqrt{m} < n+1$ を満たす m が13個となるような n の値を求めなさい。

(4) 杉並区の図書館では，インターネット予約を受け付けている。昨年の１月はインターネットによる予約冊数と窓口の予約冊数を合わせた予約冊数が1200冊であった。今年の１月は昨年の１月と比べて，窓口での予約冊数は20％減ったが，インターネットによる予約冊数が40％増えたので，予約冊数は20％増えた。昨年のインターネットによる予約冊数を x 冊として方程式を作り，x の値を求めなさい。

3 次の各問いに答えなさい。

(1) 下の図のように，半円の直径 AB の延長上に点 C をとり，C から半円 に引いた接線と円の接点を T とする。∠BCT＝32°のとき，∠x の大きさを求めなさい。

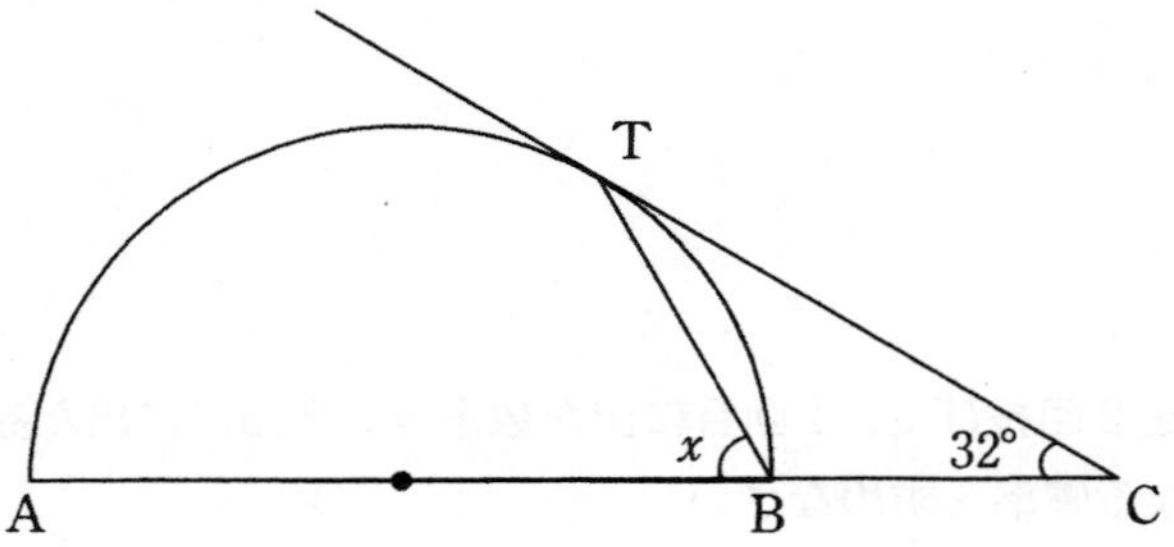

(2) 下の図のように，線分 AB を直径とする半円と $\overset{\frown}{AB}$ 上の点 P を接点とする接線がある。この接線上に 2 点 C，D を ∠CAB ＝ ∠DBA ＝ 90° となるようにとる。AC ＝ 5 cm，BD ＝ 3 cm のとき，直径 AB の長さを求めなさい。

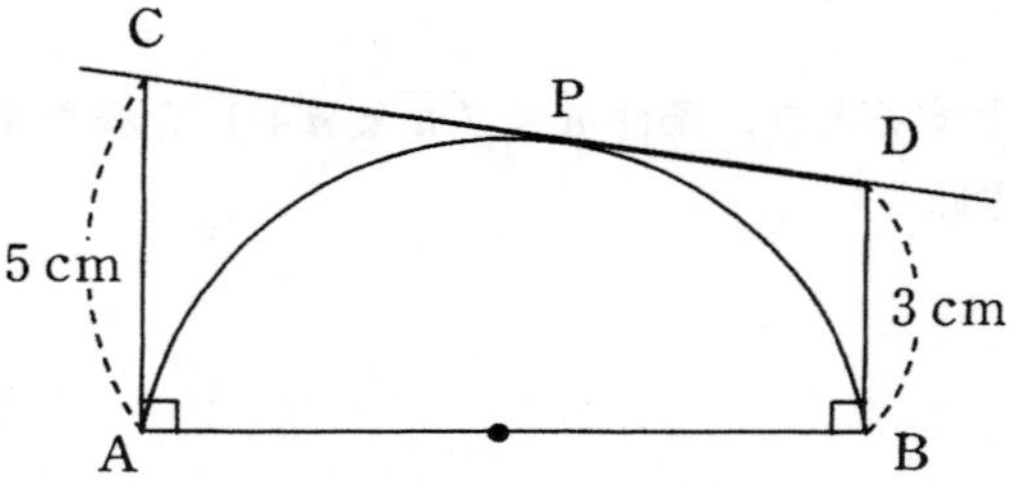

(3) 下の図は，∠B ＝ 30°，∠C ＝ 90°，AC＝ $2\sqrt{6}$ cm の直角三角形である。直線 AB を軸として 1 回転したときにできる立体の体積を求めなさい。ただし，円周率は π とする。

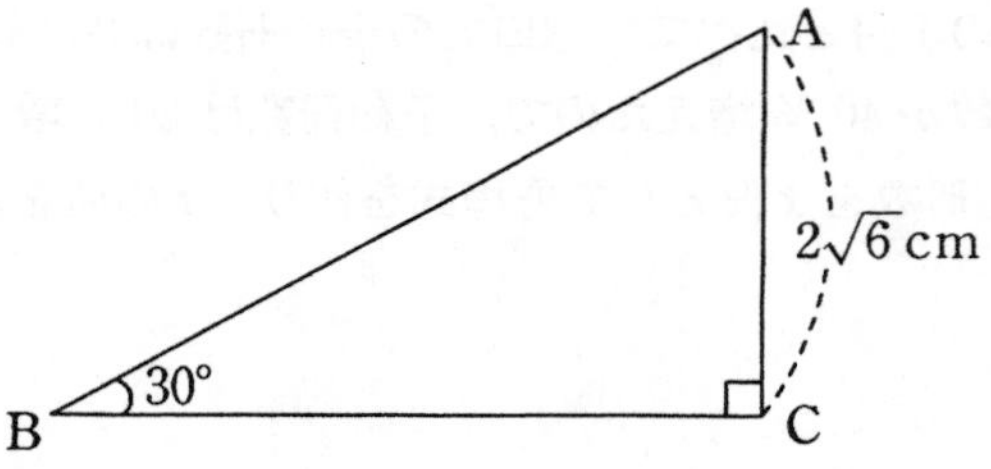

(4) 下の図の四角形 ABCD は面積が 210 cm^2 の平行四辺形である。AE：ED＝ 3：2 であるとき，四角形 AEFB の面積を求めなさい。

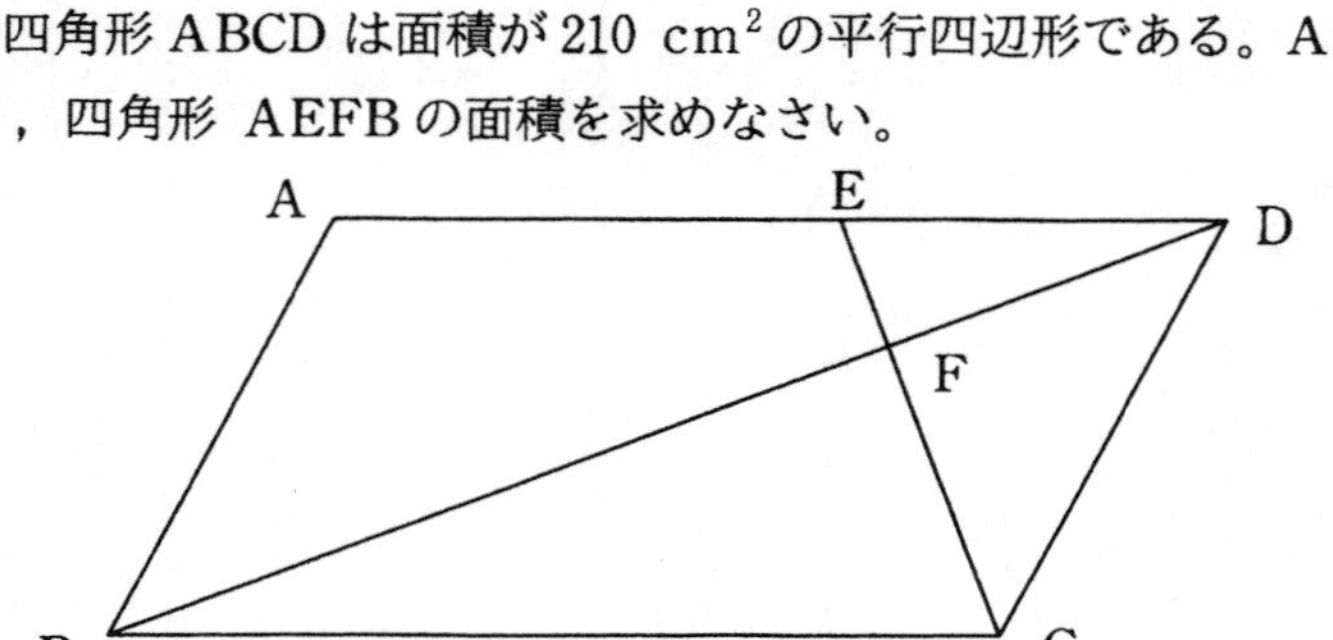

4　下の図のように，放物線 $y=ax^2$ と，放物線上の点Ｑ $(-2,2)$，y 軸上の点Ｒ$(0,5)$ がある。x 座標が正である点Ｐが放物線上を動くとき，次の各問いに答えなさい。

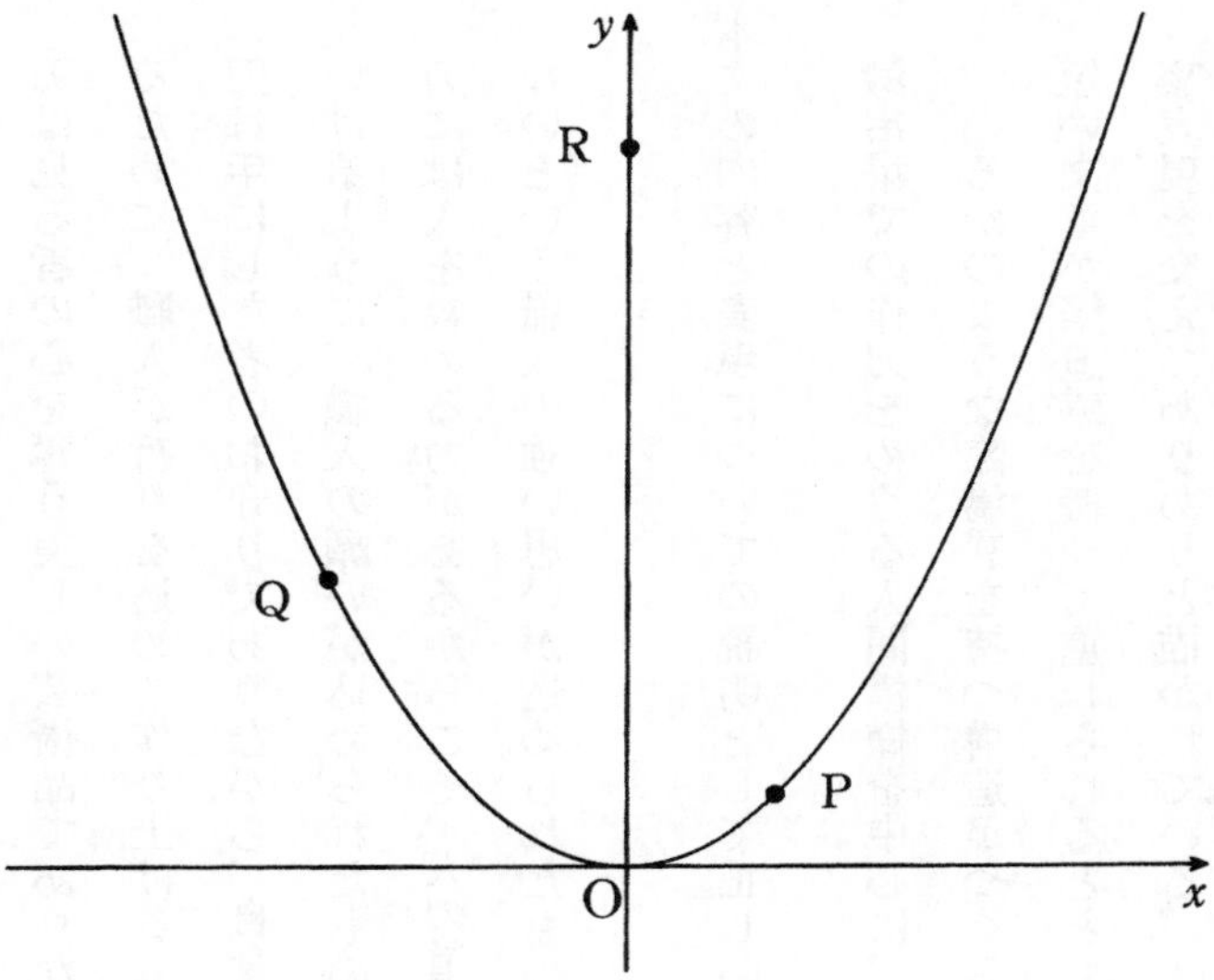

(1)　a の値を求めなさい。

(2)　四角形ＯＰＲＱの面積が $\dfrac{45}{4}$ となるとき，点Ｐの座標を求めなさい。

(3)　$\angle \mathrm{POR} = \angle \mathrm{PRO}$ となるとき，点Ｐの座標を求めなさい。

(4)　四角形ＯＰＲＱがＱＲ∥ＯＰの台形となるとき，台形ＯＰＲＱの面積を求めなさい。

(5)　(4)のとき，点Ｏを通り，台形ＯＰＲＱの面積を２等分する直線の式を求めなさい。

問十　刀が今でも作り続けられ、求められるのは、刀がどのようなものだからだと考えられるか。本文の内容に照らして最適なものを次のア～エから選び、記号で答えなさい。

ア　刀は今も昔も何かを断ち切るものであるが、断ち切る対象が人間の身体ではなく、刀を手にした者の弱い心に変化しているという意味で、今や祈りを捧げるべき対象になり得ているから。

イ　刀は見る者の心を奪う美しい芸術品でありながら、同時にあらゆる煩悩を断ち切るという意味で、人が正しく生きていく指針とするために、職人が祈りを込めて作り上げるものであるから。

ウ　刀は手にした者のお守りでありながら、自身を戒めたり、心の迷いや邪念を切り離したりするという意味で、人がより良く生きていけるように、職人の願いが込められたものであるから。

エ　刀には人を殺める力があるからこそ、人の道を外れないための自戒の意味を持ったものであり、今後二度と争いを起こしてはいけないという職人の強い思いが込められたものであるから。

問十一　本文の内容と表現についての説明として正しいものを次のア～エから一つ選び、記号で答えなさい。

ア　鍛冶場での作刀をめぐる人間模様を中心に、会話文を多用して小気味よく物語が展開することで、読者がまるでその場に居合わせているかのような臨場感を持つ構造がつくられている。

イ　短い文章が緊迫感を持って重ねられるとともに、場面ごとに視点人物が変わることで、作刀に関わる一人ひとりの葛藤が巧みな比喩表現を交えてありありと描かれている。

ウ　視点人物であるコテツの心内語を中心に、短い文の組み合わせでテンポよく展開され、刀の完成に至るまでの過程で自らの思いに気づき、思考を深めていく変遷が丁寧に描写されている。

エ　作刀という仕事を通して新たな気づきを得ていくコテツと、その意義や難しさに思い悩む兄弟子たちが対照的に描かれ、それぞれの価値観の違いが浮き彫りになるように描かれている。

問七　傍線部⑤「落ち着いた足取りで家の中へ戻っていく」とあるが、かがりがこのような行動をとったのはなぜだと考えられるか。その理由を五十字以内で答えなさい。

問八　傍線部⑥「一振りの刀に対して、人は、そういう感情を抱けるのだ」とあるが、「そういう感情」の内容として明らかに適切ではないものを次のア～エから一つ選び、記号で答えなさい。

ア　未熟な自分が重要な作刀に関わることができたことによる充実感
イ　刀という芸術品が砂鉄からできたという自然の神秘に対する感動
ウ　マキに渡す大事な刀を師匠であるかがり抜きで作り上げられた達成感
エ　コウやカンナといった兄弟子たちと作刀することができたという強い喜び

問九　空欄Yに当てはまる言葉として最適なものを次のア～エから選び、記号で答えなさい。

ア　とても嘘っぽく　　イ　認められていないように　　ウ　絶賛されたように　　エ　ひどく照れくさく

問六　傍線部④「ふーん。ま、いいんじゃない」という言葉について、生徒たちが話をしている。会話文中の空欄Xに当てはまる言葉として最適なものを後のア～エから選び、記号で答えなさい。

Aさん：この言葉の後、「彼は納得したようだった」とあるけれど、「彼」とは一体誰を指していたのかな？
Bさん：「鉄の中から聞こえたようにも、己の中から聞こえたようにも思った」という表現から、この言葉を発した「彼」の正体は捉えにくいなと感じたよ。
Cさん：うーん、でも「鉄の中から聞こえた」としても、それは鉄との対話を通して聞こえてきた自分の声だと解釈できるんじゃないかな。
Dさん：確かにそうかもしれないね。「己の中から聞こえたようにも思った」という表現もあるし、作刀という仕事と真剣に向き合うなかで、［　X　］と言えるかな。

ア　誰かに貢献することに喜びを感じ、自分が大切にしたいと思える生き方の軸を獲得できたことで、将来に向けて前進する自分に納得ができるようになった

イ　自分が見てきた狭い世界を広げていきたいと思っていることを自覚し、前向きに変わろうとしている自分を認めることで、自分の存在意義を見出すことができた

ウ　次第に自分の理想像の輪郭がはっきりし、自分がどうなりたいのかという答えを見つけられたことで、自分の未来に対して希望を持つことができた

エ　もう少しこの仕事の奥深さを追究してみたいと思っている自分に気づき、自分の進むべき道が見えてきたような感覚を持つとともに、自分自身を認めることができた

b「朧気に」

ア　ぼんやりと　　イ　のんびりと　　ウ　はっきりと　　エ　じわじわと

問四　傍線部②「カンナさんと視線が交錯して、同じ景色を見たのだとわかった」とあるが、これはどういうことか。その説明として最適なものを次のア～エから選び、記号で答えなさい。

ア　作刀をリードするコウが、自身の魂そのものを表現するべく玉鋼を打ち込んでいるということが、カンナと同じように理解できたということ。

イ　作刀をリードするコウが、第二の故郷である出雲の神々に祈りながら玉鋼を打っているということが、カンナと共に認識できたということ。

ウ　作刀をリードするコウが、鉄の源ともいえる斐伊川の雪解けを表現しようとしていることが、カンナと同じタイミングで了解できたということ。

エ　作刀をリードするコウが、冬を乗り越えた先に麗らかな春が待つように、この鍛錬を経て美しい刀になるよう祈っているのが、カンナと共有できたということ。

問五　傍線部③「誰かがそう囁くのを聞いた気がした」とあるが、これはどういうことを表しているか。その説明として最適なものを次のア～エから選び、記号で答えなさい。

ア　コウとカンナと心を一つにしたことで、必ず見事な刀が完成させられるという自信を持ち始めているということ。

イ　五感が研ぎ澄まされ、鉄との対話が行われる中で、歴代の刀鍛冶たちとのつながりを感じているということ。

ウ　師匠不在の状況でも順調に作刀を進められていることで、かがりに褒められているような感覚を持ったということ。

エ　鉄と自分の意思を伝え合う営みができ始めている実感から、自分で自分のことを認めることができたということ。

設問において字数を指定された場合は、記号、句読点も一字とする。

問一　二重傍線部ア～オのうち、漢字はひらがなに、カタカナは漢字に改めなさい。

問二　傍線部①「それが鉄を、〝鍛える〟ということ」とあるが、これはどういうことか。その説明として最適なものを次のア～エから選び、記号で答えなさい。

ア　鎚で打ったときの鉄の音に耳を澄ませ、鉄がなりたいかたちを想像して打つことで、あるべき姿の刀へと仕上げていくということ。

イ　刀鍛冶が思い描く鉄の有り様と、鉄のなりたいかたちという互いの意思をぶつけ合う中で、あるべき姿の刀へと仕上げていくということ。

ウ　刀鍛冶が魂を込めて鉄を打った時に、初めて鉄が人の意思に応えてくれるという真理を念頭に置き、刀へと仕上げていくということ。

エ　まっさらなキャンバスに色を重ねて絵を描くように、何度も鎚で思いを打ち込むことで、理想の刀へと仕上げていくということ。

問三　波線部ａ「郷愁」ｂ「朧気に」の意味として最適なものをそれぞれの語群から選び、記号で答えなさい。

ａ「郷愁」

ア　自然を愛する気持ち　　イ　昔を思い出す切ない気持ち

ウ　友人を思う温かい気持ち　　エ　ふるさとを懐かしむ気持ち

ういう感情を抱けるのだ、と。

地鉄の種類、※沸《にえ》・匂《におい》の違いもまだよくわかっていない俺にとって、それはたぶん理屈じゃない。もっと直感的な心の反応。ひょっとすると、単純に自分が作刀に携わったからかもしれないし、コウさんやカンナさんへの思い入れのせいかもしれない。仕事への達成感かもしれない。ただの自己満足を、刀への感動と錯覚しているだけかもしれない。その違いがわかるほど、俺は人として成熟できてはいない。

ただ一つ確かだと思ったのは、この刀はもう、俺にとってただの鉄の塊ではないのだということ。それはたぶん、コウさんにとっても、カンナさんにとっても、この刀を受け取るマキさんにとってもそうなのだ。そこに込められた職人の技は、誰かのためを思って高められている。人を殺める力があるからこそ、それを手にした者は人の道を外れてはいけない。お守りであると同時に戒めであり、ゆえにそこに込められた祈りは切実で、色濃い魂を帯びている。

その刃は、心に斬り込むかのように、見た者の曇りを打ち払う。刀が人を斬ることはなくなった。それでもなお、それは〝断ち切るもの〟であると――吸い込まれそうに青く、薄く澄んだ刃に、そう思ったのだ。

刀を一瞥《いちべつ》し、コウさんとカンナさんと俺を順繰りに見たかがりさんのコメントは一言だった。

「いっぱしん刀になったやぁなだねか」

字面にしてみると大して褒めている感じではなかったが、言われた俺たちはなんだか、[Y]感じたという点で意見が一致している。

（天沢　夏月『青の刀匠』より）

※
- 向こう鎚――主鍛冶の反対側に立っている助手が使う長柄の大づち。　玉鋼――良質な鋼。
- 斐伊川――島根県、鳥取県を流れる川。　たたら・鉧――たたらは鉄の製法の一つ。鉧はその過程で製鉄炉の中にできる塊。
- 鞴――風を送り火をおこす革製の袋。　皮鉄――刀身の中心に入れる柔軟な心鉄を外側から包む鉄。
- 鍛接――金属を接合する方法の一つ。　茎――刀身の柄に被われる部分。
- 沸・匂――いずれも刃文（刀の白っぽい模様）で、粗い粒子のものを沸、粒子が細かく見えにくいものを匂と呼ぶ。

気遣ったのだろう。それは信頼の表れであると同時に、ある意味脅迫のようにも思う。こんなときまでブレない人だ。言ってくれれば迎えにくらい行ったのに、とも思うけれど、本人がそれを望まないことはもう知っている。

鍛刀場を覗《のぞ》き込むその影に気がついたのは俺だった。火床の温度を上げているコウさんと、その様子を見守るカンナさんは気づいていない。俺は二人に声をかけようとしたが、かがりさんはそれを手で制した。

――仕事に集中すっだ。

そう言いたげな、強い視線だった。俺は黙ったままうなずいて、火床に視線を戻す。

やがて鍛刀場は真っ暗になり、焼き入れが厳かに行われた。真っ赤に燃える刀身が水に浸かると、水泡に包まれてその灯りが消え、水蒸気が立ち昇った。

役目を果たし終えた火床の火は静かに燃えていた。すっかり耳慣れた松炭の炎はやはり、疲れ切った体にも心地いい、澄んだ音だった。

鍛刀場に明かりをつけて振り返ると、かがりさんはもういなかった。一瞬外に顔を出すと、結末を知っているみたいに、⑤落ち着いた足取りで家の中へ戻っていくのが見えた。

研ぎ師が研いだ刀を返してきたのは、それから六日後のことになる。

その※茎《なかご》に、コウさんは自身の名に加え〝融雪〟と銘を切った。波打つ刃文が切り立った雪峰を彷彿《ほうふつ》とさせ、鎬筋《しのぎすじ》に向かって若木の柾目《まさめ》のような地鉄が伸びやかに広がる。その様はまさに春の訪れを告げるにふさわしい、雪解けを映したように穏やかで――一方でよく斬れる刃物特有の威圧感も放つ、美しい打刀だった。

もっと綺麗な刀はあるだろう。もっと鋭い刀もあるだろう。

だけどその一振りの日本刀から、俺はしばらく目を離せなかった。

ああ、そうか、と納得したことがある。

本当に同じなのだ。

一枚の絵画に感動したり、一本の映画に涙したり、一冊の本に心震えたり、一人の人間に恋するような――⑥一振りの刀に対して、人は、そ先端を紡いでいる実感はない。

この先、俺が死んでも、永く残り続けるかどうかなんて、どうだっていいことだ。

でも……もし残るなら、残っても恥ずかしくないものを打ちたいとも思う。

何もかもを斬り捨てる白刃に、切り捨てることのできなかった思いを乗せてきた人たちの、青く澄んだ魂の結晶を、汚すことなく繋げていきたいと願う。

——何のために。

いつかの問いに対する答えとしては、まだ弱い。

——鉄には鉄のなりたい姿があっだわ。

鉄との折り合いを、俺たちはうまくつけられただろうか。

——おまえはどうなりたいんだ。

頭の中で、誰かがふと問う。

俺？

ふっとオノウリに泡沫《ほうまつ》のように浮かび上がってきたのは、コウさんの声。

——おもしろいよ。刀作りと同じくらい、おもしろい。

それは一振りの白刃のような言葉だ。何か具体的な目標があるわけではないし、将来の夢なんて綺麗《きれい》な道しるべにもなってはいない。ただ、狭い視界が開けて急に世界が広がったような……その先を歩いてみたいと、今はただそう思うのだ。

④——ふーん。ま、いいんじゃない。

はっきりと何を答えたわけでもないのに、彼は納得したようだった。

鉄の中から聞こえたようにも、己の中から聞こえたようにも思った。

五日目の夜。焼き入れの直前に、かがりさんが戻ってきた。何の前触れもなくタクシーで帰ってきたのは、弟子たちが仕事中であることを

手に残る、打ち込みの手応えも、
トンテンカン。

鉄の沸く声、松炭の燃える音すらも、
トンテンカン。

見える。感じる。聞こえる。

同時に、そのすべてがまるで遠い世界のようだとも思う。

不思議と鎚が軽い。

まっすぐに振り下ろすと、打ち返されたかのように跳ね返ってくる。

一つ打てばもう一振り。そして次の一振り。繰り返すだけ。

無心に、ただ無心に打ち続ける。

トンテンカン。

トンテンカン。

トンテンカン――。

新しい※皮鉄《かわがね》と古い心鉄《しんがね》が合わさり、一つになったとき、※鍛接の一打目にイ一際確かな手応えがあった。ああ、いい鉄だね。まだ終わっていないのに、③誰かがそう囁くのを聞いた気がした。

歴代の刀鍛冶たちが、ウハランの歴史の中でずっと繋《つな》げてきたか細く長い糸――自分の指先に結びついたその先端を、今は確かに感じる。

元を辿れば、兄弟子が弟弟子に繋いできた糸。

かがりさんが、弟子たちに繋いできた糸。

その先をさらにエ遡れば、血に汚れているだろう。

汗にも、涙にも、煤《すす》にもまみれているだろう。

長きにわたる刀の歴史。俺たちは、その一点に過ぎない。

それはまっさらなキャンバスだ。コウさんが今まさに、小鎚という筆で鉄の上に描こうとしているもの。俺にはまだ、それが何なのか見えていない。

層となり積み重なった※玉鋼《たまはがね》と刀鍛冶の対話の上に、この人はどんな景色を見ているのだろう。

どんな刀を打ちたいと、玉鋼に語りかけているのだろう。

火床の逆光に縁どられたその背を眺めながら頭に浮かんだのは、ともに見た※斐伊川《ひいかわ》の光景だった。その流域に広がる穏やかな田園風景。山から削れ落ち、砂となり、川底に沈み、黒い筋となって現れる砂鉄たち。※たたらの燃え盛る焔《ほのお》の中、※鉧《けら》より今一度生まれ落ちる玉鋼は、元を辿《たど》れば大地そのものなのだということを、その原風景を、この人は大切にしている。第二の故郷なんだと、そう言っていたっけ。

一見、そんな ａ郷愁は刀と何の因果もない。けれど※鞴《ふいご》に共鳴し赤く明滅する玉鋼を、大地の鼓動に重ねてみると、それは ｂ朧気《おぼろげ》に見えてくる。

……ああ、そうか。

出雲の息吹を、彼《か》の魂そのものを表そうというのか。

凍てつくざらついた冬の後に、麗《うら》らかな春が訪れるような、

その一瞬の雪解けを捉えるような、

……うん。それはとても、コウさんらしい。

なら、俺たちは応えるだけだ。

②カンナさんと視線が交錯して、同じ景色を見たのだとわかった。

肩の力が抜けていく。

ぶわっと、全身の血管が広がるような浮遊感。

全身の ア サイボウの隅々まで、意識の糸が張り巡らされていく感覚。

トンテンカン。

彗星《すいせい》のように尾を引く火花も、

トンテンカン。

二　次の文章を読み、後の問いに答えなさい。

（ここまでのあらすじ）

突然火事にあい、天涯孤独となった東京の男子高校生・コテツは、現代日本において唯一と言われる女性の刀鍛冶（日本刀の刀身を作る職人）で島根に住む遠縁の剱田《つるぎだ》かがりという老婦に引き取られることになった。かがりの弟子であるコウやカンナに教わりながら手伝いをするうちに、コテツは作刀の魅力に惹《ひ》かれていく。ある日、かがりの双子の妹・マキが島根を離れることになり、お守りのために刀を打ってほしいとマキから依頼があったが、かがりは急病で入院を余儀なくされる。マキが息子家族のいる東京へ越す前に、刀を完成させなければならない状況の中、初めて弟子たちだけで作刀に挑戦することになった。

絶対にやり切る。俺たちはこれを刀にする。均一で均質な、切れ目のない一つの鉄になれと、叫ぶように鎚《つち》を振り下ろす、

キンッ、と涼やかに響く小鎚にはっとした。

横座は鎚音に乗せてすべてを伝えてくる。のめり込み過ぎた俺の※向こう鎚をそっと押し戻すような、その穏やかな小鎚の音に、師の言葉が重なって聞こえる。

——なんもかんも人の望む形にできっなんか思ったらいけん。

そうだ……鉄には鉄の魂が、最初からこもっている。硬さ、粘り、組成——それぞれの、癖のようなもの。その形を、無理やり変えることはできない。向こう鎚は力任せに打って思い通り変形させられるほど、単純な道具ではない。

鉄は生きている。彼らには彼らの意思がある。

意思と意思がぶつかり合うことで互いを知り、そこに対話の余地が生まれる。

鎚で打った感触、沸いたときの音、赤熱の色加減——小さな鉄の囁《ささや》きを汲《く》み取り、人の意思を打ち込む。鉄を知り、俺たちを伝える。その気の遠くなるような反復作業の果て、互いの落としどころを探り当てる。

それがあの人の教え。①それが鉄を、〝鍛える〟ということ。

ふっと、〝白〟が見えた。

（2）傍線部⑦「示唆に富む」の意味として最適なものを次のア～エから選び、記号で答えなさい。

ア　多くの人が納得するほど説得力がある

イ　新しい視点に基づいて考察されている

ウ　実生活に役に立つ知識が多く含まれている

エ　暗に教えられることや気付かされることが多い

（3）傍線部⑧「がむしゃらに」を使った例文として適切でないものを次のア～エから一つ選び、記号で答えなさい。

ア　テストに向けてがむしゃらに勉強した。

イ　がむしゃらに働くだけがいいことではない。

ウ　英単語の意味をがむしゃらに思い出そうとする。

エ　リレーのアンカーたちががむしゃらに走っている。

（4）空欄Ⅰ、Ⅱに当てはまる表現を自分で考えてそれぞれ書きなさい。

（5）本文と《資料》の「ひらめき」についての説明として正しいものを次のア～エから一つ選び、記号で答えなさい。

ア　本文では制約によってひらめきの出現頻度が高まると述べられており、また《資料》では記憶や認識という思考の枠組みがひらめきを生み出すと述べられているため、ある意味で共通する結論となっている。

イ　本文では制約が排除してしまうものの中に解が存在すると述べられており、また《資料》では熟達者であっても全てを記憶できるわけではないと述べられているため、ある意味で共通する結論となっている。

ウ　本文では制約の働きを弱めることでひらめきにつながると述べられているのに対し、《資料》では経験の積み重ねによる記憶こそがひらめきにつながっていると述べられており、ある意味で相反する結論となっている。

エ　本文では制約の働きを弱めることで誰もがひらめきが得られると述べられているのに対し、《資料》ではその場の状況を認識できる能力を持つ熟達者しかひらめきを得られないと述べられており、ある意味で相反する結論となっている。

べき記憶力を持つことは、すべての分野に共通する。しかし、そのすぐれた記憶は、その分野で意味がある情報の記憶に限られている。

すぐれたバスケットボールの選手にバスケットボールのゲームの一場面のスライドを見せていき、記憶のテストをした研究がある。バスケットボールは対戦する二つのチームの選手の位置関係が戦略上、非常に重要なゲームである。すぐれたバスケットボールの選手は非熟達者に比べ、ゲーム場面のスライドを短時間見ただけで選手のコート上の布陣を正確に記憶することができた。しかし、このすぐれた記憶は見せられた布陣が戦略上、意味のある構造をもっている場合に限られた。適当に人を配置しただけの意味のない布陣を見せられた場合は、彼らの記憶は普通の人と変わらなかったのである。

バレエダンサーの振り付けの記憶についても興味深い研究がある。この研究では熟達者と初心者に複雑な※シークエンスからなる振り付けを教え、実験参加者にそれを再現させた。半分のシークエンスは振付師がつくったクラシックバレエのパターンをもとにした構造をもったシークエンスで、後の半分は実験者が適当につくった構造のないシークエンスだった。また、研究に参加した人の半分はクラシックバレエのダンサーで、もう半分はモダンバレエのダンサーだった。

クラシックバレエのダンサーの場合は、クラシックバレエの構造をもったシークエンスの時には、［　Ⅰ　］。しかし、ランダムなシークエンスを提示された場合には［　Ⅱ　］。それに対し、モダンバレエのダンサーの場合には、構造のあるシークエンスでも構造のないシークエンスでも、初心者よりすぐれた記憶を見せた。これは、クラシックバレエでは型が重要で型から外れた動きというのはめったにないのに比べ、モダンバレエにおいては決まった型以外のシークエンスもよく使われることがあるということを反映していると思われる。

このように、人は、熟達の過程で、その分野で（熟達者にとって）重要な情報を非常に短い時間で効果的に記憶する術を身につける。しかし、熟達者のすぐれた記憶の本質は、「その場の情報をそのまま記憶する力」ではなく、持っている知識によって状況が認識できる「認識力」にあるのである。

（今井　むつみ『学びとは何か』より）

※　瞠目　――　感心して目をみはること。

シークエンス　――　ダンスのステップのパターンのこと。

（1）傍線部⑥「ひらめき」とあるが、この《資料》における「ひらめき」について端的に述べられている箇所を四十字以内で抜き出し、最初と最後の四字を答えなさい。

問八　傍線部④「制約（constraint）」とあるが、「制約」が働いている具体例として適切でないものを次のア～エから一つ選び、記号で答えなさい。

ア　街中を歩いていると多くの広告や標識を目にするが、私たちはそのすべてを意識に入れているわけではない。

イ　自分が悪いことをして先生に指導されているときに、今先生が怒っているのは先生の機嫌が悪いからだと考える。

ウ　雨の日にテーマパークの入場者数が少なかったのは、他の理由もあるかもしれないが、天候のせいだろうと考える。

エ　騒がしい場所でも、自分の名前が呼ばれたり興味のある事柄について話されていたりすると、それだけ聞き取れることがある。

問九　傍線部⑤「制約というのは私たちの認知を支えてくれるものとなっている」とあるが、そう言えるのはなぜか。「制約がなければ、」に続く形で、三十五字以上五十字以内で説明しなさい。

問十　次の《資料》を読み、後の問いに答えなさい。

《資料》

将棋や囲碁では熟達者の「直観」の働き方は二種類ある。全体の終着点についての直観と、次の手についての直観である。多くのタイトルを持つプロ棋士の羽生善治さんは著書『大局観』で前者を「⑥ひらめき」、後者を「直観」と呼び分けている。これは非常に⑦示唆に富む洞察である。（中略）

羽生さんによれば、「大局観」とは様々な手を深く読まなくてもそのときの状況とその後の流れを一瞬見ただけで判断する直観で、経験を積めば積むほど精度が上がってくるものだそうだ。⑧がむしゃらに読み込む力は若いうちのほうが強いが、熟年になるほど「大局観」が育っていくと書いている。「大局観」を言いかえれば、問題を大づかみに捉えて、ゴールが見えない局面でも目指す到達点をイメージできる直観である。熟達とは、将棋に限らずどのような分野でも、この直観を育てていく過程と言ってもよい。

「直観」が働くためには、膨大な量の過去の経験の記憶があり、それが必要な時に適切に取り出せることが必要だ。（中略）熟達者が※瞠目《どうもく》す

問四　傍線部②「ふつうの人間でもできるようなひらめきを含む課題を数々考案して、大量の実験参加者を用いて研究を行っている」とあるが、そのような研究をする必要があるのはなぜか。その理由として最適なものを次のア～エから選び、記号で答えなさい。

ア　ひらめき現象から特殊性や固有性を排除し、客観的で普遍的な法則を抽出する必要があるから。
イ　ひらめきのメカニズムを解明するためには、ひらめきが発生する瞬間を観察しなくてはならないから。
ウ　偉大な発見はその分野に精通した人でなければたどりつけないため、平易な課題にすることが求められるから。
エ　これまでに起きたひらめき現象はすでに終わった話であり、そこに新しい面白さを見出すことができないから。

問五　傍線部③「遠隔連想課題」について次の《解説》を読み、「間」という字が答えとなる「遠隔連想課題」を一つ新しく作成しなさい。

《解説》
　図2の左の問題には、課長・宿敵・問答という単語が並んでいる。これらの単語の最初の漢字（課・宿・問）に一文字加え、それぞれ意味のある単語になるようにするというのが「遠隔連想課題」である。答えは「題」。それぞれ課題・宿題・問題となる。

問六　空欄A～Cに当てはまる言葉の組み合わせとして最適なものを次のア～エから選び、記号で答えなさい。

ア　A―まず　B―そこで　C―そのため
イ　A―まず　B―つまり　C―だが
ウ　A―たとえば　B―つまり　C―そのため
エ　A―たとえば　B―そこで　C―だが

問七　空欄Yに当てはまる表現として最適なものを次のア～エから選び、記号で答えなさい。

ア　感覚　　イ　根本　　ウ　収束　　エ　包括

な長方形になっているのだから、組み合わせて余計な角を無くせばよいだろうと思ってしまう。Tパズルを離れても、そもそも人間は凸凹のないきれいな形を作る傾向、物体を配置するときは基準となる線、面に平行、垂直に置くという強い傾向を持っている。こうした制約が働けば、Tの形を作ることは不可能になる。

そうしたことで、うまく解くためには、これらの制約の働きを弱める、つまり緩和させる必要がある。制約の緩和の仕組みは至って単純だ。それは失敗に基づいている。失敗を重ねるにつれ、失敗試行を生み出した制約の強さは徐々に減少していく、つまり緩和されている。するとそれまでにあまりやらなかったような置き方、組み合わせ方の出現頻度が高まる。そうしたことが重なって、ある時に適切な置き方、接続の仕方が偶然になされる。そこでひらめきが得られる。

（鈴木　宏昭『私たちはどう学んでいるのか』より）

設問において字数を指定された場合は、記号、句読点も一字とする。

問一　二重傍線部ア～オのうち、漢字はひらがなに、カタカナは漢字に改めなさい。

問二　傍線部①「多様なひらめき現象に共通するのはなんだろうか」とあるが、その答えとして最適なものを次のア～エから選び、記号で答えなさい。

ア　ひらめきとは、複数ある解法を地道に一つ一つ試していくことで初めて達成される、時間のかかるものである。
イ　ひらめきとは、なかなか解けずに試行錯誤した上で、問題解決と無関係な行動をしているときに突然訪れるものである。
ウ　ひらめきとは、問題をどう解いていいか分からず、一度その問題について考えることを止めた途端に思いつくものである。
エ　ひらめきとは、様々なことを試しているうちに突発的に答えの方向性に気づき、無関係な行動によって確立されるものである。

問三　空欄Xに当てはまる表現を、五字以内で答えなさい。

の使用法をオ斬新さ、有用性の観点などから、第三者が評価を行う。[A]、使用済みのCDを取り上げてみると、カラスよけに使う、コースターに使う、フリスビーの代わりに使うなどなどである（いずれも自分で考えたが、斬新さも有用性も大したことない）。これが発散課題と呼ばれるのは、前の2つがある一つの解を求める[Y]的な問題であるのに対して、この課題は解が決まっておらず、いくつでも出せるからである。

前節の課題はいずれもわかってしまうと、あるいは答えを聞くと、なぜ気づけなかったのか、不思議な気分におそわれる。少なくとも心理学の実験などで用いられる課題についてはそうした性質がある（一部偉大な発明や発見にもそうしたことは成立するように思う）。

ではなぜ単純な問題が解けないのだろうか。それは私たちの中に④「制約（constraint）」が存在するからなのだ。ここで制約という言葉は専門用語として用いている。私たちの住んでいる世界は、ものすごい量の情報を私たちに与える。その中のほとんどは自分が今行おうとしていることと無関係である。こうした無関係な情報をいちいち考慮していては身動きが取れなくなる。そこで外からの情報をふるいにかけて、関連性の高い情報を抜き出すことが必要になる。このフィルターのようなものを制約と呼ぶ。制約は知覚のような場面だけでなく、思考の場面でも必要とされる。ある前提から推測できることはほぼ無限に存在する。友人が涙を流していたとしよう。悲しいことがあったからかもしれない、逆に感動することがあったからかもしれない、目にゴミが入ったからかもしれない、何かの演技の練習をしていたからかもしれない、コンタクトが合わないからかもしれない、こうしたことをいちいち検討していては時間がいくらあっても足りない。[B]とりあえずよくありそうな理由、悲しいことがあったと考えるわけである。

この意味で⑤制約というのは私たちの認知を支えてくれるものとなっている。だから認知科学などの心の科学の領域では、制約という用語はポジティブな意味を持つものとされる。しかしひらめきにおいては、これが逆に働くのである。制約が排除してしまうようなものの中に解が存在するからなのだ。

これをTパズルについて考えてみよう。Tパズルのピースは回転を考えれば、1つのピースの置き方は膨大だし、その組み合わせ方、組み合わせの位置なども膨大である。[C]人はこの膨大な可能性を1つずつ試したりすることはない。これを見た人ははじめに、Tは横棒と縦棒からなっているし、ピースは4つなので、縦棒に2つ、横棒に2つのピースを使えばよいと考えてしまう。そして縦棒、横棒ともにきれい最後は検証の段階である。なかなか思い出せない相手の名前を突然思い出したというような時には必要ないのだが、科学的な発見、一定以上複雑な問題を解く場合にはひらめいて終わりとはならない。そこからそのひらめきで本当にうまく問題が解けるのかを、実験、計算などを通して検討しなければならない。科学的発見などではこの部分がとてもだいじなのだが、ここはひらめき自体の発生とは異なるので本章では取り上げない。

図1　Tパズル

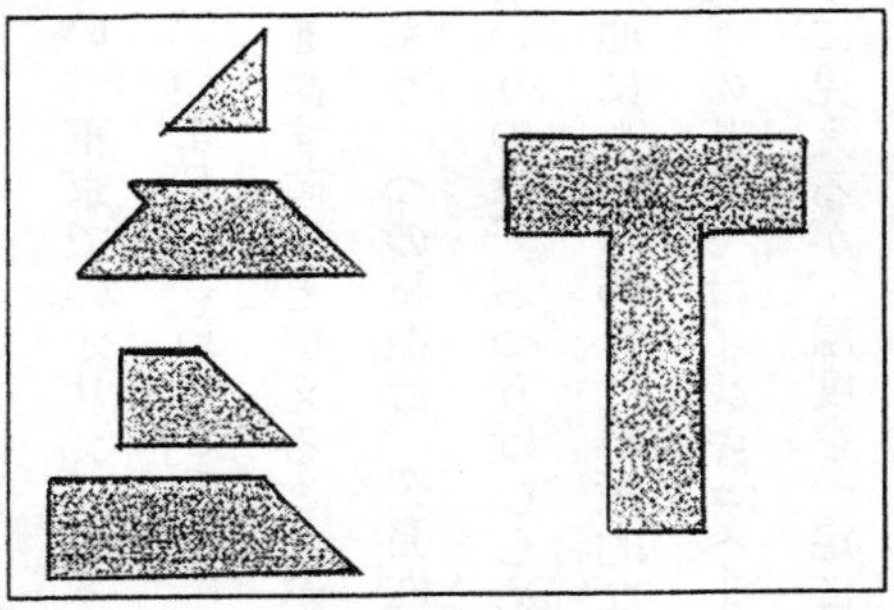

図2　遠隔連想課題

自然　厳寒　荷台 → ？

対処　即位　採集 → ？

問答　宿敵　課長 → ？

科学上の偉大な発見は、その分野での膨大な知識と経験を有し、かつ人並外れた努力家たちが生み出したものだ。こうした人たちの偉業をエタンネンに調べるという形でひらめきの研究を行うこともできる。そういう研究をまとめた書物は本当に面白くて、ワクワク、ドキドキしながら読み進めることができる。一方、そうしたものは数が少ないのと、その発見に固有なひらめきの要素を含んでいて、一般化できるようなことを引き出すことは難しい。むろんすべてすでに終わった話なので、実験的なコントロールをすることは不可能である。

そこでひらめきを研究しようとする心理学者たちは、②ふつうの人間でもできるようなひらめきを含む課題を数々考案して、大量の実験参加者を用いて研究を行っている。たくさんの課題があるのだが、以下では３つほどタイプの異なるものを例示しよう。

最初は私たちが20年以上にもわたって用いてきたTパズルというパズルだ。これを図１に示した。実験参加者には左の４つのピースを与えて、これを用いて右側のようなTの形を作るように求める。一見簡単そうに見えるが、初見でこれをすぐに解いてしまう人はまずいない。15分の制限時間で行うことが多いが、解ける人は10％内外である。

もう一つは③遠隔連想課題（remote associate test）と呼ばれる文字を使った課題である。週刊誌などでよく見るもので、３つの単語の最初の文字にもう一文字を加えて、意味ある単語を作ることが求められる。ちなみに大学生に制限時間45秒でこれを実施した時の正答率は、左側は１００％、真ん中は50％、右側は５％となっている。

最後のものは発散課題と呼ばれるタイプのもので、たとえばＵＵＴ（unusual use test）などがある。これは日用品などを、それの本来の目的以外の使用法をできるだけたくさん考えるというようなものである。そしてそ

二〇二四年度 文化学園大学杉並高等学校（第1回）

【国語】（五〇分）〈満点：一〇〇点〉

一　次の文章を読み、後の問いに答えなさい。出題の都合上、本文を一部省略してある。

ひらめきというと、連想的には科学的な発見、発明などのような、ア卓越した、特殊な才能を持った人のことが頭に浮かぶかもしれない。イシンギはわからないが、アルキメデスの発見の話は有名だろう。王冠が純粋に金でできているのかを調べるように求められ、悩んでいたアルキメデスは風呂に入っているときに突然、その方法を発見したというウ逸話が残っている。

しかし一方で、もっと日常的なひらめきもあり、ひらめくという経験はどなたにもあると思う。試験でどうにも解けなかった問題があったが、あることに気づいて突然解けた（試験の最中に気づけるといいのだが、残念ながら終了後に気づくことも少なくない）。なかなか思い出せない人の名前を、あるとき突然思い出した。こういうのも、だいぶスケールは落ちるが、ひらめきと呼べる。

こういう①多様なひらめき現象に共通するのはなんだろうか。単に覚えていることを当てはめて解決できるようなことはひらめきとは言わない。東京でのオリンピック開催は何度目かを考えたり、覚えている公式をそのまま適用して解けるような場合はひらめきとは誰も考えない。つまり、ひらめきの前にはまずなかなか解けない、気づけない段階が存在する。ここでは何をしたら良いのかがわからず、さまざまなことを試す時期と捉えることができる。これを私たち認知科学の領域の人たちはインパス（行き詰まり）の段階と呼んでいる。

もう一つの特徴は、突発性である。少しずつやっていったら解けたとか、しらみつぶしに可能性を検討したら適切なものに辿《たど》り着いたなどというのは、ふつうはひらめいたとは言わない。ひらめきは前触れもなく、突然やってくるのだ。

他にもひらめきに特徴的なこととして、「あたため」と呼ばれる段階があるとも言われる。あたため、と日本語で表すとわからないのだが、元々の英語ではインキュベーション（incubation）という。卵を産んだ鶏はひなを孵《かえ》すために、卵の上に乗っている。一見何もしていないように見えるが、温度を一定に保つことで、孵化《ふか》を促している。これと同じように、当初の問題解決とはまったく無関係な行動がひらめきを生み出すということだ。これは先程挙げたアルキメデスの話などに端的に現れている。ここではインパスの時期に、[X]という、問題の解決とはまったく別の行動をとっているときにひらめきが訪れている。

2024年度／文化学園大学杉並高等学校(第１回)

英語解答

Ⅰ (1) D (2) A (3) C (4) A
(5) D

Ⅱ (1) C (2) C (3) A (4) D
(5) B (6) D (7) B (8) D
(9) B (10) A

Ⅲ (1) D (2) I (3) A (4) F
(5) H

Ⅳ (1) A (2) C (3) D

Ⅴ (1) became one of the most famous artists
(2) cannot make your dream come true without
(3) looking for something to open this bottle with

Ⅵ (1) (例) How many times has she visited Kyoto?
(2) (例) I like the movies which〔that〕 make me happy.
(3) (例) What is this flower called in Japanese?

Ⅰ〔放送問題〕解説省略

Ⅱ〔長文読解総合(英問英答形式)―物語〕

[Part A]≪全訳≫❶カルロスは毎日タクシー会社に歩いて通勤している。彼は午前６時から午後３時までが勤務時間だ。しかしカルロスはいつも職場に午前５時に到着している。自分のタクシーを清掃するために早く来るのだ。会社には規則がある。業務を終えた後，全てのタクシー運転手は自分が運転したタクシーを清掃しなければならない。しかし，清掃しない運転手も多い。カルロスが運転しなければならないタクシーが汚れていることもある。カルロスはそれが好きではない。それで，彼は仕事を始める前にタクシーを清掃するのである。❷カルロスは仕事を終えると，美術画廊に出かける。彼は美術が好きなのだ。しかし特に，マリア・ベネディタ・グレゴリアの絵画が好きなのである。彼はその絵の前に立ち，長い間それを見つめる。❸彼はその絵の全てについて知っている。彼は美術画廊で１冊のカタログを購入した。そこにはその絵の小さな写真が掲載されている。彼はそのカタログをいつもベッドの脇に置いている。その絵の女性はとても美しくて若い。彼女は白のサテンのドレスを着ている。彼女は美しい宝石――ダイヤモンドとエメラルドを身につけている。彼女は絵の外を見つめている。カルロスは，彼女は自分を見ていると考えている。カルロスは彼女が今も生きていることを夢見ている。彼は彼女が自分のガールフレンドであることを夢見ている。それはとても悲しいことだ。なぜなら，マリア・ベネディタ・グレゴリアは1929年に死んでいるのだから。❹カルロスは，どうかしているとわかっている。彼は決して誰にも自分の秘密の恋について話すことはない。しかし，他の女性を愛することは決してないとわかっている。ときどき，美術画廊にいるのが自分だけなら，彼はマリアに語りかける。彼は彼女がときどき答えてくれると思っている。❺ある朝，カルロスはいつものように午前５時に職場に着く。「おはようございます」とタクシー事務所の職員に挨拶をする。「今日，私の運転するのはどの車ですか？」「おはようございます，カルロス」と事務所の職員は答える。「あなたは今日は505番の車です。申し訳ない。その車はベニーが昨夜運転したのです。とても汚れているのですよ。あの男は不作法者です。決して自分のタクシーを清掃しないのです」「かまいませんよ」とカルロスは言う。「時間はあります。私が清掃しましょう」❻カルロスはまずタクシーの外側を清掃する。それから，車内の清掃を始める。ベニーは昨夜，車内で食事をしたのだ。運転席の隣の床には空き缶と空のピザの箱が転がっている。後部座席はそれほど汚れてはいないが，カルロスはそこも清掃する。すると彼は何か光るものを目にする。それは後部座席の脇の床にある。彼はそれを拾い上げる。イヤリングだ。カルロスはそれを

見る。彼は「このイヤリングを知っているぞ！　このイヤリングを以前見たことがある。たぶん，これをしている乗客を見たんだ」と考える。❼タクシー会社には規則がある。運転手はタクシー車内で何かを見つけたら，事務所の職員に提出しなければならない。そうすれば，もしも乗客が電話をかけてきて「そちらの会社のタクシーの中に財布を忘れたのですが」とか「タクシーにコートを忘れました」とか言ったときに，事務所の職員は「こちらにありますよ」とか「すみませんが，見当たりませんでした」とか答えることができる。❽しかしカルロスはそのイヤリングを事務所の職員に手渡したくない。彼はそれについてよく考えたいのだ。彼はそのイヤリングをポケットにしまう。❾カルロスは仕事を終えると，タクシーを会社に戻す。それから彼はバスに乗ってアパートに向かう。彼はサンドイッチと１杯のコーヒーを用意する。彼は小さな台所のテーブルに腰を下ろす。そしてポケットからイヤリングを取り出して眺める。❿「このイヤリングをどこで見たのだろうか？」と彼は考える。イヤリングを手にのせる。彼は長い間考える。そして思い出す！⓫彼は寝室へ駆け込む。美術画廊で買ったカタログを手に取る。彼はマリア・ベネディタ・グレゴリアの絵の写真を見る。彼はマリアのイヤリングを見る。⓬「そうだ！　これだ！」　彼の手の中のイヤリングと全く同じだ！⓭カルロスは台所に戻る。彼は「このイヤリングはエメラルドとダイヤモンドだ。もしも本物の宝石なら，このイヤリングはとても価値のあるものだ。私はこれを事務所の職員に届けるべきだろう。でも，そうしたくはない。私は持ち主を探し出したい。私は自分でこのイヤリングを持ち主に返したいのだ」と考える。

(1)<内容真偽>「絵の中のマリア・ベネディタ・グレゴリアについて正しいものはどれか」　A.「彼女は黒い服を着ている」…×　第３段落第６文参照。　B.「彼女は若くはないが，美しい」…×　第３段落第５文参照。　C.「彼女はイヤリングを身につけている」…○　第11段落最終文に一致する。　D.「彼女はカルロスのガールフレンドだ」…×　第３段落最後の２文参照。

(2)<内容真偽>「ベニーが運転したタクシーについて，正しくないものはどれか」　A.「ベニーは前の晩に車内で食事をしていた」…○　第６段落第３文に一致する。　B.「車内にはピザの空き箱と空き缶があった」…○　第６段落第４文に一致する。　C.「とても汚れていたので，カルロスは後部座席も掃除した」…×　第６段落第５文参照。後部座席はそれほど汚れていなかった。
D.「カルロスは車の外側を掃除してから車内を掃除した」…○　第６段落第１，２文に一致する。

(3)<要旨把握>「彼が見つけたイヤリングはどこにあったか」―A.「後部座席の脇の床」　第６段落第７文参照。

(4)<要旨把握>「この会社の規則は何か」―D.「運転手がタクシーの車内で見つけたものは全て，事務所に提出されなければならない」　第７段落第１，２文参照。

(5)<内容真偽>「カルロスについて，正しくないものはどれか」　A.「彼は絵の中のマリアが好きなので，他の女性を好きになるとは思っていない」…○　第３段落最後から２文目および第４段落第３文に一致する。　B.「仕事を終えると，彼はタクシーを会社に返し，アパートまで歩いて帰る」…×　第９段落第１，２文参照。アパートまではバスで帰る。　C.「彼はマリアに話しかけると，ときどき答えてくれると思っている」…○　第４段落第４，５文参照。　D.「彼はタクシーが汚れていると掃除する」…○　第１段落最後の３文に一致する。

(6)<文脈把握>「カルロスはなぜイヤリングを事務所の職員に届けたくなかったのか」―D.「彼は持ち主を見つけて，それを返したかったから」　最終段落最後の２文参照。

[Part B]≪全訳≫❶翌早朝，カルロスはそのホテルの外に立っている。それは小さくて安価なホテルだ。お金のない若者向けのホテルである。❷彼は，「このホテルに泊まるのはお金のない人だけだ。だからこのイヤリングはガラスとプラスチック製だな」と考える。しかし，彼はイヤリングの持ち主に会

いたいと考えている。カルロスは何時間も待つ。彼はホテルに出入りする人を見る。もちろん，カルロスはイヤリングの持ち主を知らない。彼はその人の名前を知らない。その人の顔も知らない。しかし，彼は彼女を見つけることができると信じている。❸午後２時。カルロスは疲れて空腹を感じる。❹「たくさんの人を見た」と彼は思う。「しかし，イヤリングの持ち主は誰なのだろう？　いまだにわからない。私は愚かだ。何ができるというのだろう？　画廊に行こう。マリア・ベネディタにきこう。彼女が助けてくれるはずだ！」❺カルロスは画廊に向かう。画廊に着くと，彼は怒りを覚える。誰かがマリア・ベネディタ・グレゴリアの絵の前に立っている。彼は彼女と話すことができない。彼は待たなければならない。❻彼は部屋を横切って絵に近づく。１人の女性が絵の前に立っている。彼女は若くて美しい。彼女は泣いている。彼女はカルロスに気づかない。そしてカルロスは驚く。その若い女性は絵に話しかけているのだ！❼「ああ，ひいおばあちゃん，私はバーバラよ。故郷からここへ来たの。テジュプの近くのとても小さな町なのよ。私は地元の店で働いていたわ。それが嫌いだった。私は都会で暮らしたいのに，お父さんは家にいてほしいと考えてる。私にはお母さんはいないの。おばあちゃんはとても優しかったわ。彼女はお父さんに，私を都会に行かせるように言ってくれたの。私はお金をためたわ。２年間ためたの。とうとう，ここへ来るのに十分なお金がたまったのよ。おばあちゃんは私に，あなたのことを話してくれた。おばあちゃんはあなたの絵を見に来るようにと言ったの。彼女は私にイヤリングをくれた。彼女は，『このイヤリングはあなたに幸運をもたらしてくれるわ！　これは私のお母さんのイヤリングなの。ずっと昔，私たちの家は裕福で権力があった。でも今では何もない。私たちにはイヤリングしかないわ』と言ったの」❽「先週，私は街で仕事についたの。(中略)私はタクシーに乗ったわ。ホテルに着いて，鏡を見たの。とてもショックだった。イヤリングが１つしかなかったの。私はその職場に戻ることができない。家にも帰れない。どうしたらいいかわからない！　本当にごめんなさい」❾カルロスは待つ。絵がバーバラに話しかけるだろうと彼は確信している。彼は絵を見つめる。しかし，絵の中の目はバーバラを見ていない。絵の中の目は彼を見つめているのだ！❿「これはどういうことだろう？」とカルロスは自分自身に問いかける。「マリア・ベネディタは私が何かすることを望んでいる。しかし，何を？　彼女は私に何をしてほしいというのだ？」⓫カルロスは突然叫ぶ。「マリア・ベネディタ，教えてください！　私はどうすればよいのですか？」　その若い女性は振り向いて「どなたですか？」と尋ねる。「私はカルロスです。タクシー運転手です。あなたに渡すものがあります」カルロスはポケットに手を入れる。そしてイヤリングを取り出して彼女に手渡す。「これはあなたのものですね？」と彼は尋ねる。彼女はイヤリングを手に取り，それを長い間見つめる。「ええ，そうです！　これは奇跡だわ！　あなたはどこでこれを見つけたのですか？　どうやって私を見つけたのですか？」

(7)＜文脈把握＞「なぜカルロスは画廊に行こうと決めたのか」―B.「マリア・ベネディタが彼を助けてくれるだろうと思ったから」　第４段落参照。

(8)＜文脈把握＞「なぜカルロスは画廊に着いたとき，怒りを感じたのか」―D.「彼のお気に入りの絵の前に誰かが立っていたので，彼は待たなければならなかった」　第５段落第３～５文参照。

(9)＜内容真偽＞「バーバラについて，正しくないものはどれか」　A.「彼女は都会に住みたかったので，お金をためた」…○　第７段落中盤の内容に一致する。　B.「彼女の父親は彼女に家にいてほしくなかったので，彼女は都会に行くことを決めた」…×　第７段落第６文参照。父親は彼女に家にいてほしかった。　C.「彼女は祖母からイヤリングをもらった」…○　第７段落最後から６文目に一致する。　D.「彼女はイヤリングを見つけたとき，とても喜んだ」…○　最終段落最後のバーバラのセリフから，喜んでいる様子が読み取れる。

⑽＜内容真偽＞「次のうち，正しい文はどれか」　A.「カルロスは，待っている間，マリア・ベネディタが彼に何かすることを望んでいると思った」…○　第９，10段落に一致する。　B.「ホテルはとても高額だったので，お金のない若者向けではなかった」…×　第１段落第２，３文参照。　C.「バーバラは都会に来たが，まだ仕事についていない」…×　第８段落第１文参照。　D.「バーバラの曾祖母はとても優しかったので，彼女が都会に行くことを助けた」…×　第７段落中盤参照。祖母が助けてくれた。

Ⅲ〔長文読解―適文選択―説明文〕

≪全訳≫スマートフォンの利用が大学生に与える影響❶大学生の最も大切な所有物の１つは，「唯一の」最も大切な所有物ではないにせよ，スマートフォンである。ほとんど全ての学生は毎日キャンパスに出かけるとき，教科書やノート，その他の生活必需品とともに彼らの頼りになる電話を携帯する。[1]それは彼らが決してそれを持たずに家を出たくはないものだ。しかし，スマートフォンを利用することで大学生にどんな影響があるだろうか。❷まず初めに，スマートフォンはもちろん，とても便利なものである。[2]スマートフォンのおかげで，学生はすばやく情報を得ることができるし，公衆電話を探す必要も，友達がどこにいるかと悩む必要もない。簡単に高品質の写真が撮れ，それを家族や友達と共有することもできる。[3]また，スマートフォンはインターネットにアクセスできるので，学生はどこにいてもいつでも，オンラインで講義を登録することができるし，大学のウェブサイトにアクセスして学術論文の情報を集めることもできる。❸一方，スマートフォンは大学の教室で，深刻な気をそらすものになりえる。学生たちにとって，友達にテキストを送ったりネットサーフィンをしたりすることは，講義を聴いたり，グループの活動に参加したり，授業の課題を完成させたりすることに代わってますます普通のことになりつつある。[4]その結果，こうした行為はしばしば学生の学業成績に悪影響を与え，彼らの学びを妨げる。また，スマートフォン中毒は，破壊的な結果をもたらすかもしれない。最近の調査によると，大学生の５人に４人が１日でもスマートフォンにアクセスしないと，パニックや孤立やストレスを経験しているのだという。❹[5]結論として，スマートフォンは学生にとってすばらしい情報や学びの道具になりえるが，学習から学生の気をそらし，破壊的な結果をもたらすこともあるかもしれない。したがって，学生はスマートフォンを賢明かつ責任ある使い方をしながら，それらが提供する機会を活用することが重要である。

＜解説＞⑴直前の，毎日自分の電話を携帯して通学するという内容に続き，スマートフォンが大学生にとって重要な所有物であることを述べている。　⑵直前に，スマートフォンはとても便利だとあり，直後に，簡単に高品質の写真が撮れて共有できるという具体例が続いていることから，ここにもスマートフォンの便利さを具体的に述べる文が入る。　⑶直後の so に着目。この so は「だから」の意味で，‘理由’と‘結果’をつなぐ。講義のオンライン登録やウェブサイトを利用した情報検索は，何によって可能になるかを考える。　⑷この直前で，講義中スマートフォンがあることによって学生が学習活動に集中できなくなっている様子が述べられている。　instead of ～「の代わりに」

⑸直後の‘逆接’を表す but に着目。but 以下では，スマートフォンが学生に与える悪影響について述べているので，空所にはスマートフォンがすばらしい道具であるという反対の内容が入る。

Ⅳ〔長文読解総合(英問英答形式)―案内文〕

≪全訳≫ジャイアンツスタジアムツアー／このツアーは，フィールドとクラブハウス(ジャイアンツのホーム試合ではないとき)と歴史記念公園を訪ねる１時間のツアーです。／通常のツアー／通常のツアーはデイゲームのある日を除いて，毎日正午に出発します。ツアーに参加できるのは20人までです。チケットはツアーの前日まで www.Giants stadium.com でオンラインで購入できますが，ツアーの予約は不要です。ツアー当日は，チケットは窓口でのみ購入が可能です。／予約団体ツアー／21人以上の団体は予約が必要です。最大60人までツアーに参加できます。団体ツアーはデイゲームのある日を除いて，毎日午前10時から午後4時までの間に開催されます。／ツアー料金／大人(18歳以上)-18ドル／学生(13歳から17歳)-14ドル／子ども(12歳以下)-10ドル／高齢者(60歳以上)-10ドル／4人以上ツアーに参加する場合は，全体の金額から10%割引になります。／学校団体の特別料金(平日の特別料金)／教員-14ドル／高校生-9ドル／小中学生-8ドル／全ての学校の団体は予約が必要です。(オンラインでの予約をしてください。)／詳細情報については www.rockets-stadium.com/tour または電話1-800-XXX-XXX まで

(1)＜内容真偽＞「正しい文はどれか」　A.「ジャイアンツのホーム試合があるときは，クラブハウスを訪れることはできない」…○　冒頭の説明に一致する。　B.「通常のツアーは，ナイトゲームがある日を除いて，毎日正午に出発する」…×　Regular Tour の第1文参照。デイゲームのある日を除いて出発する。　C.「通常のツアーに参加したいときには，予約が必要である」…×　Regular Tour の第3文参照。予約は不要。　D.「60人を超える人が予約団体ツアーに参加できる」…×　Reserved Group Tour の第2文参照。60人が上限である。

(2)＜内容一致＞「ある家族は65歳の祖母，45歳の父，39歳の母，2人の子ども(17歳と12歳)の5人家族である。全員がツアーに参加すると，彼らは(　　)支払うだろう」―C.「63ドル」　Tour Prices 参照。祖母10ドル，父と母18ドル，17歳の子14ドル，12歳の子10ドルで計70ドルになるが，4人以上は10%割引になる。

(3)＜内容一致＞「もしあなたが小学校の先生で，生徒を10人連れてツアーに参加したいなら，(　　)」―D.「土曜日は特別料金は適用にならない」　Special Prices for School Groups 参照。weekdays「平日」

Ⅴ〔整序結合〕

(1)「彼女は～になった」→She became ～とする。「最も～な…の1人〔1つ〕」は'one of the＋最上級＋複数名詞'で表せる。

(2)「夢を実現させる」は'make＋目的語＋動詞の原形'「～を…させる」で表せる。「実現する」は come true。「～せずに」は without ～ing。

(3)「～を探している」は look for ～「～を探す」を現在進行形にして I'm looking for ～とする。「このビンを開けるもの(何か)」は形容詞的用法の to不定詞が名詞 something を後ろから修飾する形で something to open this bottle with と表す。「このビンを開ける」とは「それを使ってこのビンを開ける」ということなので，前置詞の with が最後に必要になることに注意。

Ⅵ〔和文英訳―完全記述〕

(1)「何回」と'回数'を尋ねているので How many times または How often で文を始める。「～したことがありますか」は'経験'を表す現在完了'have/has＋過去分詞'の疑問文で表せる。

(2)文の骨組みは「私は映画が好きです」→I like (the) movies。「映画」を修飾する「自分(＝私)をしあわせな気分にしてくれる」は which〔that〕を主格の関係代名詞として使って which〔that〕make me happy とし，先行詞 the movies の後に置く。make me happy は'make＋目的語＋形容詞'「～を…(の状態)にする」の形。

(3)「この花は～と呼ばれる」は This flower is called ～。この'～'の部分を「何」＝what を用いて尋ねる疑問文なので，What is this flower called で始め，in Japanese「日本語で」を文末に置く。

2024年度／文化学園大学杉並高等学校（第１回）

数学解答

1 (1) 15　(2) 0　(3) $\dfrac{-a+8b}{15}$

(4) x^2-50　(5) $x=2,\ y=-1$

(6) $(2x-3y)(2x-3y-1)$　(7) 24

(8) $\sqrt{5}-2$　(9) $x=5,\ -1$

(10) 誤りのある番号…③

正しい答え…0.24

2 (1) ア　(2) $\dfrac{2}{9}$　(3) 6

(4) 方程式…$\dfrac{4}{5}(1200-x)+\dfrac{7}{5}x=1440$

x の値…800

3 (1) 61°　(2) $2\sqrt{15}$ cm

(3) $24\sqrt{6}\pi$ cm^3　(4) 93cm^2

4 (1) $\dfrac{1}{2}$　(2) $\left(\dfrac{5}{2},\ \dfrac{25}{8}\right)$

(3) $\left(\sqrt{5},\ \dfrac{5}{2}\right)$　(4) $\dfrac{25}{2}$

(5) $y=\dfrac{59}{6}x$

1〔独立小問集合題〕

(1)＜数の計算＞与式 $=9+(-8)\times\left(-\dfrac{3}{4}\right)=9+6=15$

(2)＜数の計算＞与式 $=\dfrac{20\times\sqrt{5}}{\sqrt{5}\times\sqrt{5}}-\sqrt{10}(\sqrt{4^2\times2}-2\sqrt{2})=\dfrac{20\sqrt{5}}{5}-\sqrt{10}(4\sqrt{2}-2\sqrt{2})=4\sqrt{5}-\sqrt{10}\times2\sqrt{2}=4\sqrt{5}-2\sqrt{10\times2}=4\sqrt{5}-2\sqrt{2^2\times5}=4\sqrt{5}-2\times2\sqrt{5}=4\sqrt{5}-4\sqrt{5}=0$

(3)＜式の計算＞与式 $=\dfrac{5(a-2b)-3\times2(a-3b)}{15}=\dfrac{5a-10b-6a+18b}{15}=\dfrac{-a+8b}{15}$

(4)＜式の計算＞与式 $=2(x^2+6x-7)-(x^2+12x+36)=2x^2+12x-14-x^2-12x-36=x^2-50$

(5)＜連立方程式＞$2x+3y=1$……①，$0.5x+0.2y=0.8$……②とする。②×10 より，$5x+2y=8$……②′　①×2－②′×3 より，$4x-15x=2-24$，$-11x=-22$　∴$x=2$　これを①に代入して，$4+3y=1$，$3y=-3$　∴$y=-1$

(6)＜式の計算─因数分解＞与式 $=(2x-3y)^2-2x+3y=(2x-3y)^2-(2x-3y)$ として，$2x-3y=A$ とおくと，与式 $=A^2-A=A(A-1)$ となる。A をもとに戻して，与式 $=(2x-3y)(2x-3y-1)$ である。

(7)＜数の計算＞与式 $=\dfrac{20x^2y\times6y}{15x}=8xy^2$ として，$x=3$，$y=-1$ を代入すると，与式 $=8\times3\times(-1)^2=8\times3\times1=24$ である。

(8)＜数の計算＞与式 $=(\sqrt{5}-2)(\sqrt{5}-2)^{99}(\sqrt{5}+2)^{99}=(\sqrt{5}-2)\{(\sqrt{5}-2)(\sqrt{5}+2)\}^{99}=(\sqrt{5}-2)\times(5-4)^{99}=(\sqrt{5}-2)\times1^{99}=(\sqrt{5}-2)\times1=\sqrt{5}-2$ である。

(9)＜二次方程式＞両辺を２倍して，$x^2-3=4x+2$，$x^2-4x-5=0$，$(x-5)(x+1)=0$　∴$x=5,\ -1$

(10)＜データの活用─誤っているもの，正しい答え＞①…正。クラスの人数は，$2+6+8+5+3+1=25$（人）である。　②…正。人数が 25 人なので，中央値は，小さい方から 13 番目の得点である。50 点未満が $2+6=8$（人），60 点未満が $8+8=16$（人）より，13 番目の得点は，50 点以上 60 点未満の階級に含まれる。よって，中央値が含まれる階級は 50 点以上 60 点未満の階級なので，その階級値は $(50+60)\div2=55$（点）である。　③…誤。40 点以上 50 点未満の階級の度数は６人なので，相対度数は $6\div25=0.24$ である。　④…正。最頻値は，度数が最も大きい階級の階級値である。度数が最も大きいのは，８人の 50 点以上 60 点未満の階級だから，最頻値は，55 点である。　以上より，誤っているものは③，正しい答えは 0.24 である。

2〔独立小問集合題〕

(1)＜数の性質＞$3\sqrt{2}=\sqrt{3^2\times2}=\sqrt{18}$，$\sqrt{(-4)^2}=\sqrt{16}$，$\dfrac{10}{\sqrt{5}}=\dfrac{\sqrt{100}}{\sqrt{5}}=\sqrt{20}$ だから，$\sqrt{15}<\sqrt{16}<\sqrt{18}<$

$\sqrt{20}$より，$\sqrt{15}<\sqrt{(-4)^2}<3\sqrt{2}<\dfrac{10}{\sqrt{5}}$となる。よって，小さい方から３番目は，$3\sqrt{2}$である。

(2)＜確率―さいころ＞さいころの目の出方は６通りだから，１つのさいころを２回投げるとき，目の出方は全部で$6\times6=36$(通り)あり，a，bの組も36通りある。$10a+b$は，十の位の数がa，一の位の数がbである２けたの数を表しているので，これが素数となる場合は，11，13，23，31，41，43，53，61の８通りあり，求める確率は$\dfrac{8}{36}=\dfrac{2}{9}$である。

(3)＜数の性質＞$n\leqq\sqrt{m}<n+1$より，$\sqrt{n^2}\leqq\sqrt{m}<\sqrt{(n+1)^2}$，$n^2\leqq m<(n+1)^2$となる。$m$，$n$は自然数だから，$m$は，$n^2$から$(n+1)^2-1=n^2+2n$までの自然数である。その個数は，$(n^2+2n)-(n^2-1)=2n+1$(個)と表せる。これが13個となるので，$2n+1=13$が成り立ち，$2n=12$，$n=6$となる。

(4)＜一次方程式の応用＞昨年の１月のインターネットによる予約冊数と窓口の予約冊数は，合わせて1200冊だったので，インターネットによる予約冊数をx冊とすると，窓口の予約冊数は$1200-x$冊と表せる。今年の１月は，昨年の１月と比べ，窓口の予約冊数は20％減ったので，$(1200-x)\times\left(1-\dfrac{20}{100}\right)=\dfrac{4}{5}(1200-x)$冊となり，インターネットによる予約冊数は40％増えたので，$x\times\left(1+\dfrac{40}{100}\right)=\dfrac{7}{5}x$(冊)となる。また，全体で20％増えたので，予約冊数は$1200\times\left(1+\dfrac{20}{100}\right)=1440$(冊)である。よって，$\dfrac{4}{5}(1200-x)+\dfrac{7}{5}x=1440$が成り立つ。これを解くと，$960-\dfrac{4}{5}x+\dfrac{7}{5}x=1440$，$\dfrac{3}{5}x=480$，$x=800$(冊)となる。

3 〔独立小問集合題〕

(1)＜平面図形―角度＞右図１で，半円の中心をＯとし，点Ｏと点Ｔを結ぶ。CTは接線だから，$\angle$OTC$=90^\circ$である。よって，$\triangle$OTCで，$\angle$BOT$=180^\circ-\angle$OTC$-\angle$BCT$=180^\circ-90^\circ-32^\circ=58^\circ$となる。$\triangle$OBTはOB＝OTの二等辺三角形だから，$\angle x=\angle$OBT$=(180^\circ-\angle$BOT$)\div2=(180^\circ-58^\circ)\div2=61^\circ$である。

図1

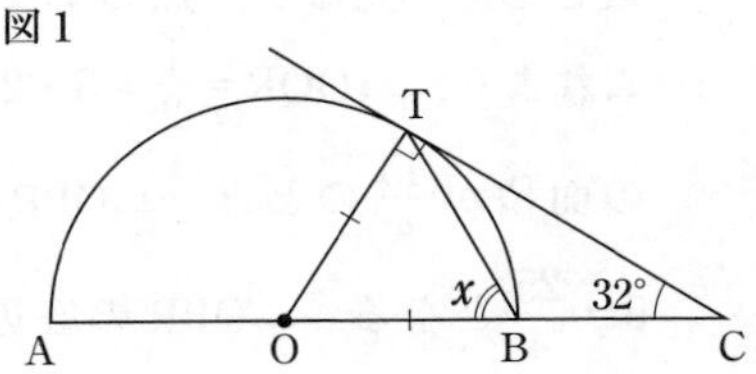

(2)＜平面図形―長さ＞右図２で，半円の中心をＯとし，点Ｏと３点C，P，Dをそれぞれ結ぶ。CDが接線より，OP⊥CDなので，$\angle$CPO$=\angle$CAO$=90^\circ$である。また，CO＝CO，OP＝OAだから，$\triangle$OPC$\equiv\triangle$OACとなり，PC＝AC＝5である。同様に，$\triangle$OPD$\equiv\triangle$OBDだから，PD＝BD＝3である。これより，CD＝PC＋PD＝5＋3＝8となる。次に，点ＤからACに垂線DHを引く。四角形ABDHは長方形となるから，AB＝DH，AH＝BD＝3となり，CH＝AC－AH＝5－3＝2となる。$\triangle$CDHで三平方の定理より，DH$=\sqrt{\text{CD}^2-\text{CH}^2}=\sqrt{8^2-2^2}=\sqrt{60}=2\sqrt{15}$となるから，AB＝DH$=2\sqrt{15}$(cm)である。

図2

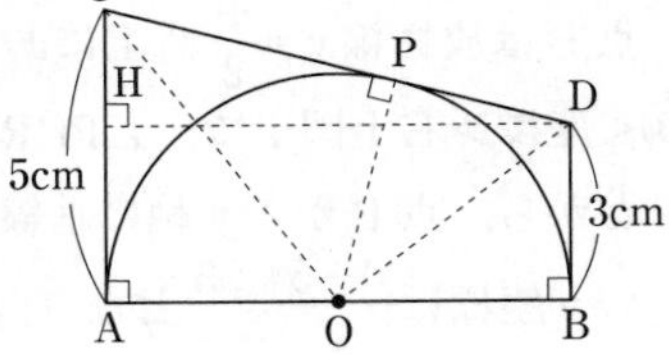

(3)＜空間図形―体積―回転体＞右図３で，点Ｃから辺ABに垂線CHを引く。$\triangle$ABCを直線ABを軸として１回転してできる立体は，底面の半径をCHとし，高さをAH，BHとする２つの円錐を合わせた立体となる。$\angle$ABC$=30^\circ$，$\angle$ACB$=90^\circ$より，$\triangle$ABCは３辺の比が$1:2:\sqrt{3}$の直角三角形だから，AB$=2$AC$=2\times2\sqrt{6}=4\sqrt{6}$である。また，$\angle$CAH$=60^\circ$だから，$\triangle$AHCも３辺の比が$1:2:\sqrt{3}$の直角三角形であり，CH$=\dfrac{\sqrt{3}}{2}AC=\dfrac{\sqrt{3}}{2}\times2\sqrt{6}=3\sqrt{2}$である。よって，求める立体の体積は，$\dfrac{1}{3}\times\pi\times$CH$^2\times$AH＋

図3

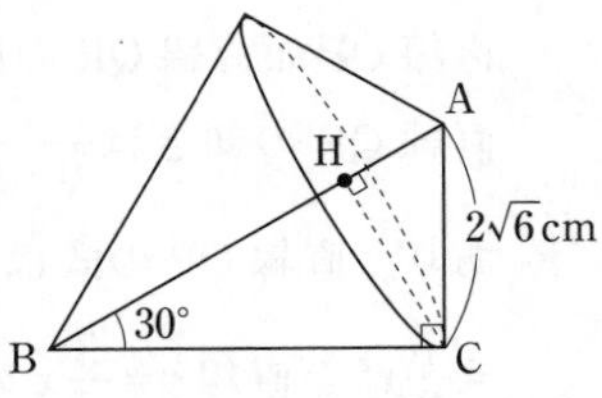

$\frac{1}{3}\times\pi\times \mathrm{CH}^2\times \mathrm{BH}=\frac{1}{3}\times\pi\times \mathrm{CH}^2\times(\mathrm{AH}+\mathrm{BH})=\frac{1}{3}\pi\times \mathrm{CH}^2\times \mathrm{AB}=\frac{1}{3}\pi\times(3\sqrt{2})^2\times4\sqrt{6}=24\sqrt{6}\pi$ (cm^3)となる。

(4)<平面図形―面積>右図４で，四角形 ABCD は平行四辺形だから，△ABD＝△CDB＝$\frac{1}{2}$▱ABCD＝$\frac{1}{2}\times210=105$ である。∠BFC＝∠DFE であり，BC∥AD より，∠BCF＝∠DEF だから，△BCF ∽△DEF となる。相似比は CB：ED＝AD：ED＝(3＋2)：2＝5：2 だから，面積比が相似比の２乗より，△BCF：△DEF＝5^2：2^2＝25：4 となる。また，BF：DF＝5：2 だから，△BCF，△DCF の底辺をそれぞれ BF，DF と見ると，高さが等しいことより，△BCF：△DCF＝BF：DF＝5：2 となる。よって，△BCF＝$\frac{5}{5+2}$△CDB＝$\frac{5}{7}\times105=75$ となり，△DEF＝$\frac{4}{25}$△BCF＝$\frac{4}{25}\times75=12$ となる。したがって，四角形 AEFB の面積は，△ABD－△DEF＝105－12＝93(cm^2)となる。

図４

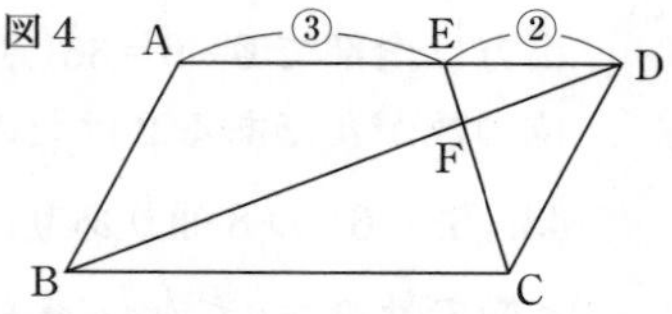

4 〔関数―関数 $y=ax^2$ と一次関数のグラフ〕

≪基本方針の決定≫(2)　△OPR の面積を求める。　(3)　△OPR は二等辺三角形である。

(1)<比例定数>右図１で，放物線 $y=ax^2$ 上に Q(－2，2) があるので，$x=-2$，$y=2$ を代入して，$2=a\times(-2)^2$ より，$a=\frac{1}{2}$である。

図１

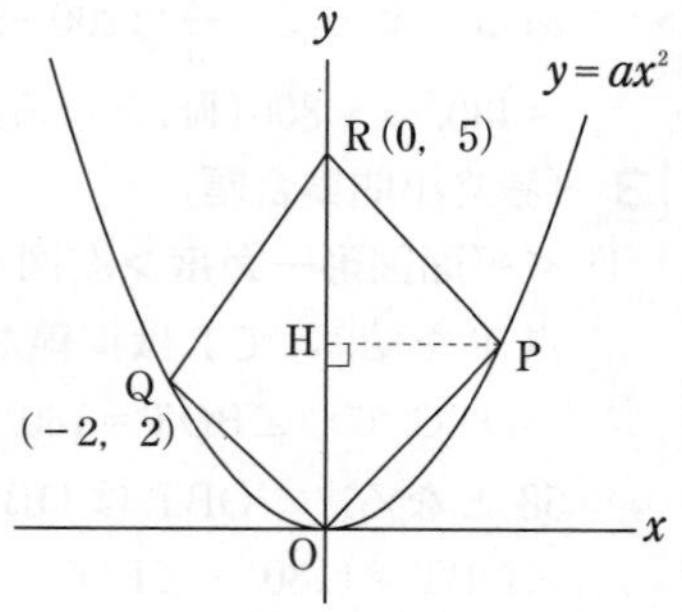

(2)<座標>右図１で，R(0，5) より，OR＝5 である。△OQR の底辺を OR と見ると，点 Q の x 座標が－2 より，高さは２である。これより，△OQR＝$\frac{1}{2}\times5\times2=5$ となる。よって，四角形 OPRQ の面積が$\frac{45}{4}$のとき，△OPR＝〔四角形 OPRQ〕－△OQR＝$\frac{45}{4}$－5＝$\frac{25}{4}$となる。△OPR の底辺を OR としたときの高さを h とすると，$\frac{1}{2}\times5\times h=\frac{25}{4}$が成り立ち，$h=\frac{5}{2}$となる。したがって，点 P の x 座標は$\frac{5}{2}$である。(1)より，点 P は放物線 $y=\frac{1}{2}x^2$ 上にあるので，$y=\frac{1}{2}\times\left(\frac{5}{2}\right)^2=\frac{25}{8}$より，$\mathrm{P}\left(\frac{5}{2},\ \frac{25}{8}\right)$である。

(3)<座標>右上図１で，∠POR＝∠PRO のとき，△OPR は PO＝PR の二等辺三角形となる。このことから，点 P から y 軸に垂線 PH を引くと，点 H は線分 OR の中点となる。R(0，5) なので，点 H の y 座標は$\frac{0+5}{2}=\frac{5}{2}$となり，$\mathrm{H}\left(0,\ \frac{5}{2}\right)$となる。よって，点 P の y 座標も$\frac{5}{2}$である。点 P は放物線 $y=\frac{1}{2}x^2$ 上にあるから，$\frac{5}{2}=\frac{1}{2}x^2$，$x^2=5$，$x=\pm\sqrt{5}$となり，$x>0$ だから，$x=\sqrt{5}$である。したがって，$\mathrm{P}\left(\sqrt{5},\ \frac{5}{2}\right)$である。

図２

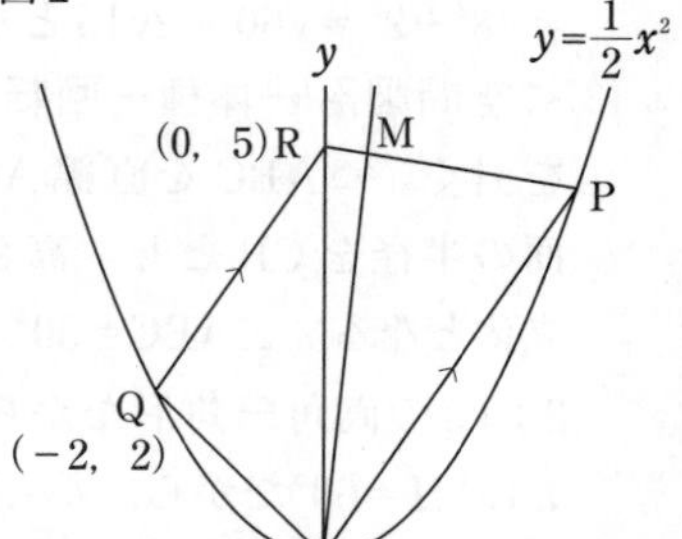

(4)<面積>右図２で，四角形 OPRQ が QR∥OP の台形になるとき，直線 OP と直線 QR の傾きは等しい。Q(－2，2)，R(0，5) より，直線 QR の傾きは$\frac{5-2}{0-(-2)}=\frac{3}{2}$だから，直線 OP の傾きも$\frac{3}{2}$であり，直線 OP の式は $y=\frac{3}{2}x$ となる。よって，点 P は放物線 $y=\frac{1}{2}x^2$ と直線 $y=\frac{3}{2}x$ の交点となる。この２式より，$\frac{1}{2}x^2=\frac{3}{2}x$，$x^2-3x=0$，$x(x-3)=0$ となり，$x=0$，3 となるから，点 P の x 座標は３である。(2)より，△OQR＝5 であり，△OPR は，底辺を OR と見ると，高さが３だから，

$\triangle\mathrm{OPR}=\frac{1}{2}\times5\times3=\frac{15}{2}$となる。したがって，〔台形OPRQ〕$=\triangle\mathrm{OQR}+\triangle\mathrm{OPR}=5+\frac{15}{2}=\frac{25}{2}$である。

(5)＜直線の式＞前ページの図2で，(2)より$\triangle\mathrm{OQR}=5$，(4)より$\triangle\mathrm{OPR}=\frac{15}{2}$だから，$\triangle\mathrm{OQR}<\triangle\mathrm{OPR}$である。これより，原点Oを通り，台形OPRQの面積を2等分する直線は，線分PRと交わる。その交点をMとすると，$\triangle\mathrm{OPM}=\frac{1}{2}$〔台形OPRQ〕$=\frac{1}{2}\times\frac{25}{2}=\frac{25}{4}$となるので，$\triangle\mathrm{OMR}=\triangle\mathrm{OPR}-\triangle\mathrm{OPM}=\frac{15}{2}-\frac{25}{4}=\frac{5}{4}$である。$\triangle\mathrm{OMR}$の底辺をORとしたときの高さを$m$とすると，$\frac{1}{2}\times5\times m=\frac{5}{4}$が成り立ち，$m=\frac{1}{2}$となるので，点Mの$x$座標は$\frac{1}{2}$である。次に，点Pの$x$座標は3なので，$y=\frac{1}{2}\times3^2=\frac{9}{2}$より，$\mathrm{P}\left(3,\ \frac{9}{2}\right)$である。R(0, 5)なので，直線PRは，傾きが$\left(\frac{9}{2}-5\right)\div(3-0)=-\frac{1}{6}$，切片が5であり，直線PRの式は$y=-\frac{1}{6}x+5$となる。点Mは直線$y=-\frac{1}{6}x+5$上の点だから，$y=-\frac{1}{6}\times\frac{1}{2}+5=\frac{59}{12}$となり，$\mathrm{M}\left(\frac{1}{2},\ \frac{59}{12}\right)$となる。直線OMの傾きは$\frac{59}{12}\div\frac{1}{2}=\frac{59}{6}$となるので，求める直線の式は$y=\frac{59}{6}x$である。

＝読者へのメッセージ＝

関数$y=ax^2$のグラフは放物線で，英語では，パラボラ(parabola)といいます。パラボラアンテナは，放物線の形を利用してつくられています。

国語解答

一　問一　ア　たくえつ　イ　真偽
ウ　いつわ　エ　丹念
オ　ざんしん

問二　イ　　問三　風呂に入る

問四　ア

問五　(例)時計・空虚・人柄

問六　エ　　問七　ウ　　問八　イ

問九　［制約がなければ，］ものすごい量の情報から自分に関連性の高い情報を抽出できず，判断や行動ができなくなるから。(44字)

問十　(1)　問題を大～きる直観
(2)…エ　(3)…ウ
(4)　Ⅰ　なんなくシークエンスを記憶した
Ⅱ　初心者と記憶成績が変わらなかった
(5)…ウ

二　問一　ア　細胞　イ　ひときわ
ウ　波乱　エ　さかのぼ
オ　脳裏

問二　イ　　問三　a…エ　b…ア

問四　ウ　　問五　イ　　問六　エ

問七　弟子たちの成長に満足感を覚え，自分が口を出さなくても，この仕事が必ずうまくいくと確信したから。(47字)

問八　イ　　問九　エ　　問十　ウ

問十一　ウ

一〔論説文の読解―教育・心理学的分野―心理〕出典：鈴木宏昭『私たちはどう学んでいるのか　創発から見る認知の変化』。／今井むつみ『学びとは何か――〈探究人〉になるために』。

≪本文の概要≫ひらめき現象に共通するものは，何だろうか。まず，ひらめきの前には，なかなか答えに気づけず，さまざまなことを試す時期がある。また，ひらめきは，前触れなく突然訪れる。ほかにひらめきの特徴としては，問題の解決とは無関係な行動をしているときにひらめきが訪れることや，科学的な発見では検証が必要であることがある。ひらめきを研究する心理学者たちは，普通の人でもできるようなひらめきを含む課題を考え，大量の実験参加者に解いてもらって研究を行っている。課題は，答えがわかればなぜ気づけなかったのかと思うような，単純な問題である。にもかかわらずそうした課題が解けないのは，私たちに「制約」があるからである。私たちは，外から与えられる大量の情報の中から，無関係な情報を排除し，関連性の高い情報を抜き出している。このときのフィルターのようなものを，制約と呼ぶ。制約は，私たちの認知を支えるものであるが，制約が排除したものの中に答えが存在するため，制約は，ひらめきの邪魔をするといえる。だから，失敗を重ねることによって制約のはたらきが緩和されると，ひらめきが得られる。

問一＜漢字＞ア．「卓越」は，ほかのものと比べて，はるかに優れていること。　イ．「真偽」は，本当かうそかということ。　ウ．「逸話」は，人や事柄について，その一面がうかがえるようなおもしろい話。　エ．「丹念」は，細かいところまで注意を払うこと。　オ．「斬新」は，趣向や考えなどが飛び抜けて新しいこと。

問二＜文章内容＞ひらめきとは，「覚えていることを当てはめて解決できる」ことではない。「少しずつやって」いったり，「しらみつぶしに可能性を検討」したりして解けることも，ひらめきとは言わない。ひらめきは，ひらめく前に「なかなか解けない，気づけない段階が存在」し，「問題解決とはまったく無関係な行動」をとっているときに「前触れもなく，突然やってくる」ものである。

問三＜文章内容＞アルキメデスは，「王冠が純粋に金でできているのかを調べるように求められ」て悩み，「風呂に入っているとき」という「問題の解決とはまったく別の行動」をしているときに，その方法を発見した。

問四＜文章内容＞科学上の偉大な発見は，数が少なく，「固有なひらめきの要素を含んで」いる特殊な例である。だから，こうした偉業に基づいた研究では，「一般化できるようなことを引き出すことは難しい」のである。

問五＜語句＞遠隔連想課題とは，各二字熟語の「最初の漢字」に共通の一文字を加え，それぞれを「意味のある単語」にするという課題である。例えば，「時計」「空虚」「人柄」のそれぞれの最初の漢字に「間」を加えると，「時間」「空間」「人間」となる。

問六＜接続語＞Ａ．ある事物について「本来の目的以外の使用法をできるだけたくさん考える」という「発散課題」の例として，「使用済みのＣＤ」を「カラスよけ」や「コースターに使う」ことなどが挙げられる。　Ｂ．「友人が涙を流していた」場合，いろいろと考えられる友人が泣いている理由を「いちいち検討していては時間がいくらあっても足りない」ので，私たちは「とりあえずよくありそうな理由」を思い浮かべる。　Ｃ．Ｔパズルにおいて，「１つのピースの置き方」やその「組み合わせ方，組み合わせの位置なども膨大」であるが，制約のはたらきにより，人は，その「膨大な可能性を１つずつ試したりすることはない」のである。

問七＜表現＞「収束的」は，一点に向かって収まりがつくさまを表す。発散課題は，解答が「決まっておらず，いくつでも出せる」課題である。それに対して，Ｔパズルや遠隔連想課題は，いろいろ考えられる中から「１つの解を求める」課題である。

問八＜文章内容＞私たちは，外から与えられた「ものすごい量の情報」の中から，自分に無関係な情報を「ふるい」にかけて排除し，「関連性の高い情報」を抜き出している(ア・エ…○)。この「制約」のはたらきは，「思考の場面」でも機能し，私たちは「ある前提から推測できること」として「よくありそうな」事柄を選ぶ(ウ…○)。「自分が悪いことをして先生に指導されている」という前提に基づく「先生が怒っている」理由は，自分が悪いことをしたということである(イ…×)。

問九＜文章内容＞私たちは，世界から「ものすごい量の情報」が与えられているが，その情報のほとんどは，「自分が今行おうとしていることと無関係」である。そのため，私たちは「制約」によって情報を「ふるい」にかけ，「関連性の高い情報を抜き出す」必要がある。「制約」がなければ，私たちは「無関係な情報をいちいち考慮」することになり，「身動きが取れなく」なる。

問十⑴＜文章内容＞羽生さんは，著書の中で，ひらめきを「全体の終着点についての直観」と呼んでいる。それは，「問題を大づかみに捉えて，ゴールが見えない局面でも目指す到達点をイメージできる直観」である「大局観」と言い換えられる。　⑵＜語句＞「示唆に富む」は，間接的に教えられる手がかりやヒントなどを多く含んでいる，という意味。　⑶＜語句＞「がむしゃら」は，後先などを考えないで，一つのことに向かって勢い込んで行動すること。　⑷＜文章内容＞熟達者たちの「すぐれた記憶」は，熟達者たちの専門とする「分野で意味がある情報の記憶」に限られる。例えば，クラシックバレエのダンサーは，初心者に比べて熟達しているので，「クラシックバレエの構造をもったシークエンス」のときは，そのシークエンスを簡単に記憶できる。しかし，そうではない場合は，彼らの記憶は初心者と変わらなかった。　⑸＜主題＞本文では，失敗を重ねて「制約の働きを弱める」ことでひらめきが得られると書かれている。しかし，≪資料≫では，問題を大まかにとらえ，「目指す到達点をイメージできる直観」をひらめきといい，この直観は「経験を積めば積むほど精度が上がってくる」と書かれている。

二〔小説の読解〕出典：天沢夏月『青の刀匠』。

問一＜漢字＞ア.「細胞」は，生物を組み立てている基本の単位。　イ.「一際」は，多くの中で一段と目立っているさま。　ウ.「波乱」は，激しい変化や曲折のあること。　エ.「遡る」は，過去や根本に立ちかえること。　オ.「脳裏」は，頭の中のこと。

問二＜文章内容＞鉄は「硬さ，粘り，組成」などにおいて「それぞれの，癖のようなもの」があり，その形を「人の望む形」に「無理やり変える」ことはできない。鉄には「彼らの意思がある」ので，人は，鎚で打った感触などを感じながら打つことで，互いの意思をぶつけ合い，対話を重ね，刀の形の「落としどころ」を探っていく。

問三＜語句＞a.「郷愁」は，故郷や過去のものなどを懐かしむ，しみじみとした気持ちのこと。
b.「朧気」は，かすんでいるようにはっきりしないこと。

問四＜文章内容＞「俺」は，コウさんが「どんな刀を打ちたい」と思っているのかを，コウさんの背中を眺めながら考えているうちに，玉鋼の「第二の故郷」である「斐伊川の光景」が思い浮かんだ。「俺」が，コウさんはその斐伊川の「一瞬の雪解け」を表現しようとしているとわかったとき，カンナさんと視線が交錯して，カンナさんも同じタイミングで「同じ景色」を思い浮かべたのだとわかった。

問五＜表現＞「俺」は，全身に「意識の糸が張り巡らされていく感覚」を覚え，五感を研ぎ澄ましながら「無心」で鉄を打ち続けた。そして「鍛接の一打目に一際確かな手応えがあった」とき，「俺」は，「歴代の刀鍛冶たち」の歴史の先に自分がいて，彼らとつながり声が聞こえるように感じた。

問六＜文章内容＞「俺」が自分は「どうなりたい」のかを自問自答する中で浮かんできたのは，コウさんの「刀作りと同じくらい，おもしろい」という言葉だった。その言葉から，「俺」は，自身も刀づくりの奥深さにおもしろさを感じていること，また，「具体的な目標」はないが，作刀の道を「歩いてみたい」と思っていることに気づいた。そして，「俺」は，そう思えた自分を「いいんじゃない」と，好意的にとらえることができた。

問七＜文章内容＞かがりさんは，コウさんとカンナさんにかがりさんが来たことを知らせようとする「俺」を制して，「仕事に集中」するように促した。そして，弟子たちが焼き入れする様子を見てから，何も言わずに家に戻った。かがりさんは，弟子たちの仕事ぶりを見て，自分が何も言わなくても弟子たちの作刀がうまくいくという「結末」を感じ取ったので，「落ち着いた足取り」で家に戻った。

問八＜心情＞「俺」が「一振りの刀」に対して抱いた感情は，「理屈」では言い表せないものであった。それは「自分が作刀に携わった」ことによる感情(ア…○)，兄弟子である「コウさんやカンナさんへの思い入れ」による感情や(エ…○)，「仕事への達成感」などからくる「直感的な心の反応」だった(ウ…○)。

問九＜文章内容＞できあがった刀を見て，かがりさんは一言，いっぱしの刀になったと言った。その言葉は，字面だけでは「大して褒めている感じ」には見えないが，「俺」たちは，かがりさんが仕事ぶりを認めて褒めてくれているように感じ，気恥ずかしく思った。

問十＜文章内容＞刀は，刃が「見た者」の心の「曇りを打ち払う」よう，職人がそれを手にする誰かのためを思ってつくり上げたものである。だからこそ，刀は，「手にした者」にとっての「お守り」であり，また，「人の道を外れてはいけない」という「戒め」でもある。

問十一＜表現＞本文は，「俺」(＝コテツ)の視点から語られ，「トンテンカン」など短文が重ねられることで，リズムが生まれている。そして，「融雪」という刀が完成するまでの間に，「俺」が刀について考えたことや，作刀の道を歩みたいと思っていることなどが，わかりやすく描かれている。

2024年度 文化学園大学杉並高等学校(第２回)

【英　語】（50分）〈満点：100点〉

I　Listen to the conversation and answer the questions about it. You will hear the conversation and questions twice.

■リスニングテストの音声は，当社ホームページで聴くことができます。(実際の入試で使用された音声です)
再生に必要なユーザー名とアクセスコードは「収録内容一覧」のページに掲載しています。

(1)
A. Reading a book.
B. Using a telescope.
C. Playing a video game.
D. Looking at a website.

(2)
A. To read her horoscope.
B. To check his horoscope.
C. To tell him her birthday.
D. To buy a new computer.

(3)
A. He couldn't win the basketball game.
B. He didn't have basketball practice.
C. He was very sick in bed.
D. He lost his basketball.

(4)
A. He should not skip breakfast.
B. He should not eat too much.
C. He should exercise more.
D. He should get up early.

(5)
A. It is better than chicken.
B. It is as healthy as broccoli.
C. She thought he would become fat.
D. She thought he would win the next game.

※　リスニングテスト放送文は，英語の問題の終わりに付けてあります。

Ⅱ Read the passage from Part A to C and answer the questions for each part.

［ Part A ］ ある日学校で、ノース先生は生徒たちに、明日から一週間自分が学校を留守にすることを伝えます。

〔編集部注…課題文は著作権上の問題により掲載しておりません。作品の該当箇所につきましては次の内容を参考にしてください〕

Louis Sachar「MARVIN REDPOST 4：Alone in His Teacher's House」〈Random House〉
「Teacher's Pet」

P.1 の１行目～P.4 の下から２行目

*substitute: 代理の　*stared:じっと見た　*glared:にらみつけた
*detailed instruction: 細かな指示　*misbehave: 悪さをする
*rubbing: ～をこすりながら　*pretend: ～というふりをする
*shrugged: 肩をすくめた　*kennel: 犬の宿泊施設　*hardly: ほとんど～ない

Questions about Part A

(1) How did Nick feel when Mrs. North told her class about her absence?
A. He felt sorry.
B. He felt excited.
C. He felt hungry.
D. He felt worried.

(2) Why did Stuart say "Let's pretend we're each other"?
A. He didn't like Nick and Marvin.
B. He wanted Mrs. North to trust him.
C. He respected Marvin and wanted to be like him.
D. He wanted to play a trick on the substitute teacher.

(3) What did Mrs. North ask Marvin to do?
A. To look after her old dog.
B. To look for her missing dog.
C. To let her pet stay at his house.
D. To take her dog to a kennel every day.

［ Part B ］ ノース先生は放課後、マーヴィンを車で彼女の家に連れてきます。

〔編集部注…課題文は著作権上の問題により掲載しておりません。作品の該当箇所につきましては次の内容を参考にしてください〕

Louis Sachar「MARVIN REDPOST 4：Alone in His Teacher's House」〈Random House〉
「The Key」

P.10 の 10 行目〜P.14 の最終行

*swished:ひゅっと振り回した　*whiskers: ひげ　*walrus: セイウチ
*petted: 〜をなでた　*scratched: 〜を掻《か》いた　*waddled:よたよた歩いた
*whining noise:(犬の)鼻を鳴らす声　*licked: なめた　*go stale: 美味しくなくなる
*leash:(犬をつないでおく)ひも　*pooper-scooper: 犬などの糞を取るスコップ
*swallowed: 〜を飲み込んだ　*vet: 獣医　*mature: しっかりしている

Questions about Part B

(4) How did Waldo look when Marvin first saw him?
A. He looked shy, hiding behind the sofa.
B. He looked excited, jumping out of her house.
C. He looked calm, waiting for his owner to come home.
D. He looked nervous, shaking his long tail very quickly.

(5) Why did Marvin laugh when Mrs. North was showing him around her house?
A. She made a joke.
B. She lived in a very large house.
C. Waldo was singing like a walrus.
D. There was a blackboard in the living room.

(6) What did Mrs. North do while Marvin had cookies and milk?
A. She got ready to walk Waldo on a leash.
B. She explained how to take care of Waldo.
C. She told him to buy another bag of dog food.
D. She showed him how to use a pooper-scooper.

[Part C]　マーヴィンは次の日から、ノース先生から任された仕事を始めます。

〔編集部注…課題文は著作権上の問題により掲載しておりません。作品の該当箇所につきましては次の内容を参考にしてください〕

Louis Sachar「MARVIN REDPOST 4：Alone in His Teacher's House」〈Random House〉
「Mature and Responsible」

P.15 の１行目～P.21 の最終行

*bucks:ドル（単位）　*slapped:～をぴしゃりとたたいた　*tapped:～をポンとたたいた
*unlocked: ～の鍵を開けた　*swept: さっと振った　*nuzzled; 鼻をすり寄せた
*gross: 気持ちが悪い　*paw: （犬などの）足　*rolled over: あおむけになった
*tummy: お腹

Questions about Part C

(7) What did Marvin think when he was eating breakfast?
A. He thought it was about time to get up.
B. He thought he had to take Waldo to the vet.
C. He thought he should be responsible for a week.
D. He thought he didn't have the key to Mrs. North's house.

(8) Why did he tap the red post of his house when he left home?
A. He prayed for Mrs. North's safety.
B. He hoped he could do his job well.
C. He prayed that Waldo would get well.
D. He hoped for a letter from Mrs. North.

(9) What did Marvin find when he checked Waldo's bowls?
A. He found that Waldo was hungry.
B. He found that the bowls were not empty.
C. He found that Waldo wanted more food.
D. He found that Waldo hated walking with him.

(10) Why did Waldo put his paw on Marvin's arm?
A. He wanted Marvin to leave.
B. He tried to push Marvin away.
C. He tried to say good-bye to Marvin.
D. He wanted Marvin to pet him more.

Ⅲ Read the passage and choose the correct letter from A to J to fill in the blanks.

"Smartphone Zombies" in Danger

NFK EDITORS - JUNE 17, 2018

Most people know that using a cell phone while you drive is dangerous. (1) Every year, tens of thousands of people are hurt or killed because they are using cell phones while walking.

After cell phones became popular, people noticed that there were more car *crashes caused by drivers using phones. It took a while for the laws to catch up. Now it is *against the law for drivers to use cell phones in 16 US states. 38 states have a similar rule for new drivers. (2)

Now people are starting to notice the problems caused by people using cell phones while they are walking. People are walking while looking at the screens of their phones – making calls, sending messages, watching videos, or playing games. (3) Some people call this "*distracted walking". Other people call them "smartphone zombies" (or, in Germany, "smombies"). In China they call them the "heads-down tribe". (A tribe is a group of people that are related in some way.)

Now, for the second time, a city in China has created a walking *path just for people who are using cell phones. The new path is in the city of *Xi'an. The brightly colored path is about 300 feet (100 m) long. The path is meant to give cell phone users a place to walk without having to worry about the traffic around them. In 2014, the city of *Chongqing in China created a shorter walking path for cell phone users.

Some people support the idea. They feel like it will keep cell phone users safer. (4) They think it encourages people to do something that is not safe. Many people wonder how cell phone users will keep themselves on the path, when they are already having trouble walking safely.

These are problems that governments around the world are thinking about. In Germany, several cities have put traffic lights in the ground so that walkers looking at their cell phones will know when it is safe to cross the road. Other cities, such as Amsterdam, have printed warning signs on the ground so that walkers on phones can see that they are about to cross the street. Many towns around the world have made it against the law to use cell phones while walking.

It is surely a problem that governments will continue to work on, because the dangers are so great. In China, every year, about 68,000 walkers are killed. In the US, 16% of the people killed in traffic accidents are walkers. (5)

For now, cell phone users should remember that just because they are moving very slowly does not mean that they are safe. The heads-up tribe has a much better chance of crossing the road safely than the heads-down tribe.

(adapted from NewsForKids.net © 2018 by Newsforkids.net)

*crashes: 衝突　*against the law: 法律に反する　*distracted: 注意散漫な
*path: 通路　*Xi'an:西安（中国の都市）　*Chongqing: 重慶（中国の都市）

A. Other people don't like the idea.

B. Other people agree with the idea.

C. But what about when you sleep?

D. But what about when you walk?

E. And the numbers keep going up.

F. And the numbers keep going down.

G. Texting while driving is against the law in 47 states.

H. Drinking while driving is against the law in 47 states.

I. They don't pay attention to what is shown on the screens.

J. They don't pay attention to what is going on around them.

Ⅳ Read the information on the website below and answer the questions.

SDGs×BSG Summer Camp

BSG English School will hold a summer camp during the summer vacation. In this camp, you will not only enjoy outdoor life but also do some activities related to several SDG themes with our native English staff. This will be a good chance for you to improve your English speaking skills. Come and join us.

Date: AUG 10 - 11

Place: Tama Nature Camp Resort

Cost: 20,000 yen (Optional project fees are not included)

Main Schedule:

AUG 10		AUG 11	
9:00 a.m.	Arrive at the Camp Resort.	7:30 a.m.	Make and eat breakfast.
12:00 p.m.	Cook and eat lunch.	9:00 a.m.	Do your optional project.
1:00 p.m.	Do your optional project.	1:00 p.m.	Eat lunch and join the workshop.
6:00 p.m.	Eat dinner and enjoy a camp fire.	5:00 p.m.	Leave the Camp Resort.

Optional Projects (choose two):

Project [A]
fee: 3,000 yen

In this project, you can walk into the forest and watch some small animals. You can also see their nests and learn how they live in summer.

Project [B]
fee: 2,500 yen

In this project, you can visit a dam and learn about water power. You can also fly a drone near the dam by using power from the dam.

Project [C]
fee: 3,500 yen

In this project, you can walk along the river and pick up litter. You can also ride a glass-bottom boat to see many fish.

To register to join the camp, click **here**.

You can get 10% discount on the total fee by showing your student ID card.

If you need more information about the camp, click **here**.

(1) What can you NOT do in the camp?

A. Make some meals.

B. Join in a camp fire.

C. See an outdoor concert.

D. Practice speaking English.

(2) Which projects are the best choice, if you are interested in the SDG goals No. 14 "LIFE BELOW WATER" and No. 15 "LIFE ON LAND"?

A. [A] and [B]

B. [B] and [C]

C. [A] and [C]

(3) Tom is a 2nd grade junior high school student. If he joins the camp and chooses [B] and [C] projects for options, how much should he pay in total?

A. 19,800 yen

B. 23,400 yen

C. 25,800 yen

D. 26,000 yen

V Put the words in the correct order. Use capital letters where needed.

(1) 私たちはお互いを理解することが大切です。
(each / for / important / it is / to / understand / us) other.

(2) 駅前に自転車を停めてはいけません。
(must / in front / park / of / not / you / your bike) the station.

(3) トムほど足の速い生徒は私たちのクラスにはいない。
(as / as / can run / fast / in our class / no other / student) Tom.

VI Make an English sentence for each question using the given word.

(1) 私の妹は先週からずっと病気です。 (since)

(2) 私たちは彼に会うことを楽しみにしています。 (forward)

(3) あなたが昨日撮った写真を私に見せてください。 (which)

＜リスニングテスト放送文＞

Listen to the conversation and answer the questions about it. You will hear the conversation and questions twice.

Tom: What are you reading, Mary?

Mary: Hi, Tom. I'm reading my horoscope.

Tom: Horoscope? What's that?

Mary: It's a kind of fortune telling. It's based on a person's birthday and the position of the stars. I like reading my horoscope on this website every month because I can get some good advice from it.

Tom: Sounds like fun. Could I get mine for this month, too?

Mary: Sure. When's your birthday?

Tom: June the third.

Mary: So your star sign says, "It is a lucky month for you. But this is the result of the hard work you've done so far. So let's keep working hard and not get too excited. If you try something new, you may find great success."

Tom: Wow! I feel better now. Last month I lost the basketball game and was very disappointed, but I'll practice more and win the next game.

Mary: Yes. But your health luck is not very good.

Tom: Oh, what does it say?

Mary: "Be careful not to eat too much even when you're tired."

Tom: I see. Mary, do you know any foods which are good to eat when we're tired?

Mary: Chicken, boiled eggs, nuts and seeds ...

Tom: How about chocolate?

Mary: Well, that's not bad.

Tom: I read something in a book the other day. Chocolate has something good for our health. It is called flavonols. Flavonols can lower blood pressure and help with some diseases. So I'll start eating a chocolate bar for breakfast tomorrow.

Mary: Wait a minute. Milk chocolate has a lot of fat and sugar as well. Tom, chocolate bars themselves are not that healthy. If you eat one every morning, you'll get fat.

Tom: Oh, I thought it was a good idea.

Mary: Flavonols are not only found in chocolate. Let's find other food with flavonols. (the sound of hitting a keyboard) I got it. Broccoli! Tom, why not eat a broccoli bar?

Tom: No, thanks.

(1) What was Mary doing when Tom talked to her?

A. Reading a book.

B. Using a telescope.

C. Playing a video game.

D. Looking at a website.

(2) What did Tom ask Mary to do?

A. To read her horoscope.

B. To check his horoscope.

C. To tell him her birthday.

D. To buy a new computer.

(3) Why was Tom disappointed last month?

A. He couldn't win the basketball game.

B. He didn't have basketball practice.

C. He was very sick in bed.

D. He lost his basketball.

(4) What advice did Tom get about his health?

A. He should not skip breakfast.

B. He should not eat too much.

C. He should exercise more.

D. He should get up early.

(5) Why did Mary disagree with Tom's idea of eating a chocolate bar for breakfast?

A. It is better than chicken.

B. It is as healthy as broccoli.

C. She thought he would become fat.

D. She thought he would win the next game.

【数　学】（50分）〈満点：100点〉

1　次の各問いに答えなさい。

(1)　$2\times(-3^2)$ を計算しなさい。

(2)　$\dfrac{7}{12}x^2y^3\div\dfrac{21}{16}x^4y^2$ を計算しなさい。

(3)　$\dfrac{x+3y}{2}-\dfrac{x-2y}{3}$ を計算しなさい。

(4)　連立方程式　$\begin{cases}\dfrac{2}{3}x-\dfrac{3}{2}y=3\\ x+2y=-4\end{cases}$　を解きなさい。

(5)　$2\sqrt{12}+(\sqrt{3}+3)^2$ を計算しなさい。

(6)　$ax^2+5ax-14a$ を因数分解しなさい。

(7) $\sqrt{180n}$ が整数となるような自然数 n のうち，最小のものを求めなさい。

(8) 方程式 $2x^2+5x-1=0$ を解きなさい。

(9) $x+y=3$， $xy=-1$ のとき， x^2+y^2 の値を求めなさい。

(10) 関数 $y=2x^2$ において， x の変域が $-2\leqq x\leqq a$ であるとき，y の変域が $b\leqq y\leqq 32$ であった。 a と b の値を求めなさい。

上記の問題を以下のように解きましたが，答えを間違えました。
誤りのある初めの行の番号 ①～⑤ と，この問いの正しい答えを求めなさい。

（解答） $y=32$ のとき， $y=2x^2$ に代入して $x=\pm 4$ …①
x の変域は $-2\leqq x\leqq a$ であるから， $x=4$ …②
よって， $a=4$ …③
関数 $y=2x^2$ は $x=-2$ のとき，最小値 $y=2\times(-2)^2=8$ をとる。…④
y の変域は $8\leqq y\leqq 32$ となり， $b=8$ …⑤
よって， $a=4$， $b=8$

2 次の各問いに答えなさい。

(1) 大小 2 個のさいころを同時に投げるとき，少なくとも 1 個は偶数の目が出る確率を求めなさい。

(2) 右の表は，あるクラスで行ったテストの結果を，度数分布表にまとめたものです。最頻値を求めなさい。

階級(点)	度数(人)
0 以上 20 未満	1
20 ～ 40	3
40 ～ 60	8
60 ～ 80	13
80 ～ 100	5
計	30

(3) 連続した 3 つの自然数があります。最も小さい数と真ん中の数の積が，最も大きい数の 10 倍より 2 だけ大きいとき，最も小さい数を求めなさい。

(4) ある靴屋では，靴を 3 足買うとき最も安い靴は定価の半額，2 番目に安い靴は定価の 20%引き，最も高い靴は定価のままで購入することができます。1000 円違いの 3 足の靴を購入したところ，3 足とも定価で購入するより 3000 円安く購入することができました。

最も安い靴の定価を x 円として方程式を作りなさい。また，このときの x の値を求めなさい。

3 次の各問いに答えなさい。

(1) 下の図において，PA，PB はともに円 O の接線である。
このとき，$\angle x$ の大きさを求めなさい。

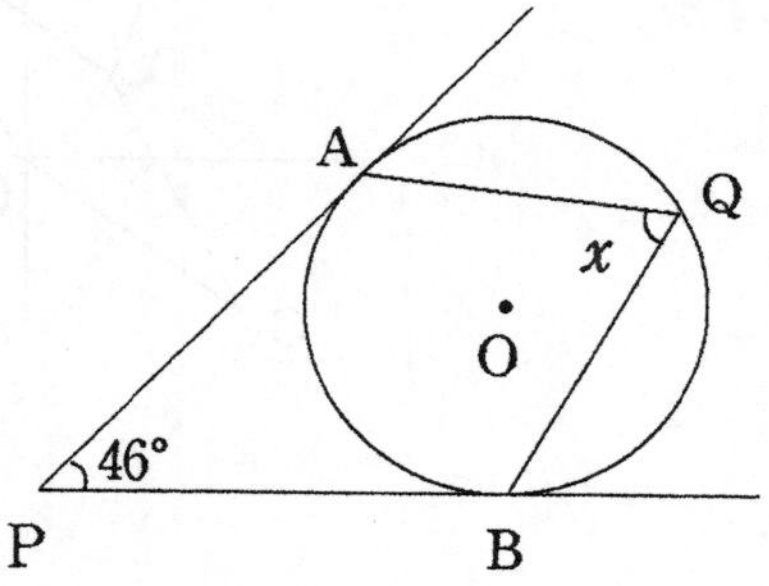

(2) 下の図の平行四辺形 ABCD の面積を求めなさい。

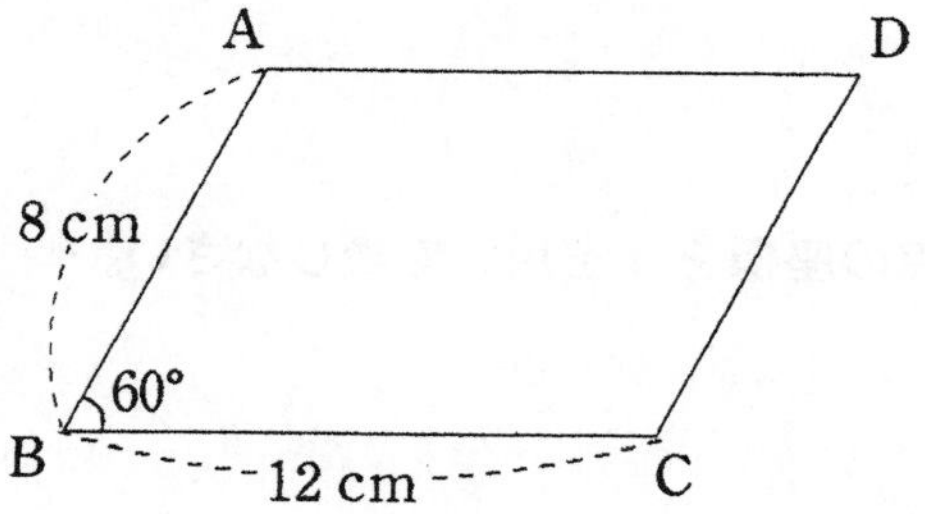

(3) 下の図のように，1 辺が 4 cm の立方体があり，各面の対角線の交点 A，B，C，D，E，F を頂点とする正八面体をつくる。このとき，次の問いに答えなさい。

① 四角形 BCDE の面積を求めなさい。
② 正八面体の体積を求めなさい。

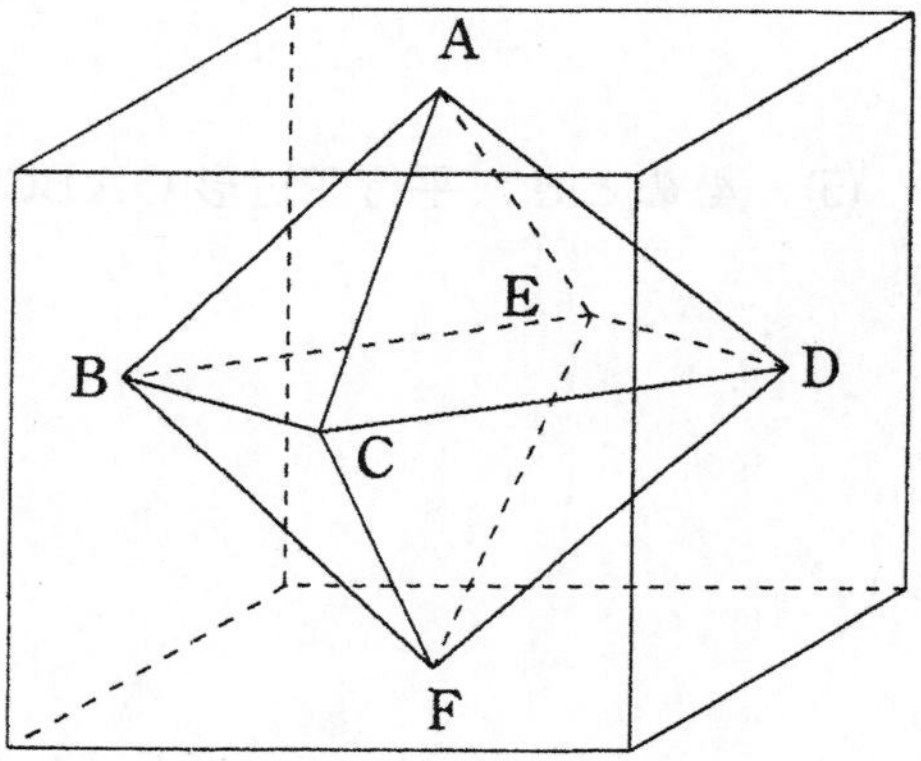

4　右の図のように，放物線 $y=\dfrac{1}{2}x^2$ 上に，2 点 A，B がある。四角形 OABC が平行四辺形となるように点 C をとる。A，B の x 座標がそれぞれ 3，a のとき以下の問いに答えなさい。ただし，$a<0$ とする。

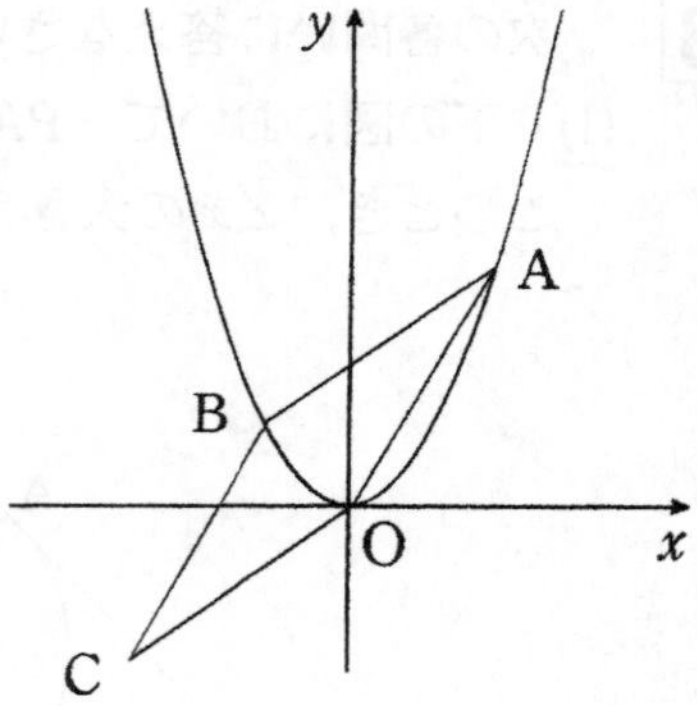

(1)　点 A の y 座標を求めなさい。

(2)　点 C の x 座標を a を用いて表しなさい。

(3)　平行四辺形 OABC の対角線の交点の座標を a を用いて表しなさい。

(4)　直線 $y=2x+3$ が平行四辺形 OABC の面積を 2 等分するとき，点 B の座標を求めなさい。

(5)　(4) のとき，平行四辺形 OABC の面積を求めなさい。

ア　運命を背負う瞭司を友人として後押ししたいという思い。
イ　羨望や嫉妬心から生じた瞭司に対する晴らしがたい恨み。
ウ　瞭司とともに研究ができなくなってしまうことへのさみしさ。
エ　瞭司の才能に比べ自らの実力不足を認めざるを得ない悔しさ。
オ　才能のない自分や先輩たちを見下すような瞭司の態度への不満。

問十一　傍線部⑫「瞭司の目の前に差しだされた火は、さらに勢いを増そうとしていた」という表現は、どのようなことを意味していると考えられるか。次の《本文後のあらすじ》を参考にし、最適なものを後のア～エから選び、記号で答えなさい。

《本文後のあらすじ》
瞭司は学部長の提案を受け入れ、飛び級卒業をすることを選択する。仲間とともに研究する楽しさは失ってしまったが、大学院ではこれまでの数学界では研究されてこなかった領域を専門として、新しい理論の発見を達成する。

ア　このままでは数学に懸ける情熱が長続きしないだろうと予感しながらも、今ある情熱を大切にして積年の目標を達成しようと思い、学部長からの提案を瞭司が前向きに考え始めていることを表している。
イ　学部長だけでなく、お世話になった小沼や一緒に研究してきた仲間までもが飛び級卒業を後押ししており、その期待に応えるためにも瞭司がもはや後には引けないところまで来てしまったことを表している。
ウ　数学の研究を通じてめぐり合った仲間たちと離れさせようとする学部長たちへの怒りが頂点に達し、その思いをバネにこれから自らの研究に没頭していこうとする瞭司の熱意が強まっていることを表している。
エ　一流の数学者になるという使命を与えられた瞭司にとって、飛び級卒業をして大学院に進学するという機会が訪れた今、自分の使命を果たすためにエネルギーを費やすべき佳境に入りつつあることを表している。

問六　傍線部⑥「身体をのけぞらせた」、⑧「肩をすくめる」が表す心情として最適なものを次のア～カからそれぞれ選び、記号で答えなさい。

ア 呆《あき》れ　イ 怒り　ウ 驚き　エ 緊張　オ 失望　カ 羨望

問七　傍線部⑦「声を荒らげた」とあるが、このときの田中の心情の説明として最適なものを次のア～エから選び、記号で答えなさい。

ア 人並み外れた才能を持つ瞭司への嫉妬に加え、瞭司が自分を客観視できずに結果的に周囲を見下すような発言をしたことに対し、憤りを覚えている。

イ 自分よりも瞭司が先に評価され注目を集めていることを不快に思い、怒りを伝えることで先輩である自分たちに気を遣わせ、飛び級を断らせようとしている。

ウ 瞭司が自分に注目する人を「よっぽど退屈なんですね」などとバカにし、瞭司よりも才能に乏しい田中たちへの配慮に欠けた態度を取ったことを許せずにいる。

エ 瞭司の才能を素直に認めることができず、大学に利用されているだけだと意地の悪いことを言ってしまった自分が情けなく、一刻も早くこの場を去ろうとしている。

問八　傍線部⑨「ひとり小会議室へ向かった」とあるが、それはなぜか。三十五字以内で説明しなさい。

問九　傍線部⑩「何かおかしな感じ」と同じような意味で用いられている表現を本文中から十二字で抜き出しなさい。

問十　傍線部⑪「ふたりの目の縁から涙があふれて落ちた」とあるが、熊沢が涙した原因は様々な感情が入り混じったからだと考えられる。その感情として明らかに適切でないものを次のア～オから二つ選び、記号で答えなさい。

問二　傍線部①「おもむろに」、④「奔走」の意味として最適なものをそれぞれの語群から選び、記号で答えなさい。

①「おもむろに」

ア　突然　　イ　そっと　　ウ　大げさに　　エ　ゆっくりと

④「奔走」

ア　面会すること　　イ　駆け回ること　　ウ　忙しくすること　　エ　時間をかけて考えること

問三　傍線部②「鼓膜の上っ面を滑るばかり」とはどういうことか。その説明として最適なものを次のア～エから選び、記号で答えなさい。

ア　あまりに急で予想外の提案をされたことに驚き、学部長の本当の意図がつかめずにいるということ。

イ　自分の意志と無関係に話が進んでいることに意識が取られ、学部長の話の内容が耳に入ってこないということ。

ウ　こちらの希望も聞かずに一方的に提案を押し付けられたことに腹を立て、学部長の話を聞く気がなくなったということ。

エ　飛び級卒業という制度があることを知らなかったため、学部長の提案を受け入れるべきかどうか判断ができないということ。

問四　傍線部③「急に他人のように思えた」とあるが、これはどういうことか。四十字以内で説明しなさい。

問五　傍線部⑤「小沼に向けられたようだった」とあるが、学部長の発言の意図の説明として最適なものを次のア～エから選び、記号で答えなさい。

ア　瞭司が飛び級を断るとは思いもよらず、その責任を小沼に押し付けようとしている。

イ　瞭司が成長するためにはどの方法が最善であるか、小沼にも考えさせようとしている。

ウ　飛び級を断ろうとしている瞭司を説得し続けるよう、小沼にプレッシャーをかけている。

エ　自分の言葉で説得することができなかったため、不本意ではあるが小沼に頼ろうとしている。

実績が必要なんだ。飛び級卒業ってのは実績のひとつだろ。大学が優秀だって認めた証だ。論文何本書いても足りないくらいだよ」

「でも普通に大学卒業したって、数学者にはなれる。僕は⑩何かおかしな感じがするんだよ。だって僕が望んでないのに、どうしてそんな話が降ってくるの」

「……正直に言う」

熊沢の瞳が揺れた。

「俺は瞭司がうらやましい。嫉妬してる。お前みたいな才能が手に入るんなら、なんだってする。その才能売ってくれるっていうんなら、百万でも一千万でも買う。一億だっていい。親に土下座してでも、借金してでも払う。寿命が十年や二十年、短くなったっていい」

⑪ふたりの目の縁から涙があふれて落ちた。先に泣いたのがどちらか、瞭司にはわからなかった。

「瞭司は一流の数学者になる。そう決まってるんだよ。運命なんだ。わかってくれ」

運命など考えたことはない。瞭司はただ、美しさに導かれるまま生きてきただけだ。仲間とともに研究する日常を送りたいだけだ。

熊沢の目尻からは泉のように涙が湧き出ている。

「俺はこれから死ぬほど努力する。瞭司のアシスタントをしているだけじゃ、一生、嫉妬することになる。だから俺は自分だけのテーマを見つける。瞭司と同じようにはできないし、瞭司と肩を並べられるかどうかわからないけど。でも、どれだけ時間がかかっても、一人前の数学者になるから。だからお前は遠慮なく突っ走ってくれよ」

瞭司にはろうそくの火が見えていた。青白く、ひと際激しく燃える火。その火は永遠には続かない。ろうそくはいずれ尽きる。燃える勢いが激しいほど、尽きるのも早い。⑫瞭司の目の前に差しだされた火は、さらに勢いを増そうとしていた。

（岩井　圭也『永遠についての証明』より）

※　田中や木下 —— どちらも同じ研究室の先輩。

設問において字数を指定された場合は、記号、句読点も一字とする。

問　一　二重傍線部ア～オのうち、漢字はひらがなに、カタカナは漢字に改めなさい。

「僕は田中さんに嫌われたんですか」

違う、と木下は答えた。大きな身体を窮屈そうに縮めている。

「田中も俺も、瞭司のことは好きだよ。いい後輩だと思ってる。でも瞭司のオムジャキなところが、ときどき俺たちみたいな一般人には嫌味に聞こえるんだよ。あいつの言う通り、もう少し自分がどう見られてるか考えてみたらどうかな」

慣れ親しんだはずの学生居室に居場所がないような気がした。瞭司は⑨ひとり小会議室へ向かった。いつも一緒にたむろしている佐那もついてこない。

円卓に肘をついて、組んだ両腕に顔を埋《うず》めた。この微妙な違和感はなんだろう。普通の学生生活が遠ざかっていく気がした。まぶたを閉じて、目の前にちらつく光の跡をじっと見ていた。このまま眠ってしまいたかった。

誰かがドアを開ける音がする。顔をあげると、熊沢がいた。

「クマ。さっきね」

「木下さんに聞いたよ。飛び級卒業するか迷ってるんだろ」

瞭司の説明をさえぎり、熊沢はパイプ椅子に腰をおろした。眼鏡のレンズが蛍光灯の光を受け、氷のように冷たく輝いている。先ほどの田中と似た雰囲気を感じた。

「瞭司は十年後、何がしたい？」

十年後といえばもう三十歳になっている。

「数学ができれば、それでいいよ」

「真剣に考えろ」

嘘《うそ》を言っているつもりはない。それが瞭司の本心だった。

熊沢は部屋の隅に置かれた段ボールを見やった。計算用紙の束であふれている。一年かけて、瞭司、熊沢、佐那の三人で何千枚もの紙を計算に費やした。

「部屋にこもって問題解いてるだけじゃ、誰も生活費なんかくれない。論文書いて学生の指導しないと、数学者としては認めてもらえない。

「えー、すごい！　飛び級なんてカッコいいじゃん！」

木下も⑥身体をのけぞらせた。

「聞いたことないな。しかも二年で」

「でも迷ってて」

「迷う必要あるのか」

「だって、僕だけなんておかしい。それならクマも佐那も飛び級を認められないと不平等です。あの論文はみんなで書いたのに」

慌てた様子で佐那が両手を振った。ブラウスのウ裾がはためく。

「私は別に気にしないよ。だって誰が見たって、瞭司のほうが実力あるんだから」

「でも、なんで僕だけが」

「大学の広告塔だな」

田中は会話を断ち切るように、あっさりと言い放った。

「三ツ矢が飛び級卒業すること自体、ニュースになる。しかも論文が出てお前に注目が集まってるこのタイミングは絶好だ」

「そんなことが宣伝になるんですか」

「なるさ。自分の置かれてる立場、自覚したほうがいいぞ。お前が思っている以上に、みんなお前に注目してる」

徐々に早口になっている。田中の苛立ちが伝わってきた。

「どうしてですか。僕に注目するなんて、みんなよっぽど退屈なんですね」

長髪にエ覆われた田中の顔が赤く染まる。

「いい加減にしろよ。バカにしてんのか」

不快感を隠そうともせず、⑦声を荒らげた。佐那が⑧肩をすくめる。

室内が緊張と沈黙で満たされる。瞭司だけがその理由に気づけず、皆の顔を順番に見ていた。悪い、と口のなかでつぶやき、田中は居室を去った。長髪が垂れ下がる背中を見送った瞭司は木下に尋ねた。

人のように思えた。瞭司は学部長の目を見据えて言った。「僕からもお願いがあるんですが」

「何かな」

「あの論文は僕だけで書いたんじゃありません。共同研究者の二人にも飛び級卒業を認めてくれませんか」

学部長は瞭司の目をのぞきこんで、首を横に振った。

「飛び級はひとりだけだ。それに論文の筆頭著者はきみだろう」

「それなら僕もお断りします」

瞭司、とすかさず言ったのは小沼だった。

「そんな簡単に決めるもんじゃない。学部長もこのために④奔走してくださったんだ。考えてから返事しろ」

「でも、僕にはそんなことする理由がありません」

学部長の目が細められた。ソファから立ち上がると、腕組みをして瞭司を見下ろす。

「ちょっと急すぎたかな。まだ少し時間はあるから考えてみなさい。ただ、大学院入試の出願締め切りまでには答えがほしいな。頼むよ」

頼むよ、という言葉は瞭司ではなく⑤小沼に向けられたようだった。

部屋を出て廊下を引き返している間、小沼はひと言も発しなかった。無精ひげの目立つ白い頬は、疲労のせいか艶《つや》を失っている。教授室へ戻ろうとする小沼に問いかけた。

「先生は知ってたんですか」

「……ちゃんと聞いたのは初めてだ」

薄々は知っていたということか。瞭司は捉えどころのない気味悪さを覚えた。

居室では※田中や木下が待ちかまえていた。いつの間にか佐那も来ている。あいかわらず完璧なメイクで、初夏になっても化粧崩れの気配すらない。

まっさきに田中が尋ねた。「学部長のところに行ってたんだろ。何の話だった？　取材？」

瞭司は学部長との会話の内容をかいつまんで説明した。飛び級卒業、という単語に佐那はイコウフンして手を叩《たた》く。

「きみは特別推薦生だったね」

「はい」

「特別推薦は才能のある学生を確保するための制度だ。ただ、なかなかうまくいかないものでね。高校まで輝かしい経歴を持っている学生でも、大学に入ると期待外れのことがよくあるんだよ。はっきり言えばほとんどがそうだ。しかし三ツ矢君は素晴らしい。大学二年ですでに論文が二本。しかも学会へのインパクトも大きい。最近はよくマスコミも来ているし。実は学長や副学長も、君には興味を持っているんだよ」

瞭司は横目で小沼をうかがった。身を固くして黙っている。

「そこで提案したいことがふたつ。きみには優秀学生として学長賞を授与したいということ。そしてもうひとつ。二年早いが、飛び級での卒業を認める」

飛び級卒業。そんな制度が協和大学にあるとは知らなかった。学部長は①おもむろに一枚の書類を応接テーブルに載せた。何かの会議の議事録だった。

「海外では普通のことだが、日本の大学ではあまり例がない。三ツ矢君にはぜひ、協和大の飛び級卒業第一号になってほしいんだ。ただし協和大学の大学院に進学すること。それさえ守ってくれれば、二年での卒業を認めようということで学長も合意している。後は三ツ矢君の気持ち次第だ」

学部長の話す言葉は、瞭司の②鼓膜の上っ面を滑るばかりだった。どうしてこっちが希望もしていないのに、飛び級卒業を許可されなければならないのか。心を占めるのは戸惑いばかりだった。

「困ります」

気づけば、瞭司は答えていた。

「僕の実家はそんなにお金がありません。だから、学費免除がなくなるのは困ります」

禿頭《とくとう》をなでながら、学部長は口の端をつりあげた。

「博士号を取得するまで学費免除は継続する。だからこの飛び級卒業は名誉なことなんだ。学部生の身分では、不自由なこともあるだろうからな」

不自由な思いをした記憶はない。瞭司の知らないところで、何事かが勝手に進行している感じがした。口を開こうとしない小沼が、③急に他

二 次の文章を読み、後の問いに答えなさい。

（ここまでのあらすじ）

三ッ矢瞭司は数学の能力で高校時代から異彩を放ち、理学部数学科の教授である小沼に特別推薦生として招かれ協和大学に入学した。同じ特別推薦生である同期の熊沢と佐那と協力して、ムーンシャインという理論の一般化について論文を書き上げ、それが世間に認められた。

「おお、いたいた。ちょっと今から一緒に来てくれるか」

「どこに行くんですか」

「学部長のところ」

急かされるまま、瞭司は学部長のもとへ向かった。

理学部長は物理学科の教授がアツトめている。物理学科には専門書を借りるために何度か訪れたことがあったが、学部長と会うのは初めてだ。早足で歩く小沼の横顔に尋ねる。

「何の用事ですか」

「さっき急に呼び出された。だいたい察しはついてるけどな」

学部長の居室に到着すると、小沼は呼吸を整え、ノックしてからドアを開いた。恰幅《かっぷく》のいい男性が正面に座っていた。小沼よりふた回りほど年長に見える。

「小沼先生か。そっちが三ッ矢君？　悪いね急に。そこに掛けて」

頭はきれいに禿《は》げ、口を開閉するたびに白い顎《あご》ひげが上下に動く。小沼と瞭司は学部長と対面する形でソファに腰をおろした。

「さっき教授会があってね。今回は議題も議題だけにめずらしく出席率もよくて、学部長としてもこれだけ興味があるんだ、というね。感慨深いものがあった」

長々と前置きを話した後で、学部長は瞭司のほうに身を乗り出した。押入れの奥に長年しまっておいた礼服のような、こもった匂いが鼻先に漂った。

によって、犬が新たに獲得した行動（反応）です。生まれつきできるレスポンデント行動に、本来は何の関係もない刺激（例：ベルを鳴らす）を付け加え、それを繰り返すことによって、犬は〝ベルの音はエサがもらえる合図〟という学習をします。その結果、犬はベルの音が聞こえただけで、まだエサを見てもいないのに唾を出すようになったのです。そして、この【ベルと唾】の関係は1回だけ偶然起きたものではなく、毎回繰り返されました。さらには、ベルの音だけ聞かせて、最終的にはエサを与えないという状態にしても、犬は唾を出すようになりました。

〝エサと唾〟のように生まれつきの行動（反応）ではないものでも、繰り返し学習することによって、新たな行動が獲得されることがあります。たとえば〝宿題をしたら５００円のお小遣いがもらえる〟という状況を考えてみましょう。〝宿題をやる〟という行動は生まれつきできる行動ではありません。また、お金という刺激と行動（反応）の関係も、人間が生まれつきもっているものではありません。このように、刺激と行動（反応）の関係の中に〝生まれつき〟の要素が無い場合は、オペラント条件づけとよびます。宿題とお小遣いの例で考えると、お母さんが途中で５００円をあげるのをやめてしまったとします。しかし、子どもは宿題をちゃんとやります。これはパブロフの犬と同じです。一度獲得された行動（反応）はエサやお金のような強化子※の呈示がなくても、しばらくは維持されます。

（メンタルケア学術学会監修「文部科学省後援こころ検定４級　公式テキスト」より）

※　強化子――行動の頻度を高める刺激。

（１）オペラント条件づけの例を、自分で考えて一つ挙げなさい。

（２）本文・資料の内容と合致しないものを次のア～エから一つ選び、記号で答えなさい。

ア　ソーンダイクの実験で猫が箱から逃げられるようになったのは、本能的なものでありレスポンデント条件づけによるものである。

イ　飼い犬が「犬を連れた人が家の前を通ると猛烈に吠える」のは、モーガンの公準に従うとレスポンデント行動であると言える。

ウ　脚気の検査は、足の膝の部分を小さなハンマーで叩くと足が持ち上がるというレスポンデント行動を利用している。

エ　パヴロフの実験で犬がエサを見て唾液を出すのは、生まれ持った反応であるためレスポンデント行動である。

問十　傍線部⑤「彼もロシア・ソビエトの伝統の中にあった」とはどういうことか。その説明として最適なものを次のア～エから選び、記号で答えなさい。

ア　意識の世界の独自性を認めず、一元論的な立場で研究を進めたパヴロフの影響が、ロシア・ソビエトの政治思想にまで及んでいたということ。

イ　心の働きを脳や神経の作用から説明しようとするパヴロフの立場は、ソビエトが思想的原理とした唯物論と同じ価値観に由来するということ。

ウ　条件反射と脳の関係に興味を抱いていたパヴロフにとって心理学的視点は不必要であり、二元論者とは全く異なる角度から研究を行っていたということ。

エ　政治に無関心だったパヴロフも唯物論という思想的原理からは自由になれず、一元論的な立場で研究を行うよう指示する国家の命に従っていたということ。

問十一　本文中の「パヴロフの犬」の実験について説明した次の《資料》を読み、後の（1）、（2）に答えなさい。

《資料》

学習心理学の研究として有名なものに、パブロフの実験があります。消化器に関する生理学的研究をしていたパブロフは、実験中の犬の特徴的な行動（反応）に気づきます。犬はエサを見ると口が唾でいっぱいになります。これは、犬のレスポンデント行動なので、珍しいことではありません。しかし、エサを運んでくる人間の靴音を聞いただけで、犬が唾を出していたのです。実験に参加していない犬に、いくら人間の靴音を聞かせても、唾は出しません。つまり、普通の犬には〝人間の靴音〟という刺激で〝唾を出す〟という行動（反応）は起きません。

パブロフは条件を設定して、この現象をもっと詳しく調べました。パブロフの実験によって明らかとなった行動（反応）のメカニズムはレスポンデント条件づけとよばれています。犬にとって〝エサを見たら唾が出る〟という行動（反応）は生まれつきの行動（反応）なので、レスポンデント行動です。しかし〝ベルの音を聞いたら唾が出る〟という行動（反応）は犬が生まれつきできるものではなく、パブロフの実験

問六　空欄B～Dに当てはまる言葉として最適なものを次のア～カからそれぞれ選び、記号で答えなさい。

ア　では　　イ　すると　　ウ　だから　　エ　つまり　　オ　たとえば　　カ　なぜなら

問七　傍線部④「このようなもの」が指しているものを本文中から三十字以内で抜き出し、最初と最後の四字を答えなさい。

問八　次の一文は本文中の《1》～《4》のどこに入れるのが最適か。数字で答えなさい。

彼は、こうした条件づけの研究を行う一方で、犬の脳のさまざまな部分を破壊したり切除したりして、その結果、いろいろな反射が消失したり※亢進《こうしん》することなどにも関心を持っていた。

（※　亢進　―　高い度合いに進むこと、過剰になること。）

問九　空欄X～Zには、次の上段の1～5のいずれかの表現が入る。最適な組み合わせを下段のア～カから選び、記号で答えなさい。

1　餌を目の前に出す
2　犬に餌を与えてみる
3　犬から餌を取り上げる
4　他の部屋で足音を鳴らす
5　メトロノームをカチカチと鳴らしてみる

ア　X―1、Y―3、Z―4
イ　X―1、Y―4、Z―2
ウ　X―1、Y―5、Z―3
エ　X―2、Y―3、Z―5
オ　X―2、Y―4、Z―5
カ　X―2、Y―5、Z―1

問二　傍線部①「学習が成立した」とあるが、ソーンダイクの実験における「学習の成立」とはどのようなことか。その説明として最適なものを次のア〜エから選び、記号で答えなさい。

ア　何度も試行錯誤を重ねることで真理を導き出すこと。

イ　問題を解く練習を繰り返して思考力を磨き賢くなること。

ウ　ある目的を達成するために必要な動作が何であるかを覚えること。

エ　物事の仕組みを理解して解決策を論理的に考えられるようになること。

問三　傍線部②「彼が支持したのは後者だった」とあるが、それはなぜか。その理由として最適なものを次のア〜エから選び、記号で答えなさい。

ア　もし猫が高い知能を持っているならば、十五回もかけずにもっと早い段階で学習が成立するに違いないから。

イ　科学的に動物の知能を測る立場から見ると、前者のような高度な心的能力を用いなくても説明することができるから。

ウ　ソーンダイク自身が、猫が人間のように複雑な思考をすることは不可能だろうという先入観から抜け出せなかったから。

エ　この時代には進化論が広く受け入れられており、猫も進化の過程で学習能力を身につけた種であると考えられていたから。

問四　傍線部③「こんな感じ」の「こんな」が指しているものを、本文中の語を用いて七十字以内で説明しなさい。

問五　空欄Ａに当てはまる表現として最適なものを次のア〜エから選び、記号で答えなさい。

ア　過剰な動物信仰　　イ　進化論の見直し　　ウ　動物の過小評価　　エ　行き過ぎた擬人化

はじめに、［　X　］。唾液が出る。これ自体は何ということもない、当たり前のことである。次に、まず［　Y　］。犬は「おや、なんだ」というようなそぶりを見せるが、とくに大きな変化はない。今度は［　Z　］。犬は当然、唾液を出す。「この手続きを何度かくり返すとメトロノームが鳴っただけで唾液分泌とそれに対応する運動をひきおこすようになった」。

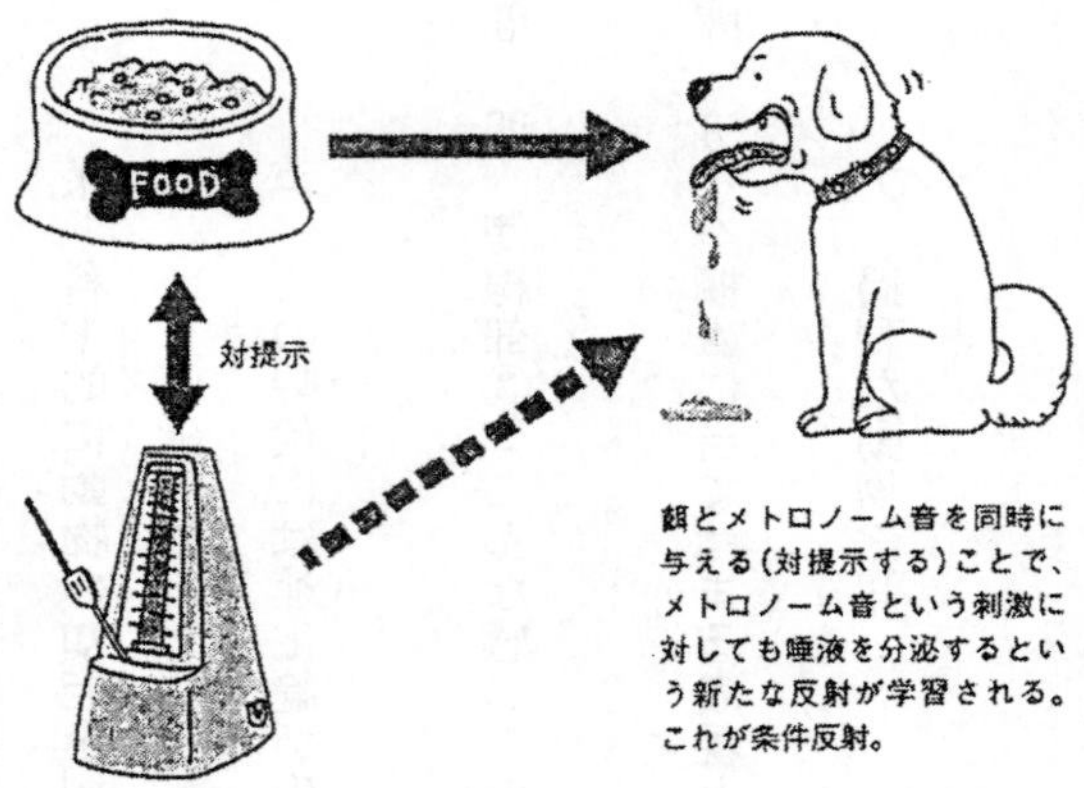

図1-4　条件反射が成立する仕組み

この仕組みを図にしたのが図1-4である。《3》

パヴロフはこの条件反射が成立する条件として、(1)餌とメトロノーム音の提示は時間的にほぼ同時かできればメトロノーム音が少し先であること、(2)メトロノーム音でなくとも他の音や光、においなど、動物が「おや何だ」と思う程度の強さの刺激であれば何でもよいこと、を挙げている。

ご存じの方もいるかもしれないが、実はイワン・パヴロフ（1849―1936）はロシア人の生理学者であり、心理学者ではなかった。パヴロフの一番の関心事は条件反射と脳の関係にあった。《4》

つまり、彼は心の働きを直接、脳や神経に関係づけようとする一元論者であった。これは、心理学者の多くが、心（＝意識）の世界の独自の働きを認める二元論者であったこととは決定的に異なる点であったといってよいかもしれない。パヴロフをはじめロシアの研究者はどちらかというと一元論的な立場をとる者が多いが、これはロシアの思想の伝統でもあった。ちょうどパヴロフが生きた時代、ロシアは前近代的なロマノフ朝の支配から唯物論を思想的原理とするソビエトに体制が生まれ変わる。もちろん、研究中毒だったパヴロフにとって政治など関心の外であったが、根の部分では、⑤彼もロシア・ソビエトの伝統の中にあったのである。

（大芦　治『心理学をつくった実験30』より）

※　ソーンダイク――エドワード・ソーンダイク（1874―1949）。アメリカ出身の心理学者。

設問において字数を指定された場合は、記号、句読点も一字とする。

問一　二重傍線部ア～オのうち、漢字はひらがなに、カタカナは漢字に改めなさい。

るに際し、「ある行為の結果が、低い段階の心的能力によって説明可能な場合、それより高度な心的能力によるものと解釈してはならない」という原則を定め、自らも実行した。この原則はモーガンの公準と呼ばれ、進化論をバックに人間の行動を研究する心理学者たちに広く受け入れられた。実は、このソーンダイクの実験も、このような文脈のなかで動物の知能がどれほどのものかをできるだけ科学的に明らかにすることを目的に行われたものだ。だから、当然のことながら、猫の学習能力についても控えめに解釈せざるを得なかったのである。

このように試行錯誤に重きを置き、できるだけ思考や判断などを介さずに学習を考える流れは、やがて次章で扱うゲシュタルト心理学の洞察オを中心とした学習論と真っ向から対立することになる。

さて、心理学の過去をひもといてゆく際、ソーンダイクの実験と並んで必ず取り上げられるもう一つの動物実験の話を次にしよう。

条件づけは、条件反射ともいわれる。[B]、条件反射の〝反射〟とはそもそも何だろうか。反射とは医学や生物学、あるいは心理学の領域では、外からの特定の刺激に対してほとんど意識せずに起こる反応をさす。[C]、足の膝の部分を小さなハンマーで叩《たた》くと足が持ち上がる反応（膝蓋腱《しつがいけん》反射）が脚気《かっけ》（ビタミンB1の不足によって生ずる病気）の検査としてよく行われるのはご存じの読者も多いだろう。

パヴロフの実験の前提となっている唾液の反射も④このようなものである。《1》

犬の口に食べ物を入れてみる。[D]、唾液腺から口腔《こうこう》内に唾液が出てくる。これは物質が口腔内の粘膜に触れたとき反応する無意識的な反射だ。ところがパヴロフによれば、「それ以外にも、同じ物質が犬から離れたところにおかれていて、犬に眼と鼻だけで作用するような場合でも同じ分泌反応をひきおこすことがある。それだけでなく、犬のまえに以前こうした物質を口に入れた容器がおかれているだけでも同じ反応があらわれる。さらに言うならば、同じことが、普通これらの物を運ぶ人間の姿を見ただけで、あるいは他の部屋からその人の足音が聞こえただけでもおこる」ようになってきた。《2》

そこで、パヴロフは次のような実験を行ってみた。まず、図1-3のように犬の口にチューブを差し込んで唾液が採取できるように装置に固定する。

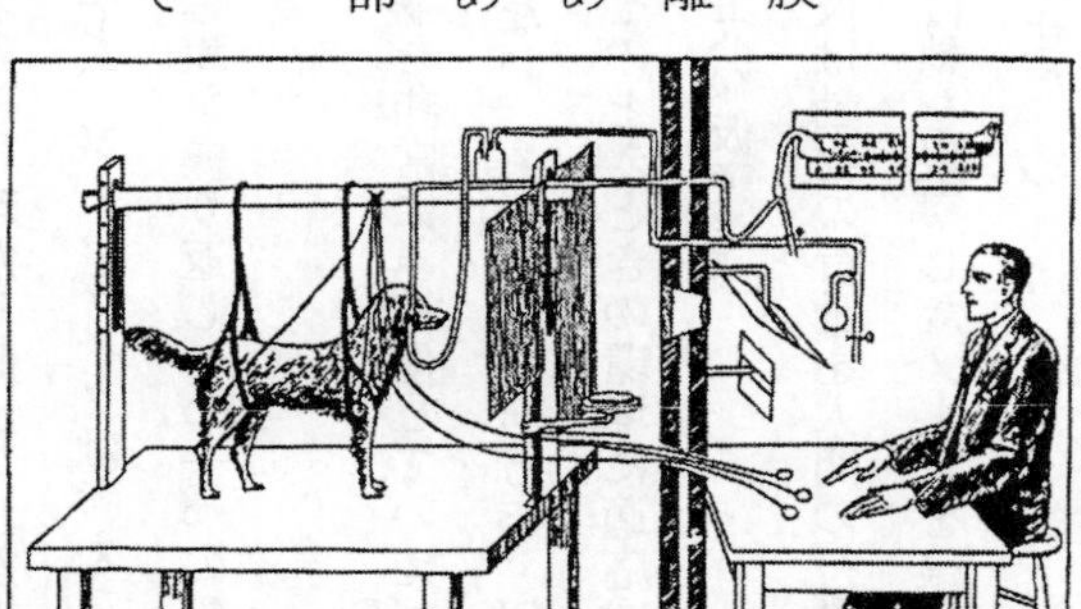

図1-3　パヴロフの古典的条件づけの実験の様子

実験を行ったソーンダイクはどう考えたのだろうか、②彼が支持したのは後者だった。猫が箱の仕組みを頭の中で理解し脱出方法を考えついたなどということはありえず、何度もイ試行錯誤を繰り返しているうちに、必要な動作を体で覚えただけだと、ソーンダイクは考えた。

　今述べたようにソーンダイクは、動物の学習は頭の中で〝ひらめく〟などというものとはほど遠く、試行錯誤を繰り返し一つ一つの動作を身体で覚えているということだと主張したわけだが、これはなぜなのだろうか。

　ご存じのように１８５９年にダーウィンの『種の起源』がウシュッパンされ、進化論が急速に広まる。進化論を非常に単純化していえば③こんな感じではなかろうか。すなわち、人もチンパンジーもサルも犬も猫も、みな元をたどれば同じものに過ぎない。それらが、何万年、何百万年もの時を経るなかで、それぞれの個体、集団レベルで突然変異を起こす。その変異した新たな個体のうちそのときどきの環境に適応できたものだけが生き残る。そうしたことの繰り返しによって生物のさまざまな種ができたのだ、という一つの壮大な仮説だ。

　このダーウィンの教えを受けた者の中にジョージ・ロマーニズ（１８４８―１８９４）という人がいた。彼は動物の行動を人間の行動と比較しその能力を研究する「比較心理学」の創始者とされる。彼は晩年のダーウィンから、動物のさまざまな行動を観察したノートを譲り受けるのだが、それに自分で集めた例を加え、動物は高度な知能を持っているという点からそれらを分析してみせた。

　これは著者が考えた例だが、小学生の子どものいるある家庭で１匹の犬を飼っていたとしよう。その犬は毎日午後、子どもが帰宅するころになると玄関先に出て子どもを待っていた。ときには、近所の犬を連れた人が家の前を通ると猛烈に吠《ほ》えて、その人や犬を追い払うこともあった。この犬の行動はどう解釈できるだろうか。

(1)　犬は自分の飼い主宅の子どもの安全を考慮して玄関先で見張りをし、不審人物や子どもに危害を加えそうな他の犬は追い払うなど、日々防犯に努めている。

(2)　犬は日が少し陰る午後の時刻になると退屈して誰かにじゃれつきたくなるので子どもを待っている。犬を連れた他人に吠えるのは、犬が一般的にもっている縄張りを守ろうとする反応にすぎない。

　今日、ほとんどの人は(2)の解釈をエ採るはずだ。ところが、進化論が流行していた19世紀の後半、ロマーニズのような動物の行動を研究していた人たちの間では［　A　］が行われ、(1)のような解釈が行われることもあったのである。

　この状況に批判的だったのが、ロマーニズの弟子でもあったロイド・モーガン（１８５２―１９３６）だ。モーガンは動物の行動を観察す

二〇二四年度　文化学園大学杉並高等学校（第2回）

【国　語】（五〇分）〈満点：一〇〇点〉

一　次の文章を読み、後の問いに答えなさい。

※ソーンダイクの実験では、図1-1のような装置が使われた。この中に猫を入れる。外には餌が置いてある。猫は空腹なうえに、窮屈なところに閉じ込められた息苦しさから、とにかくこの箱から脱出しようとする。うろうろし、爪でひっかいてみたり、かみついてみたり、よじ登ろうとしたりするがどうにもならない。やがて偶然、ペダルのようなものをアフむ。すると、鎖によって引っ張られたドアの掛け金が外れる。猫はようやく外に出られることになるが、外に出るとゆっくりしている間もなく、またつかまえられて箱に入れられてしまう。猫は、再び歩き回ったり、かみついたりするが、しばらくすると、鎖を引いてドアを開けることに成功する。これをしばらく繰り返してゆくと、やがて猫は箱に入れられてから数秒で箱から逃げることができるようになる。

なお、実際には、ドアの構造や位置などが異なる十数種類の実験装置が作られ、実験に使われた猫も12匹ほどいた。図1-2は、ある1匹の結果についてソーンダイクが公表しているデータをもとに、著者がグラフに直したものである。縦軸は、箱に入れられてからドアを開けて外に抜け出すまでの時間、横軸は、実験を重ねた回数だ。だいたい15回目を過ぎたあたりから、ほぼ毎回10秒以内で脱出に成功するようになっており、だいたいそのあたりで①学習が成立したものと思われる。

このグラフを見て読者のみなさんはどう考えるだろうか。意見は、おおむね二つに分かれるのでないかと思う。一つは、「猫はこの鎖を下に引けば掛け金が外れると理解したのか。なるほど。猫もなかなかの頭脳の持ち主だな」と見る立場、もう一つは「猫がこの装置がどういう仕組みになっているかなどわかるはずがない。きっと何度もやっているうちに、ここを引けば外に出られる、という単純な動作を覚えただけだ」という立場だ。

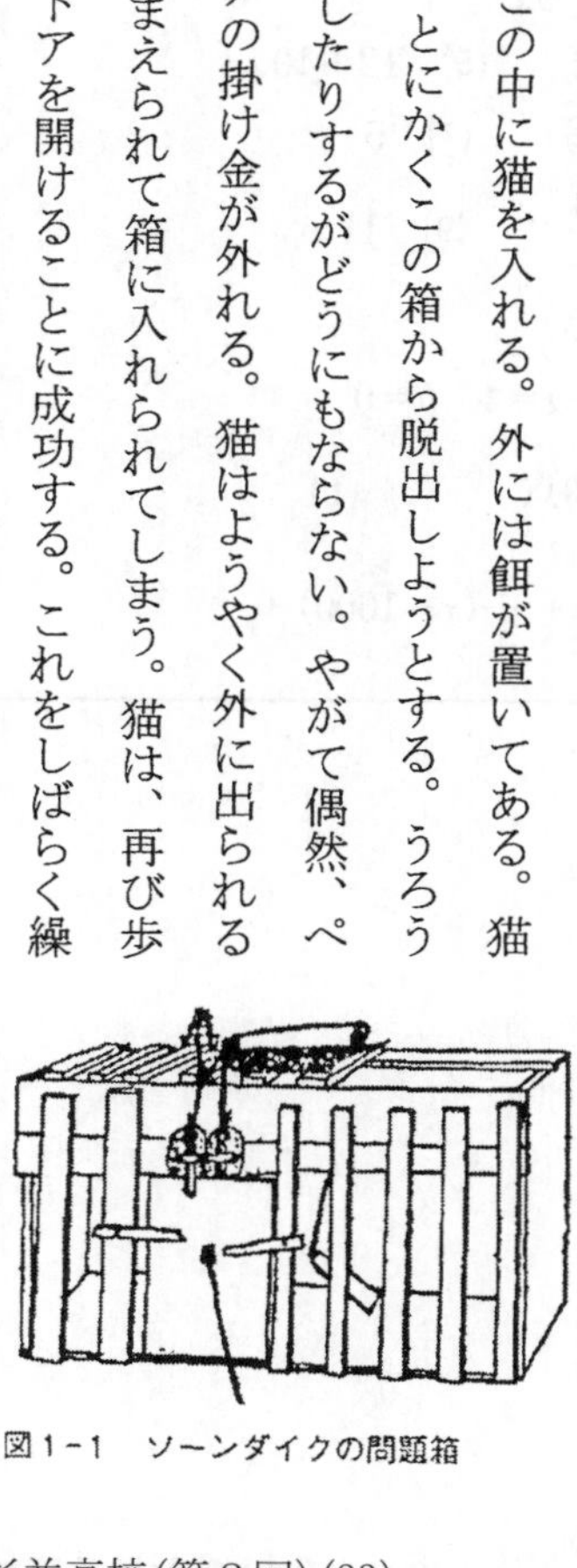

図1-1　ソーンダイクの問題箱

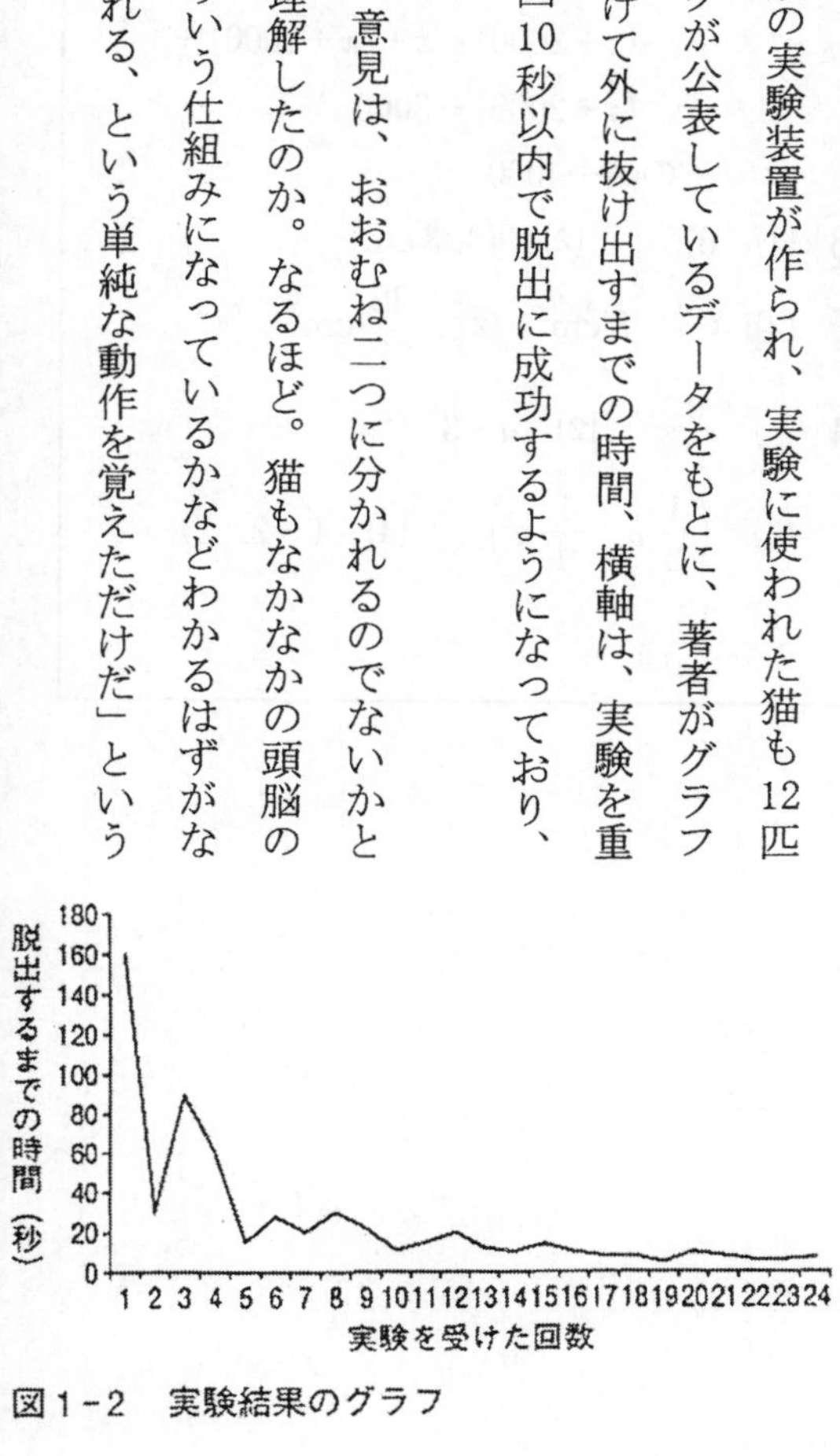

図1-2　実験結果のグラフ

英語解答

Ⅰ (1) D　(2) B　(3) A　(4) B
(5) C

Ⅱ (1) B　(2) D　(3) A　(4) C
(5) A　(6) B　(7) C　(8) B
(9) B　(10) D

Ⅲ (1) D　(2) G　(3) J　(4) A
(5) E

Ⅳ (1) C　(2) C　(3) B

Ⅴ (1) It is important for us to understand each
(2) You must not park your bike in front of
(3) No other student in our class can run as fast as

Ⅵ (1) (例) My sister has been sick since last week.
(2) (例) We are looking forward to seeing him.
(3) (例) Please show me the picture(s) which you took yesterday.

数学解答

1 (1) -18　(2) $\dfrac{4y}{9x^2}$　(3) $\dfrac{x+13y}{6}$
(4) $x=0,\ y=-2$　(5) $12+10\sqrt{3}$
(6) $a(x+7)(x-2)$　(7) 5
(8) $x=\dfrac{-5\pm\sqrt{33}}{4}$　(9) 11
(10) 行の番号…④
正しい答え…$a=4,\ b=0$

2 (1) $\dfrac{3}{4}$　(2) 70点　(3) 11
(4) 式…(例)$\dfrac{1}{2}x+\dfrac{4}{5}(x+1000)+(x+2000)=x+(x+1000)+(x+2000)-3000$
xの値…4000

3 (1) 67°　(2) $48\sqrt{3}\,\mathrm{cm}^2$
(3) ① $8\,\mathrm{cm}^2$　② $\dfrac{32}{3}\,\mathrm{cm}^3$

4 (1) $\dfrac{9}{2}$　(2) $a-3$
(3) $\left(\dfrac{1}{2}a,\ \dfrac{1}{4}a^2\right)$　(4) $(-2,\ 2)$
(5) 15

国語解答

一

問一　ア　踏　イ　しこうさくご
　　　ウ　出版　エ　と　オ　どうさつ

問二　ウ　　問三　イ

問四　元は同じ種であったものが，時間の経過の中で突然変異を起こし，その個体のうち，環境に適応し生き残ったものが新しい種となったとする仮説。（66字）

問五　エ

問六　B…ア　C…オ　D…イ

問七　外からの～こる反応

問八　4　　問九　カ　　問十　イ

問十一　⑴　（省略）　⑵…ア

二

問一　ア　務　イ　興奮　ウ　すそ
　　　エ　おお　オ　無邪気

問二　①…エ　④…イ　　問三　イ

問四　何も発言してくれない小沼の考えていることがわからず，距離を感じているということ。（40字）

問五　ウ　　問六　⑥…ウ　⑧…ア

問七　ア

問八　皆から反感を買い，その理由さえわからず，居心地の悪さを覚えたから。（33字）

問九　捉えどころのない気味悪さ

問十　イ，オ　　問十一　エ

2023年度 文化学園大学杉並高等学校(第１回)

【英　語】（50分）〈満点：100点〉

I Listen to the conversation and answer the questions about it. You will hear the conversation and questions twice.

■リスニングテストの音声は，当社ホームページで聴くことができます。(実際の入試で使用された音声です)
再生に必要なユーザー名とアクセスコードは「収録内容一覧」のページに掲載しています。

(1)
A. An English report.
B. Science.
C. History.
D. YouTube.

(2)
A. Music.
B. Global warming.
C. The library.
D. The Internet.

(3)
A. On Wednesday.
B. On Thursday.
C. On Friday.
D. On Saturday.

(4)
A. Global warming.
B. Sports.
C. YouTube.
D. The library.

(5)
A. A bicycle.
B. Books.
C. The ecosystem.
D. A friend's report.

※　リスニングテスト放送文は，英語の問題の終わりに付けてあります。

Ⅱ Read the passage from Part A to C and answer the questions from (1) to (10).

[Part A]

When Janette was very little, a famous ballet company came to her town. Janette lived in a small town. It was amazing that such a famous ballet company would come to her town. Janette's mother and father took her to see the performance. Janette liked the performance very much. She was amazed by the *grace of the ballet dancers. The dancer's movements were both powerful and gentle. From that day, Janette decided to become a ballet dancer. "Mommy, do you think I can be a ballet dancer when I grow up?" Janette asked her mother after the performance. "Of course you can, sweetie. You can be anything you want to be. " Janette's mother told her daughter. "Yay!" Janette said. She was very excited. "But it takes a lot of hard work and practice to succeed. It won't be easy, but if that's your dream, you must never give up!" Janette's mother said. "I won't!" Janette said.

The very next day, Janette started taking ballet lessons. She was very good at it, and loved every minute. Janette looked forward to going to ballet class. The dance instructor liked Janette very much, too. One day, after class, the dance instructor told Janette's mother: "Janette has a lot of talent. She could go very far if she keeps with it." Janette was very talented. She learned new moves much more quickly than the other students in the class. Her body moved much more gracefully than anyone else's. It wasn't long before the dance instructor picked her out as the star student of the class. During dance recitals, Janette was always given a lead role. Janette's parents came to every recital. They were very proud of their daughter.

As Janette grew older, the local ballet company became interested in her. After one of her recitals, the director of the ballet company came up to her. "You have a lot of skills and talent. I would love for you to join our company," he said. Of course, Janette accepted his offer. This was a big step, and Janette hoped that it would lead to bigger things. The director admired her for her talent and always gave her important roles in their performances. The other ballet dancers didn't like Janette as much as the director did. She was much younger than any of them by far. They had worked very hard to get to where they were. It didn't seem fair that someone who was so young and without much experience could replace them. But Janette didn't care what the others thought about her. She was the star.

*grace 優雅さ

Questions about Part A

(1) Why did Janette want to be a ballet dancer?

A. Because Janette's parents were dancers.
B. Because Janette wanted an easy job.
C. Because Janette saw a famous dance performance.
D. Because Janette didn't want to go to school.

(2) How did Janette dance when she was a child?

A. Janette's performance was not good.
B. Only Janette took the teacher's special lesson.
C. Janette was as good as the adult dancers.
D. Janette was much better than the other students in her class.

(3) What did the other dancers in the local ballet company think about Janette?

A. They respected her.
B. They loved her.
C. They liked her.
D. They didn't like her.

[Part B]

The following year, Janette learned of a new ballet company in New York City. A famous ballet director was going to be *in charge. He was looking for talented new dancers for his company. This would be Janette's *big break and she knew it. She packed her bag with her ballet shoes and dance clothes. She took the train to New York City for the audition. When it was her turn to perform for the audition, she performed her favorite dance as best as she could. When she finished, she turned to the director. She was excited to hear what he thought about it. "Hmm... That was nice, but I can see that you are not ready yet," the famous director said. He wasn't impressed at all. Janette couldn't believe her ears. "I'm sorry... What?" She said, to make sure she had heard correctly. "I said, that wasn't good enough," the director said. With tears in her eyes, Janette ran from the room. She cried all the way to Grand Central Station, and all the way home.

When she got back to her house, she thought about throwing her ballet shoes into the trash. Then she changed her mind. "No, I'm not going to let that get me down. I know I'm good enough. I can do it. I'll *prove that director wrong someday!" she said to herself. She returned to the local ballet company and finished school. Then she decided to give New York City another try. She moved there and got a part-time job. In New York City, the ballet scene was very difficult. She continued to go to auditions, but she never *got called back. It wasn't easy to keep going, and she came very close to quitting. But, she stayed true to her promise of not giving up.

After a year of failures, she finally got a part in a professional company. Her role was only as a background dancer. She would have to work her way up from there. At first, Janette was very happy to have a job as a professional dancer. But this turned out to be a hard time for her, too. She practiced very hard, but it didn't seem to help. She wasn't moving up. What's more, the senior dancers looked down on her. They were *mean to her and ordered her around. They would make fun of her and tell her she was no good. After practice, she would often come home and cry. The pain was too much. The only thing she has ever wanted to do was dance! She had never imagined it could be so difficult. When she thought about giving up, she remembered the day of her first audition. She remembered how bad she had felt after that. But she also remembered her promise not to give up.

*in charge 担当する　*big break　大きなチャンス　*prove 証明する
*get call back　合格通知を受ける
*mean 意地悪な

Questions about Part B

(4) Why did Janette go to New York City?

A. Because a famous director came to a new ballet company.

B. Because she didn't like dancing in the local ballet company.

C. Because Janette gave up the dream of being a dancer.

D. Because Janette wanted to study music in New York City.

(5) What did Janette do after the audition of the new ballet company in New York?

A. She stopped dancing.

B. She tried another audition in New York City.

C. She went back to her old ballet company.

D. She threw her ballet shoes into the trash.

(6) What did Janette think about being in the professional ballet company?

A. She was very happy because she had many friends.

B. It was hard living in New York City.

C. The professional ballet company was a great place to work.

D. Nobody helped her and the other dancers were mean.

(7) Why didn't she give up dancing?

A. The training was not so hard.

B. Ballet was a popular hobby.

C. To dance was very important for her.

D. She dreamed of being a background dancer.

[Part C]

A few years passed and then Janette finally got a chance. One of the senior dancers got injured. The director asked Janette to take her part. It wasn't a lead part, but she would get to dance a solo for the first time. She danced very well. After that, she started to get better and better parts. Janette worked her way up until she got a leading role in a major show. She put everything she had into the performance. She performed beautifully. As the audience was clapping at the end of the show, tears came to Janette's eyes. It was the most wonderful feeling in the world.

Then, through her tears, Janette saw a familiar face in the crowd. It was the famous director that had rejected her all those years ago. After the show, the director was waiting for her outside the stage door. As she came out, he stopped her. "Janette, I have never seen that role performed so well. You have become a great ballet dancer," he said. Janette was surprised. She didn't know what to say. The director continued: "I've been following you ever since you left that audition all those years ago. You had such talent and grace in your audition. But, I could also see that you weren't ready. Things had come too easy to you. You hadn't been tested. And because of that, you were missing the most important thing that a ballet dancer needs. You were missing the will to never give up. I'm glad you were able to find that. I hope you will audition for me in the future." With that, the director walked away. Janette couldn't find anything to say. The tears in her eyes were tears of joy.

(Blake, S, edited *Price of Love Heartwarming Stories*, IBC Publishing 2013)

Questions about Part C

(8) What happened after Janette got the position of senior dancer?

A. She gradually got better roles.
B. She got only minor roles.
C. She went on a world tour.
D. She went back to the local ballet company.

(9) What did the director think about her performance on stage?

A. Her performance was not good enough.
B. Her performance was very bad.
C. Her performance was very nice.
D. Her performance needed more skill.

(10) What did Janette learn in the end?

A. To never give up.
B. To never work hard.
C. To make a lot of friends.
D. To follow the director.

Ⅲ Read the passage and choose the correct letter from A to J to fill in the blanks.

Which country is the best at recycling? If you are driving in Germany and you stop for a rest, you will see recycling bins at all the stopping places. There is one bin for your cans, one for bottles, one for paper, and one for food. So, even when you are travelling, you have to remember to recycle.

People have been recycling in Germany for a long time, and they are very good at it. Every house and flat* uses at least five recycling bins, and each bin is a different colour. This helps people to remember where to put different kinds of *rubbish and it helps the workers who come to take the rubbish away. The yellow bin is for packaging, the blue bin is for paper, and so on. (　1　).

Batteries and anything else that might contain dangerous chemicals have to go to a recycling centre where people can make them safe. For most people, recycling is not something that they think about – they just do it . Recycling is just a part of their usual way of life, and 90 per cent of German people recycle their rubbish.

(　2　). Swiss people recycle all their glass and paper – they do not throw it away. All kinds of paper and packaging are recycled, not just newspapers. (　3　). Of course glass bottles are recycled in many countries, but the Swiss are also good at recycling plastic bottles. In most European countries people only recycle 20 to 40 per cent of their plastic bottles, but in Switzerland they recycle 80 per cent of them.

People recycle nearly everything in Switzerland. When people cut their grass and trees, they put the leaves and pieces of wood outside on the street on one day of the week. (　4　). Old batteries are taken to supermarkets and recycled and there are also special places to recycle aluminium* and steel cans.

Why are the Swiss so good at recycling? Maybe it is because in Switzerland recycling is free but throwing away your rubbish is expensive. You have to buy a ticket for each bag of rubbish that you throw away. (　5　). But if you do not buy a ticket, the rubbish will stay outside your house. And it will smell bad!

Reproduced by permission of Oxford University Press
from Recycling by SUE STEWART © Oxford University Press 2008.

*flat　アパート　　*rubbish　ごみ　　*aluminium　アルミニウム

A. Old batteries are recycled too

B. Bottles are recycled too

C. Germany is the only European country which recycles its rubbish

D. Switzerland is another country which is very good at recycling

E. You put your ticket on the bag of rubbish and the rubbish is taken away

F. Your ticket should be recycled with your rubbish too

G. This garden rubbish is then taken away and recycled

H. Plastic bottles are then taken away and recycled

I. It is easy when you know the colours

J. The variety of colors makes the town look beautiful

Ⅳ　Read the information below and answer the questions.

The Public Library

The Public Library is here for you. You can use all services if you are a citizen. The Public Library has 100,000 books or more and digital books. The Public Library also provides rental PCs for *digital books, meeting rooms and a cafeteria.

Library Open: 9am to 5pm from Tuesday to Friday, 9am to 4pm on Saturday and Sunday. Closed on Mondays.

On first visit: You need a *certificate to *confirm your address. You need 300 yen only on your first visit to make a library card. You can use the library for free after the second visit.

Time of use for other services:

<table>
<tr><th></th><th>Rental PC
for digital books</th><th>Meeting room</th><th>Cafeteria</th></tr>
<tr><td>Weekdays
(Tue. to Fri.)</td><td rowspan="2">Same as the library</td><td>9am to 4pm</td><td>9am to 4pm</td></tr>
<tr><td>Weekends</td><td>closed</td><td>9am to 3pm</td></tr>
</table>

SERVICE GUIDE

Rental PC: You can't use your private PC to see digital books. You can only use our PCs to read digital books. And you need to make a reservation from our homepage before you use them. The rental PCs are free.

Meeting rooms: The Public Library has five rooms for group use. One group must be three people or more. A reservation is needed from our homepage. Our meeting rooms are free. You can order some drinks from the cafeteria.

Cafeteria: Breakfast time is from 9am to 10am. You can order from the lunch menu from 10am to closing.

*digital books　電子書籍　　*certificate　証明書　　*confirm　確認する

(1) What do you need to use the Public Library for the first time?

A. A certificate.

B. A reservation.

C. A photo to make a library card.

D. Digital books.

(2) What do you need to do to use the meeting room?

A. Pay money.

B. Make a reservation.

C. Order drinks from the cafeteria.

D. Nothing.

(3) Which sentence is true about the Public Library?

A. Only students can use the public library.

B. You can have a group meeting in the Public Library on Mondays.

C. You need a reservation to use a rental PC to read digital books.

D. You can eat breakfast at 11am on Fridays.

V Put the words in the correct order. Use capital letters where needed.

(1)そのお店までお連れしましょうか。
(shop / you / I / to / shall / take / the) ?

(2)日本の人口はイタリアの２倍です。
(twice / the population of Japan / that of Italy / large / is / as / as).

(3)私は母の日に母に花を送るつもりです。
(on / some flowers / my mother / send / Mother's Day / will / I).

VI Make an English sentence for each question using the given word.

(1)彼女が選んだ本はどこにありますか。 (which)

(2)もし明日雨が降らなかったら公園に行きましょう。 (Let's)

(3)テーブルの上にグラス１杯の水があります。 (There)

＜リスニングテスト放送文＞

Tom and Mai are talking in their class room.

Tom: Hi, Mai. Have you finished the report for the English class?

Mai: Hello, Tom. Yes, I have already finished it. How about you?

Tom: Well, I haven't finished it yet.

Mai : Oh, really. You have to write it by next Monday. Today is Wednesday. So you don't have much time to finish it. We can write about anything in this report. So it won't take long if you have a good idea.

Tom : I understand. But I don't have any good ideas. What did you write about?

Mai : I wrote about global warming.

Tom : Global warming?

Mai : Global warming is the changing of weather on Earth. I feel the temperature is getting higher and higher every year. So I researched about global warming in the library and on the Internet. Global warming is a serious problem for our lives because it affects our ecosystem.

Tom : Oh, that sounds good. But it's difficult for me. Please tell me more about global warming. I will write about it too.

Mai : No, that's my idea! You should have a lot of ideas because you always watch YouTube. For example, something about science, history, music or sports!

Tom : Yes, that's a good idea. I'm very interested in sports so I will try to write about it. Did you find books on sports in the library?

Mai : Of course. The library is useful. It is open from 9am to 5pm. But you cannot use the library at the beginning of next week because it's under construction. You should go to the library by this Friday.

Tom : Oh, really? Thank you for the information. I will go to the library today. And I will try to ask a PE teacher and look on the Internet too.

Mai : I will help you with your report once you have decided what to write about. Good luck!

Q1: What are Tom and Mai mainly talking about?
Q2: What did Mai write about?
Q3: When will Tom go to the library?
Q4: What will Tom write about in his report?
Q5: What will Tom use to write his report?

【数　学】　(50分)　〈満点：100点〉

1　次の各問いに答えなさい。

(1)　$\left(-\dfrac{1}{5}\right)^2 \times (-5-5^2)$ を計算しなさい。

(2)　$3x(2x-y)-(6x^2y-5xy^2)\div(-3y)$　を計算しなさい。

(3)　$(\sqrt{3}-5)(\sqrt{3}-3)-(2\sqrt{2}-\sqrt{6})^2$　を計算しなさい。

(4)　$16x^2-y^2-4z^2+4yz$　を因数分解しなさい。

(5)　2次方程式 $\dfrac{2}{3}x^2-\dfrac{1}{6}x=\dfrac{3}{4}$　を解きなさい。

(6)　$x=\sqrt{2}$，$y=\sqrt{2}-1$ のとき，$2xy^2+2x+4xy$ の値を求めなさい。

(7)　$x-\dfrac{1}{x}=5$ のとき，$x^2+\dfrac{1}{x^2}$ の値を求めなさい。

(8)　p，q が異なる素数であるとき，整数 p^2q の約数は何個あるか答えなさい。

(9)　関数 $y=-\dfrac{1}{6}x^2$ について，x の変域が $-3\leqq x\leqq 4$ のとき，y の変域を求めなさい。

(10)　関数 $y=\dfrac{1}{2}x^2$ の変化の割合が一定ではないことを確かめる。

以下の説明の中で間違っている数式を ① ～ ④ から１つ選び記号で答え，正しい数式に直しなさい。

説明

関数 $y=\dfrac{1}{2}x^2$ で，x の値が p から q まで増加するとき，

y の値は $\underline{\dfrac{1}{2}p^2}$① から $\underline{\dfrac{1}{2}q^2}$② まで増加する。

ここで，変化の割合は $\underline{\left(\dfrac{1}{2}q^2-\dfrac{1}{2}p^2\right)\div(q-p)}$③ $\cdots$ ＊ であるから

＊を計算すると $\underline{2(q-p)}$④ となる。

よって，p と q の値によって変化の割合は変わるため，

関数 $y=\dfrac{1}{2}x^2$ の変化の割合が一定ではないことがわかる。

2 次の各問いに答えなさい。

(1) 大小2個のさいころを同時に投げ，大きいさいころの出た目を x 座標，小さいさいころの出た目を y 座標として座標を考える。このとき，この座標が2次関数 $y=\frac{1}{4}x^2$ 上の点となる確率を求めなさい。

(2) x の2次方程式 $x^2+mx+n=0$ が $-3+\sqrt{2}$ と $-3-\sqrt{2}$ を解にもつとき，定数 m，n の値を求めなさい。

(3) 7より大きい自然数を7で割ったときの余りを考える。自然数が a であるとき，その余りを $[a]$ で表す。
例えば，$[22]=1$，$[34]=6$ である。$[b]=5$ となる2桁の自然数 b はいくつあるか求めなさい。

(4) 文杉のファッションショーの入場者数は，1回目の公演は125人でした。2回目の公演は，1回目より x ％多い人が入場し，3回目の公演は，2回目より x ％多い245人の入場者数でした。3回目の入場者数について x の方程式をつくり，2回目の入場者数を求めなさい。

3 次の各問いに答えなさい。

(1) 下の図において，球 O の半径を 6，平面 P と球 O の中心との距離を 5 とするとき，球を平面 P で切ったときの切り口の面積を求めなさい。ただし，円周率は π とします。

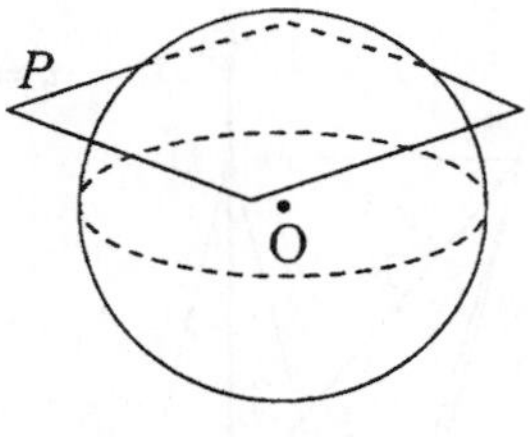

(2) 下の図は，AB＝10, BC＝6, CA＝8 の三角形である。点 I は ∠A と ∠C の 2 等分線の交点とする。このとき，AI : ID を最も簡単な整数の比で表しなさい。

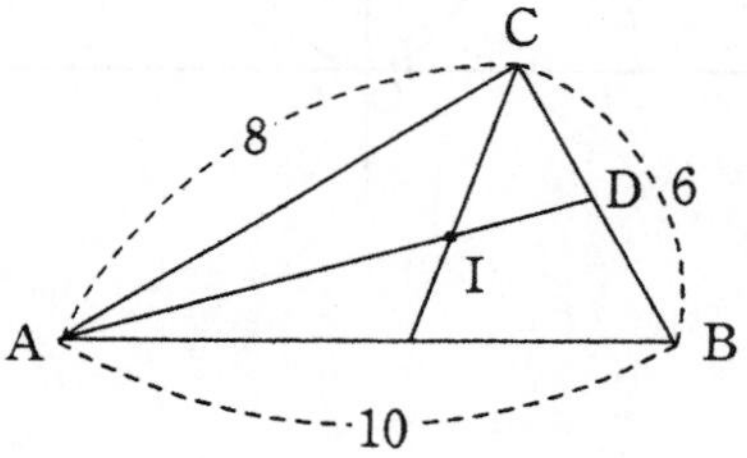

(3) 下の図のように円 O は△ABC の 3 辺 BC, CA, AB とそれぞれ点 D, E, F で接している。$\angle x$ の大きさを求めなさい。

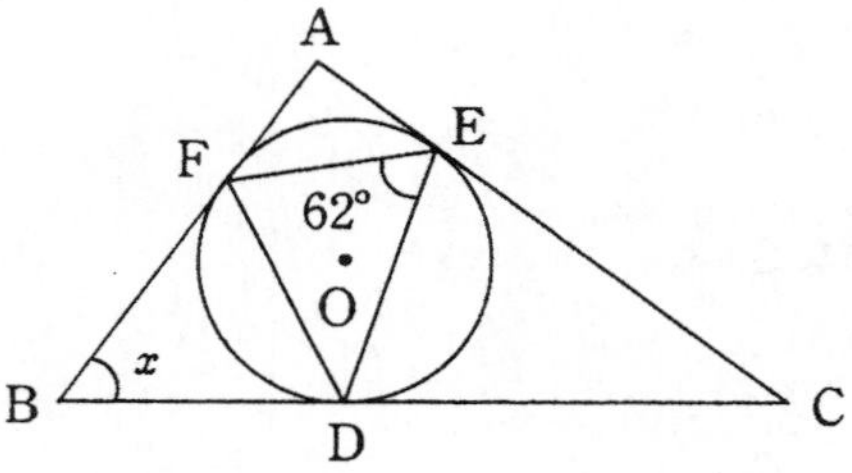

(4) 下の図のような三角錐 A－BCD がある。点 B から辺 CD に下した垂線を BH とする。このとき，△ABH の面積を求めなさい。

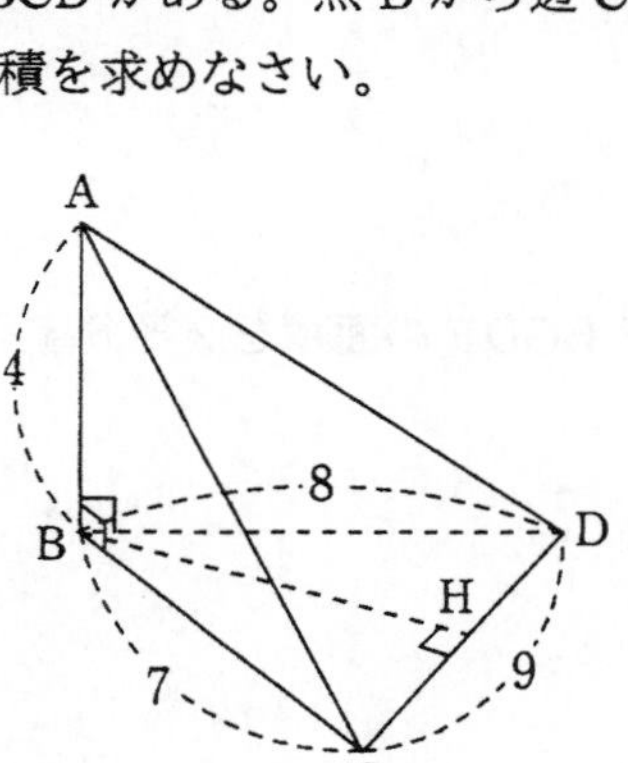

4

下の図のように，放物線 $y=x^2$ 上に 3 点 A, B, C があり，点 C の座標は (1, 1) である。線分 BC が y 軸と垂直に交わり，点 D が y 軸上にあるように平行四辺形 ABCD をつくる。また，AC と BD の交点を E とし，AE, CE の中点をそれぞれ F, G とする。原点を O とするとき，次の各問いに答えなさい。

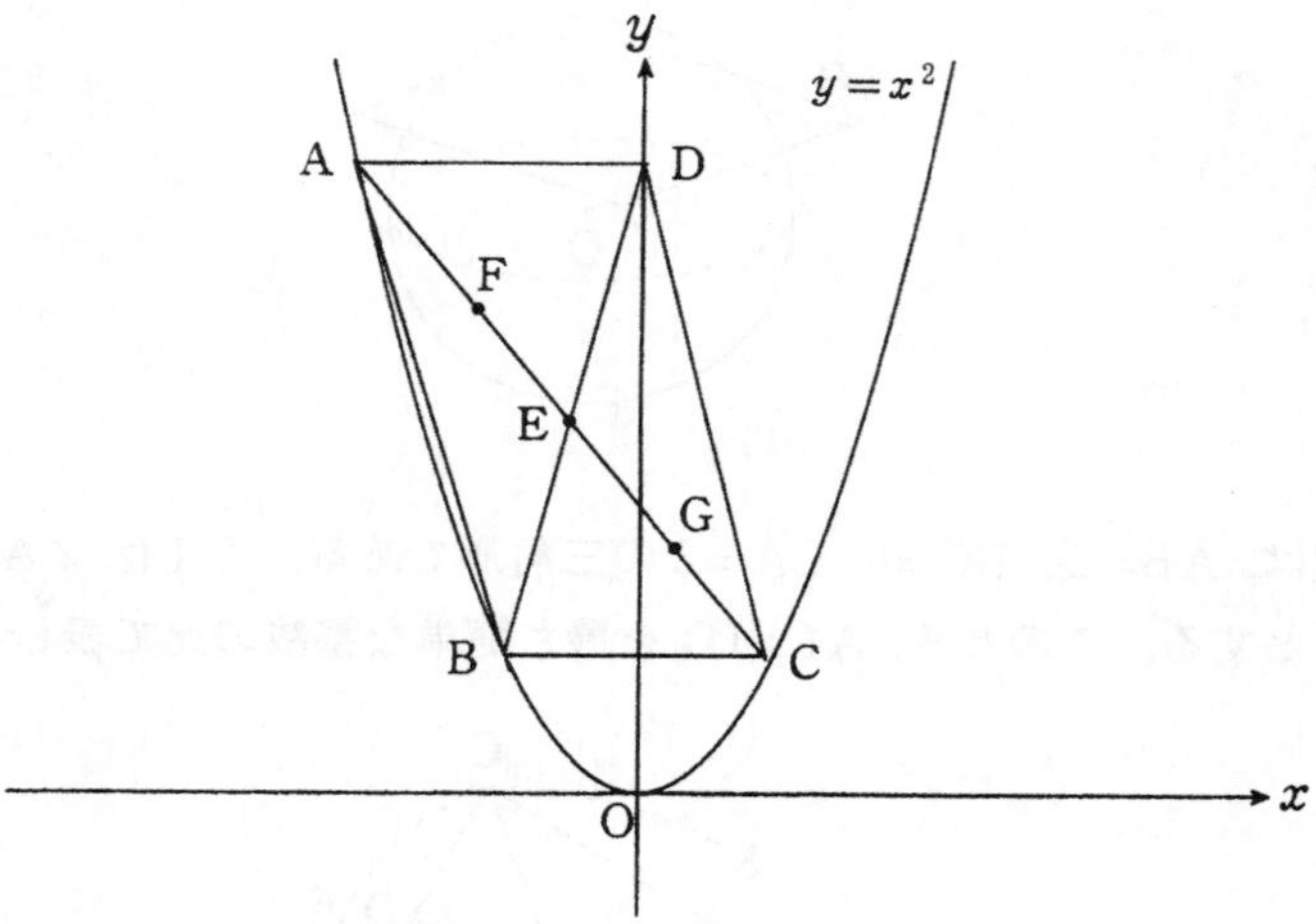

(1) 点 A の座標を求めなさい。

(2) 平行四辺形 ABCD の面積を求めなさい。

(3) △BDF の面積を求めなさい。

(4) 直線 BD の式を求めなさい。

(5) 原点 O を通り，平行四辺形 BGDF の面積を 2 等分する直線の式を求めなさい。

ウ　瑛太郎が、吹奏楽部の部長を自分から茶園に変える理由が、自分と茶園との実力差によるということがはっきりわかり、すっきりした気持ち。

エ　瑛太郎が、吹奏楽部の部長を自分から茶園に変える理由が、瑛太郎の目指す音楽と自分の目指す音楽が違うということを理解できて納得している気持ち。

問十一　傍線部⑩「自分の目標と自尊心を掛け違えたりしない」とありますが、これはどのような意味か。次の文章の空欄部に入るよう、四十字以内で説明しなさい。

・玲於奈が［　　　　　　　　］という意味。

問十二　傍線部⑪「玲於奈がもし同じ代に吹奏楽部にいたら、やはり自分は部長になれなかっただろうな」とありますが、この時の瑛太郎の心情として最適なものを次のア～エから選び、記号で答えなさい。

ア　自分より人間性も演奏技術も優れている玲於奈に対して尊敬をしており、同じ学年じゃなくて良かったと安心する気持ち。

イ　部活動を第一に考えて行動できる玲於奈の方が基より部長にふさわしかったのではないかと自分の判断を後悔する気持ち。

ウ　自分が玲於奈に理不尽を強いていると自覚しつつ、それを受け入れられる冷静さを持っている玲於奈を認める気持ち。

エ　自分の判断が部活動を良くしていくと自信を持ちつつ、不満ながらも部活動のために自分を犠牲にする玲於奈を憐れむ気持ち。

問八　傍線部⑦「そんな格好悪いことしません」とありますが、この言葉から読み取れる玲於奈の性質として最適なものを次のア～エから選び、記号で答えなさい。

ア　純情可憐　　イ　正々堂々　　ウ　天衣無縫　　エ　独立独歩

問九　傍線部⑧「ばつの悪そうな顔」について、次の問に答えなさい。

(1)　「ばつが悪い」とはどのような気分を表しますか。最適なものを次のア～オから選び、記号で答えなさい。

ア　苦々しい　　イ　恥ずかしい　　ウ　恐ろしい　　エ　気まずい　　オ　白々しい

(2)　何に対してばつが悪いのですか。最適なものを次のア～オから選び、記号で答えなさい。

ア　基の動画をアップしたのを瑛太郎に指摘されたこと。　　イ　動画をアップされたあとから基が嫌がっていたこと。
ウ　動画の中の基の演奏が神様と呼べるほど上手かったこと。　　エ　基の演奏が一番上手いのを瑛太郎も知っていたこと。
オ　吹奏楽部についての重要な話を動画の話にすり替えられたこと。

問十　傍線部⑨「玲於奈は合点がいったという顔をした」とありますが、この時の玲於奈の心情として最適なものを次のア～エから選び、記号で答えなさい。

ア　瑛太郎が、吹奏楽部を変えるために部長を茶園にするという理由が、自分の不用意な行動によるものであることがわかり、仕方がないと思う気持ち。
イ　瑛太郎が、吹奏楽部を変えるために部長を茶園にするという決断をした理由が、自分がネットにあげた茶園の動画を視聴したためだとわかり、納得している気持ち。

問四　空欄X・Yに当てはまる二字の言葉を本文中から抜き出しなさい。

問五　傍線部③「今まで通りに活動できないだろう」とありますが、その理由を五十字以内で説明しなさい。

問六　傍線部④「瑛太郎の口元が笑った」、傍線部⑥「今度こそ、瑛太郎が笑った」とありますが、これらの瑛太郎の笑みの説明として最適なものを次のア～エから選び、記号で答えなさい。

ア　傍線部④の「口元だけの笑み」は、今の状況で全国大会に出られるはずがないという嫌味が込められているが、傍線部⑥では、そんな部にも基のような演奏者がいるという喜びの「笑み」であるため、文頭に「今度こそ」という文言が置かれている。

イ　傍線部④の「口元だけの笑み」は、部を「ぶっ壊す」ことから着手するという重大宣言であり、その緊張による固い「笑み」だったが、傍線部⑥では緊張が一気にほどけ気持ちが解放されたため、文頭に「今度こそ」という文言が置かれている。

ウ　傍線部④の「口元だけの笑み」は、理想と現実のギャップに気づかない部員らに対する軽蔑の気持ちが込められているが、傍線部⑥ではそんな部がやがて再生するだろうという期待感が含まれ、そのため文頭に「今度こそ」という文言が置かれている。

エ　傍線部④の「口元だけの笑み」は、部を徹底的に改革するという試練の事前通告的な含みを持つが、傍線部⑥では、それで部長に選ばれた基の健闘と部の再生を祈る純粋な「笑み」であるため、文頭に「今度こそ」という文言が置かれている。

問七　傍線部⑤「この部をぶっ壊す」とありますが、この内容を具体的に表している部分を、本文中から二十三字で抜き出し、最初と最後の三字を答えなさい。

「お時間いただいてありがとうございました。失礼します」

本音を飲み込んで、心を静めて、そうやって礼を言うことができる。⑪玲於奈がもし同じ代に吹奏楽部にいたら、やはり自分は部長になれなかっただろうなと思った。

（額賀　澪『風に恋う』より）

設問において字数を指定された場合は、記号、句読点も一字とする。

問一　二重傍線部ア～オの漢字はひらがなに、カタカナは漢字に直しなさい。

問二　傍線部①「（　）被ってる」とありますが、空欄部を補うべき漢字と同じ漢字を用いたことわざを次のア～エから選び、記号で答えなさい。

ア　鳶《とんび》が（　）を生む　イ　（　）の頭も信心から　ウ　（　）の威を借る狐　エ　窮鼠《きゅうそ》（　）を噛む

問三　傍線部②「いっそ、僕もそうしちゃおうかな、なんて思ってしまう。ここにいたら、自分まで溶けたアイスクリームみたいになってしまいそうで」とありますが、このときの基の心情として最適なものを次のア～エから選び、記号で答えなさい。

ア　今の練習方法には飽きてきており、このままでは皆にやる気がなくなってしまうことを心配する気持ち。

イ　やる気が感じられない先輩たちに呆れつつ、自分は全日本を目指して諦めずに練習しようという気持ち。

ウ　遊んでいる先輩たちに不満を持ちつつ、それを注意できない越谷先輩を哀れに思う気持ち。

エ　堕落した部の空気に居心地の良さを感じつつ、このままでは全日本には行けないと焦る気持ち。

ルに絶対出場する』と抱負を書いていた。

この子は、⑩自分の目標と自尊心を掛け違えたりしないだろう。

「それに、三年の先生方からも釘を刺されててね」

「河西先生ですか？」

思い当たることがあるのだろう。頬を痙攣《けいれん》させて、玲於奈は険しいしかめっ面になる。

玲於奈は成績もいいし、国立大学の薬学部への進学を希望している。両親も「千学に入れた以上、大学受験で失敗してほしくない」と言っているらしい。彼女の担任である河西光一先生は瑛太郎がコーチになった直後、三好先生も交えてそう話した。

『正直、部活に時間を割かれては困るんです。不破君が現役のときとは状況が違うんですから、ご理解ください。生徒の人生は、部活を引退してからも続くんですから』

眉間に皺を寄せて、河西先生はそんなことを言っていた。

「でも、中途半端に練習して出場できるほど全日本は甘くないと思います。吹奏楽部のみんなも大学進学を目標にしてる人が多いし、活動時間も制限があるし。ただでさえ不利なんだから、使える時間はすべて練習に費やすしかないじゃないですか」

その通り。その通りだ。高校生の瑛太郎もそう考えていた。人生の全てを音楽の神様に捧げることで、全日本への道は開けるのだと。

でも、今は担任や保護者の言い分がよくわかる。理解できてしまう。

「俺は全日本に出場するために茶園を部長に据えた。でも、部の運営には鳴神の力が必要だ。そして、できることなら受験勉強もしっかりやってほしい。君には酷なことを強いてしまうけど、それは君が、踏み越えられるだけの能力を持った人間だと思ったからだ」

玲於奈の表情は晴れない。当然だ。これで心の底から納得するのなら、そいつは吹奏楽部の部長になんてならないはずだ。

「瑛太郎先生の考えは、よくわかりました」

玲於奈が椅子を引いて立ち上がり、瑛太郎に向かって深々と頭を下げる。

「本人が嫌がってるみたいだから、早めに消してやってはほしいんだけど……ただ、あれを生で聴いた感想を聞きたくて」

瑛太郎の言葉に、⑨玲於奈は合点がいったという顔をした。頰に力を入れて、高校生らしくない静かな表情になる。

「腹が立ちました」

伏し目がちに、そうこぼす。

「……お腹出して寝て、そのままお腹壊せばいいのにって思いました」

「俺もあの演奏、生で聴いてみたかったよ」

スマホで撮影した演奏なのに、音の粒が一つ一つ輝いて聞こえた。火花、レモンの果汁、月明かり、水銀灯、夜の海を漂うクラゲ。いろんな色や匂いが聞こえる音だった。これは、いい子が入ってきた。数小節聴いただけでそう思った。

「サックスを吹いている基は凄いんです。ひたすら曲と向き合って、脇目もふらずに練習するんです。一度音楽の世界に行っちゃうと、なかなか帰ってこない。本番だってそう。同じステージで演奏してるのに、あいつだけ違う場所にいる」

そこまで言って、少し迷った様子で玲於奈は瑛太郎の顔を窺った。

「……吹奏楽の神様」

恥ずかしそうに声を潜めて、玲於奈は言う。

「神様?」

「あいつにはときどき、吹奏楽とか、音楽の神様が降りてくるんだって、私は思ってます。だから、瑛太郎先生は基を部長にしようと思ったんですか?」

「鳴神を部長のままにいろいろと変えていくことも考えた。でもそれじゃ足りないんだ。今の部の空気を入れ換えるには、一年を部長にするくらいじゃないと。君みたいな能力も意欲もある子が変えられなかったことは、俺が加わった程度じゃ変わらない」

二年前、彼女が入部したときの入部届が、三好先生から預かった資料の中にあった。入部理由の欄に、彼女だけが『全日本コンクーどうして、部長の座を追われなければならないのか。玲於奈はそんな顔をしていた。唇を引き結んで、瑛太郎を真正面から見据えている。

「君に能力がないと判断したんじゃない。じゃなきゃ、鳴神を学指揮にしなかった」

学生指揮者——通称・学指揮。顧問である正指揮者の指導をサポートし、ときには文化祭や演奏会で指揮棒を振る。これまで千学では部長が学指揮を兼ねていたが、部長を基に、学指揮を玲於奈にそれぞれ分担させることにした。

「俺が指導した上で、合奏前に至っていない部分があったら鳴神に修正をしてほしい。それは、一年の茶園にはしんどいだろう」

「先生はこの前、私に千学をどう思うかって聞きましたよね？　私、部に足りないところとか直さなきゃいけないところを、いろいろお話ししました。基は何て言ったんですか？」

「鳴神の意見は、朝練にもっと人が参加するようにとか、休日の練習時間を延ばすとか、一人ひとりが目標を持って、それを部内で共有するとか、具体的で筋道が立ってた」

「じゃあ……」

「茶園は、『駄目だと思います』って言ったよ。今の吹奏楽部じゃ全日本に行けるわけがないって。一度ぶっ壊して作り直した方がいいって」

虚を突かれたように半口を開けて固まった玲於奈に、瑛太郎は言葉を選びながら続けた。

「他にもいろんな部員に話を聞いて、俺が一番のっかりたいと思ったのは茶園だった。俺が腹の底で思っていたことを綺麗に掬い上げたのが、茶園基だ」

正直、基と話したあとも迷った。かなり迷った。でも、あの演奏を見たら、聴いたら、茶園基に賭けてみたくなった。

「茶園が『夢やぶれて』を吹いている動画、ネットに上げたのは鳴神なんだろ？」

お説教されると思ったのか、玲於奈が⑧ばつの悪そうな顔をする。

のように。

「はい」

口が勝手に動いた。

音楽室がどよめく。玲於奈が静かに振り返り、瞳を揺らして、基をオギョウシした。

たった一時間でも合奏は神経を磨《す》り減らす。耳の奥が熱を持って、後頭部に鈍い痛みが広がる。これでは、三好先生に倒れる前みたいに指導しろというのは無理な話だ。

音楽準備室の外に耳を澄ますと、帰宅する部員の話し声が聞こえた。どこかひっそりと、こそこそとしている。無理もない。自分が何をしたのか、瑛太郎だってわかっている。

向かいに座る鳴神玲於奈の視線は、瑛太郎から離れることがない。

吹奏楽部の部長を彼女から一年の茶園基に替えると宣言した瑛太郎に対し、自分の意見をちゃんと言ってきたのは玲於奈だけだ。

今日の練習が終わってすぐ、玲於奈は一人で音楽準備室にやって来た。

「三年生を引き連れて抗議に来るんじゃないかと思ったよ」
⑦「そんな格好悪いことしません」
きっぱりと、玲於奈は首を横に振った。

去年の秋に彼女は部長になった。三好先生によると、彼女を除いた当時の二年生全員が鳴神玲於奈を部長に推薦したのだという。それだけ彼女が学年の中心人物だったということだ。

「瑛太郎先生が今の吹奏楽部を改善したいと思っているのはわかります。私だってずっとそう思ってました。部長になってやっと、変えられると思ってたのに」

玲於奈が続けてそう聞くと、瑛太郎ははっきりと頷いた。

「六年だ。もう六年、千学は全日本に出ていない。それが長いか短いかは俺が判断することじゃない。ただ学院は《長い》と判断した。三好先生も体調が優れないし、顧問を替えて、今後はコンクールに出場しない方針になるかもしれない。それなら朝から晩まで練習する必要もないし、君達は勉強に専念できる。大学合格実績が上がって学院は万々歳。吹奏楽部が使っていた予算を、活躍している他の部に回すこともできる」

瑛太郎は《かもしれない》と言った。でも、仮定の話だと受け取った人間はいないだろう。

「というわけで、俺はコーチとして君達を全日本に連れて行かないといけない。君達もこの通り全日本を目標としてる。目標は一致してるわけだ。お互い頑張ろうじゃないか」

④瑛太郎の口元が笑った。とてもじゃないが、基は頬を緩めることができなかった。

「一ヶ月考えたんだが、まずは一度、⑤この部をぶっ壊すところから始めようと決めた」

突然、瑛太郎が指揮者用の譜面台に置いてあった指揮棒を取った。条件反射で首から提げたアルトサックスに手をやってしまう。

その白く鋭い切っ先は、何かのエリンカクをなぞるようにして空を掻き——基を差した。

「手始めに、部長を一年の茶園基に替える」

瑛太郎の声は、時を止める魔法をまとっていた。静まりかえった音楽室で、基は気がついたら立ち上がっていた。

サックスのベルが譜面台に当たり、倒れる。音を立てて楽譜が周辺に散らばった。

「茶園」

呼ばないでくれ。頼むから、いつか僕を魅了した声で、僕の名前を呼ばないでくれ。

「一緒に全日本吹奏楽コンクールに行く部を作ろうか」

⑥今度こそ、瑛太郎が笑った。目の奥をきらりと光らせて、彼が高校三年生のときのように。全日本吹奏楽コンクールに出場したとき

六十四人の部員を見回して、瑛太郎は言う。

「別に、全員揃って同じ答えを言えというわけじゃない。それぞれがそれぞれの込めるべき魂を持って演奏してるなら、それでいい」

それが感じられないから、今話してるんだけどな。瑛太郎の顔にはそんな本音が書いてある。膝にやっていた手を、基は握り締めた。

「君等は、自分の頭の中に『こんな風に演奏したい』という理想はあるか。自分の音と理想を比べて、足りない部分を修正する作業を今日したか？　これから始まる合奏に間に合わせるために必死になったか？」

瑛太郎の言い方は、決してこちらを詰問するようなものではなかった。お説教されているわけでもない。強いて言うなら――ソロパートを吹いているようだった。

「全日本に出たいという［X］は素晴らしいが、君達には［X］があっても［Y］がない。闇雲に［X］を追いかけて、追いかけることがマンネリ化して、モチベーションが下がってる」

誰も何も言わなかった。音楽室ごと、海の底にでも沈められた気分だ。音がしない。シンとした緊張感の中、誰もが瑛太郎を見ていた。みんな、心の底では同じように思っていたのだろう。面白いくらい綺麗に、言い当てられた。

「俺は三好先生から『吹奏楽部を何とかしてほしい』と言われた。それに、このまま低迷し続ければ、部も③今まで通りに活動できないだろう」

最前列で、玲於奈がすっと手を挙げた。瑛太郎以外、誰も口を利かなかった音楽室に、「先生」という凛《りん》とした声が響く。

「今まで通りに活動できないって、どういう意味ですか」

「吹奏楽部は学院の強化指定部になってる。例えば第一音楽室は実質うちの専用練習場で、授業で使うのは隣の第二音楽室のみ。予算だって他の部より多い。コンクールの遠征費や楽器を買う予算は、部費だけじゃウ賄えない。学院に実績が認められて、頑張れと言ってもらえているから、君達はこうやって活動できている」

「じゃあ、全日本に出られなかったら強化指定部から外れるってことですか？」

「この一ヶ月間、瑛太郎先生は『今まで通り練習しろ』って言うだけで、自分らしさを全然出さなかった。一年生も入部して、パート分けも済んだから、いい加減何か始めるだろ」

「何ですか、何か、って」

「何か。超凄い修行とか」

毎日課題曲の練習をして、合奏して、瑛太郎から各パートや個人個人に指示が飛ぶ。この数週間、それをずっと繰り返している。それに、千学のみんなはちょっと飽きているのだ。

今日は課題曲Ⅰ『スケルツァンド』を合わせると事前に予告されているから、時間をかけて練習することにした。中間部には、アルトサックスによる美しいア旋律がある。瑛太郎から「やってみろ」と言われたら、イカンペキに吹きたい。

マウスピースを口に咥《くわ》えようとした瞬間、背後から笑い声が聞こえた。一瞬だけ振り返って確認すると、池辺先輩と二年生の先輩が明らかに部活とは関係ない話をしていた。越谷先輩がやんわり注意したけれど、本当にやんわりだった。木のざわめき程度だった。

遠くから、きらびやかなトランペットの音が聞こえてきた。これは堂林の音だ。どうやら、理由をつけて一人で練習しているみたいだ。②いっそ、僕もそうしちゃおうかな、なんて思ってしまう。ここにいたら、自分まで溶けたアイスクリームみたいになってしまいそうで。

練習に集中しているうちに、気がついたら五時半近くになっていた。そろそろ合奏が始まる時間だ。楽器を抱えて第一音楽室に戻ると、瑛太郎がすでに指揮台の上に置かれたパイプ椅子に腰掛けていた。膝に頬杖をついて、ぼんやりとスコアを眺めている。

すべてのパートが集まったタイミングで、普段だったら玲於奈が号令をかける。ところが、それより早く瑛太郎が立ち上がった。

「ちょっと教えてくれないか」

「一音入魂！　目指せ！　全日本吹奏楽コンクール」という部の目標を、指さす。

「目指せ全日本、というのはわかる。でも、君等にとっての一音入魂って何だ？」

二 次の文章を読んで、後の問いに答えなさい。

「瑛太郎先生に、吹奏楽部のことどう思うかって聞かれたんですけど」

「池辺もか。それ俺も聞かれたわ」

基《もとき》と同じアルトサックスを吹く二年の池辺豊《ゆたか》先輩と三年の越谷和彦先輩がそんな話をし出したのは、パートごとのチューニングと基礎練習を終え、個人練習に移ろうとしたときだった。

「先輩達もですかっ？」

パート練習で使っている二年一組の教室に、自分の声が予想以上に大きく響いた。

「もしかして、茶園《ちゃぞの》も聞かれた？」

サックスパートのパートリーダーも務める越谷先輩が、自分の短髪を指で梳《す》きながら「一年にも聞いたんだ」と目を丸くする。

「一年の僕にも聞いてるってことは、先生、全員に同じことを聞いてるんでしょうか」

「えー、何のためにだよ」

基礎練習は車座になってやっていたけれど、曲練習は個人でやるから、教室の中で散り散りになる。その最中も、他の部員から「私も聞かれた」「俺も」という声が上がった。

「今の吹奏楽部の雰囲気を知りたかったから、とか？」

言いながら、自分に同じ質問をしてきたときの瑛太郎の顔を思い出す。あの表情は、そんな生やさしいものではなかった。

「あの人、まだ①（　）被ってるよな」

突然、越谷先輩がそんなことを言い出す。上背のある彼は、大きな檜の木のような雰囲気がある。パートリーダーだけあって、パート内の長男的な存在だった。

(1) 二重傍線部A・Bに相当する漢字を含むものを、それぞれ次のア～オから選び、記号で答えなさい。

A タイショウ

ア 左右タイショウな図形を描く。　イ 二つの絵をタイショウして見る。　ウ 調査のタイショウ者に該当する。

エ タイショウ同士の一騎打ち。　オ タイショウ時代の文献を読む。

B ゴクイ

ア キョクショ的な豪雨が降る。　イ エンキョク表現を好んで用いる。　ウ 栄華のキョクチに達する。

エ リンゴクとの国交を築く。　オ ありジゴクの仕組みを調べる。

(2) 傍線部Ⅰ「これを外国語に翻訳するとしたら、さぞかし困るであろう」とありますが、この理由として最適なものを次のア～エから選び、記号で答えなさい。

ア 日本語の概念では、時間と空間を明確に区別していないため。

イ 時間と空間の些細な違いを正しく理解できる者がいないため。

ウ アインシュタインによって時間と空間は同一のものとして定義されたため。

エ 時間や空間という概念は日本特有のものであり、外国では浸透していないため。

(3) 「間」というものを、資料では傍線部Ⅲのように定義しています。これを踏まえ、本文で述べているコミュニティカフェが今後力を入れるべきことは何だと考えられますか。傍線部Ⅱの観点から八十字以内で説明しなさい。

(4) 傍線部Ⅲに「実体がない」という表現が含まれますが、この表現と対極の意味をもつ言葉を本文中から漢字三字で抜き出しなさい。

関係、それどころかⅡ人間と状況、人間と自然との関係にまで及んでくると、先ほど挙げた「間が悪い」「間が抜ける」といったような言い方も生まれてくるわけである。

ここで、Aタイショウ的な用法を比較してみよう。一つには「間をとる」とか、「間合いをはかる」など、「間」というものがひじょうに積極的に意識される場合がある。

たとえば剣道で、よく「間合いをはかる」という。間隔を保つことによって、より有効な打撃に備えるわけだ。したがって、これはもっとも緊張した関係である。しかし厳密にいえば、そこには何もない。竹刀と竹刀、剣と剣は触れていないのだから、いわば無の空間である。

何もないのだけれども、もっとも緊張したところだ。これが「間合いをはかる」「間をとる」である。一触即発だから、その「間」を外すと、やられてしまう。命を落とすことになる。

一方、「間が悪い」「間が抜ける」という言葉になると、これは本来何かあるべきものがなくなってしまうことを意味する。といっても、もともと「間」などというものは、実体がないのである。だから大したことはないのではないかと思えるが、ところが実際には「間抜け」といえば、最悪である。

そのように考えると、時間、空間に限らず、「間」というものは、Ⅲ実際は実体がないにもかかわらず、じつはいちばん大事なもので、充実していなくてはいけないということになる。

それを充実させるかさせないかで、「間をとる」という場合もあるし、「間がとれなかった」「間が抜けた」という場合もある。剣術などでBゴクイに通じた人は、「間合いをつめる」そして、あえて「間を外《はず》す」というようなことまでする。実体のないものが重要な機能を果たしている。

（栗田　勇『日本文化のキーワード』より）

問八　本文では「間」が大切だと述べていますが、「間」に関する次の随想を読み、後の問いに答えなさい。

　「間」という言葉を、私たちは日頃よく口にしている。たとえば「間が抜ける」「間に合う」「間が悪い」などとすぐ思いつくが、ほかにもまだまだある。しかし、その正体はと問われると、これに答えるのは、なかなかむずかしい。

ちなみに、広辞苑をみると、

（1）物と物、または事と事とのあいだ。あい。間隔。

（2）長さの単位。

（3）家の内部で、屏風《びょうぶ》・ふすまなどによって仕切られたところ。

（4）日本の音楽や踊りで、所期のリズムを生むための休拍や句と句との間隙《かんげき》。転じて全体のリズム感。

（5）芝居で、余韻を残すために台詞《せりふ》と台詞との間に置く無言の時間。

などと出ている。

なかなか広がりがあって、複雑微妙、かつ深刻な言葉のようでもある。

たとえば、能や歌舞伎では、息づまる音の空白があって、耐え切れなくなったところでポンと鼓《つづみ》が鳴る。この息づまるような空白も、まさしく「間」だ。

　これら「間」の定義として挙げられているものを、もう少しくわしく突っこんで考えてみると、（1）の物と物のあいだというのは空間である。また事と事のあいだというと、とくに音楽の場合などは、時間と時間の切れ目だ。

　とすると「間」と一言でいっても、日本人は無意識に使い分けているが、物理的に時間と空間のけじめがないことを発見したのは、まさにアインシュタインで、I<u>これを外国語に翻訳するとしたら、さぞかし困るであろう</u>。

　さて、物の空間的隙間と、時間の切れ目とでは、もちろん意味が違う。さらに、空間や時間だけでなく、人間の生き方、人間同士の

問四　傍線部②「コミュニティカフェならではの特徴や強み」を活かした具体例として当てはまらないものを次のア〜エから一つ選び、記号で答えなさい。

ア　同じスペースで地域の主婦らによる市民グループと、学生グループがカフェを運営している。

イ　地元の食材を用いた郷土料理を提供し、他県や海外から多くの客が集まっている。

ウ　料理を提供するだけでなく、店内に赤ん坊や母親同士が交流できる広場を併設している。

エ　地域の空き家を改装し、ボランティアが集ってカフェや雑貨屋を営んでいる。

問五　傍線部③『地域情報誌』や『地域情報サイト』を発行してみよう！と呼びかけている」とありますが、その理由を「コミュニティカフェには」に続く形で、八十字以内で説明しなさい。

問六　空欄X・Yに当てはまる表現の組み合わせとして最適なものを次のア〜エから選び、記号で答えなさい。

ア　X　実際のカフェを見せる　　Y　目玉商品を持っていく

イ　X　動画で紹介する　　Y　文章で紹介する

ウ　X　カフェに招待する　　Y　先方の元へ伺う

エ　X　こちらのPRを行う　　Y　先方のお話を伺う

問七　傍線部④「利益だけを求め効率化したり、客回転を増やすこと」を言い換えた表現として、次の空欄に当てはまる言葉を本文中から三字で抜き出しなさい。

□□□を高めること

設問において字数を指定された場合は、記号、句読点も一字とする。

問一　二重傍線部ア～ウの漢字はひらがなに、カタカナは漢字に直しなさい。

問二　傍線部A～Cと同じ意味の二字熟語を、次の語群の漢字を組み合わせて、それぞれ作りなさい。

〈語群〉　本　用　合　命　気　使　作　動　体　役　任　元　基

問三　傍線部①『共感ビジネス』とありますが、この説明として最適なものを次のア～エから選び、記号で答えなさい。

ア　コミュニティカフェは、地域の活性化をコンセプトにしており、その理念に共感をした人々が集まってボランティアで運営をしているということ。

イ　コミュニティカフェは、取材や告知を通して地域住民の関心を引き出し、近隣に住む人々を常連客にすることで経営が成り立っているということ。

ウ　コミュニティカフェは、収益を第一の目的としているビジネスではないため、情報誌を発行することでコストをかけずに宣伝をしているということ。

エ　コミュニティカフェは、飲食物ではなく、地元銘品や特産品、顔の見える地域の関係性を活かした店舗空間そのものの価値を提供しているということ。

こうした関係を積み上げていくと、結果として地域との多様な関係が深くなり、将来の活動の幅も広がり、必要な際には助言や協力をもらえたり、連携して地域課題に取り組んだりすることができるようになる。

もう一つ付け加えるとすると、誰もが特定の団体やコミュニティカフェの応援をしてくれるわけではないが、自分たちの暮らす「まちの情報誌」であれば、喜んで町内会の回覧板で回してくれたり、店舗や公共施設に設置して配布に協力してくれる。そのなかで派手な宣伝はせずとも、さりげなく発行者である自分たちのコミュニティカフェの告知もできるのだ。

もっとも本格的な情報誌を発行すると編集やデザイン、印刷などのスキルや発行コストの問題がでてくるので簡単なことではない。

しかし、最近ではブログやＳＮＳなどを活用すれば、ほとんどコストをかけずにまちの情報を集めて発信ができる。丹念な取材をもとに、コストを抑えたこのような情報発信の方法もある。

コミュニティカフェでは、お茶やスイーツ、ランチなどの飲食提供をするが、④利益だけを求め効率化したり、客回転を増やすことが目的ではない。

居場所としてのんびりと過ごせたりいろんな人と出会い交流が育まれたりする「時間」の流れや、ゆったりと過ごすスペース、会議や勉強会などができる快適な「空間」が重要である。

こうしたビジネス視点で見ると無駄とも思える「間」がコミュニティカフェのもっとも大切なコンセプトになる。

そうした「時間」の過ごし方や「空間」の活用だけではなく、不登校やひきこもり、産後うつ、自傷行為を行うなどさまざまな困難な状況にあっても公的支援を受けられない方々の受け皿となったり、地元の事業者でも商店街に加盟できない条件がある店舗との関係づくりなど、いわゆる地域課題となっている「隙間」を埋める役割がある。

そしてこれらをつなぐのはすべて人の関係、つまり「人間」であり、こうした４つの「間」をどう自分たちのミッションに置き換え、デザインして、具現化して大切に育むかがコミュニティカフェの役割である。

（齋藤　保『コミュニティカフェ』より）

また、タウンカフェの場合、店内に置かれた地元県産材を使ったテーブルや椅子が展示販売用としても使われている。これは神奈川県建具協同組合の青年部が、先細りする建具業界に新たな風を入れつつ、活用されていない地元のウ間伐材を活用しようという取り組みで、そのコンセプトに賛同してcコラボが実現したものだ。

このように地元銘品や特産品、顔の見える地域の関係性は、コミュニティカフェのミッションとも合致することが多く、お客様との会話のきっかけになり、つながりの機会を増やすことになる。結果として大型店やチェーン店との差別化にもなるのである。

何よりも、こうしたさまざまなストーリーを持った取り組みを行うことが、同じような課題解決に取り組んでいるＮＰＯや地域団体との関係づくりの輪が拡がる良い機会になる。

コミュニティカフェを始めたら、ぜひ③「地域情報誌」や「地域情報サイト」を発行してみよう！と呼びかけている。

なぜコミュニティカフェでまちの情報を？と問われることも多い。

理由は、まずコミュニティカフェにはまちの情報が自然と集まりやすいこと。そして自分たち以外の地域活動や魅力的な人物の紹介をすることで、そうした価値ある行動を行っている方々との関係性が濃密になるからである。さらには、地域での信頼性もぐっと高まることは間違いないからだ。

具体的には、「取材活動」を行うことでさまざまな方とお会いできることの意義が大きい。地域の商店会長や自治会長はもとより、ＮＰＯやボランティア団体の方々や、地元企業の社長、そして市長や町長など、だれでも会える可能性が高いのだ。通常、コミュニティカフェの相談のためにこうした地域の方にアポイントを取ろうとしても難しいことが多く、仮に会ってもらえたとしても長く時間をとってもらえるケースは多くはない。しかし取材となると長時間しっかり向き合ってお話しできる。さらに面白いのが、取材なので［Ｘ］わけではなく［Ｙ］のだが、それが不思議とこちらの活動に関心を持ってもらえるきっかけとなり、連携協力の関係が育まれる機会も多くでてくるということだ。

二〇二三年度 文化学園大学杉並高等学校（第1回）

【国語】（五〇分）〈満点：一〇〇点〉

一 次の文章を読んで、後の問いに答えなさい。

コミュニティカフェは①「共感ビジネス」でもあると考えている。地域の魅力を知ってもらいたい。暮らしの困りごとを解決したい。

そんなまちのニーズや課題を捉えて事業として運営するのが、コミュニティカフェのAベースである。

お客様は何を求めて来店し購入・注文されるのか。もちろん価格や味・品質なども重要な要素ではあるが、それだけでは一般のカフェやレストランと何ら変わらない。事業性ばかりにとらわれていては、地域ニーズや課題解決という本来目指すべきBミッションが達成できなくなる。

そこで、②コミュニティカフェならではの特徴や強みを考えてみよう。

たとえばタウンカフェでは、障害者アシュウロウ支援施設で手網を使って自家焙煎したコーヒー豆、トーストは、地元のパン屋さんの手作り食パン、小田原市の障害者作業所が地元のみかんを素材にマーマレードにしたジャムや、福島県棚倉町で６次産業化に取り組む農家の方々が開発したブルーベリージャムなどを取り入れている。

まち家世田米駅のレストランｋｅｒａｓｓｅでは地元農家を中心とした野菜バイキングが人気だ。

ハートフル・ポートでは、料理を作ったり提供するスタッフはみな近所の住民で、親近感がウリである。地元で音楽教室を主宰するご夫妻のコンサートなども開かれている。

こまちカフェでも、イテンカ物の入っていない素材を活用した三大アレルゲンフリーのメニューであることや、働くスタッフやハンドメイドの作家さんたちが利用者と同じような立場のママさんだということが、関係性や親和性を持ちやすくしている。

2023年度／文化学園大学杉並高等学校（第１回）

英語解答

Ⅰ (1) A　(2) B　(3) A　(4) B
(5) B

Ⅱ (1) C　(2) D　(3) D　(4) A
(5) C　(6) D　(7) C　(8) A
(9) C　(10) A

Ⅲ (1) I　(2) D　(3) B　(4) G
(5) E

Ⅳ (1) A　(2) B　(3) C

Ⅴ (1) Shall I take you to the shop
(2) The population of Japan is twice as large as that of Italy
(3) I will send my mother some flowers on Mother's Day

Ⅵ (1) (例) Where is the book which she chose?
(2) (例) Let's go to the park if it doesn't rain tomorrow.
(3) (例) There is a glass of water on the table.

Ⅰ〔放送問題〕解説省略

Ⅱ〔長文読解—要旨把握(英問英答形式)—物語〕

[Part A]≪全訳≫❶ジャネットがとても小さかったとき，有名なバレエ団が彼女の町に来た。ジャネットは小さな町に住んでいた。そのような有名なバレエ団が彼女の町に来るとは驚くべきことだった。ジャネットの母と父はその公演を見に彼女を連れていった。ジャネットは公演をとても気に入った。彼女はバレエダンサーたちの優雅さに驚いた。ダンサーの動きは力強くも優しくもあった。その日から，ジャネットはバレエダンサーになろうと決めた。「ママ，私は大きくなったらバレエダンサーになれると思う？」 ジャネットは公演の後に母に尋ねた。「もちろん，なれるわよ，かわいい子。あなたはあなたがなりたいと思うどんなものにもなれるのよ」 ジャネットの母は娘に言った。「やった！」とジャネットは言った。彼女はとても興奮した。「でも成功するためにはたくさんの努力と練習が必要よ。それは簡単なことではないけど，それがあなたの夢なら，決して諦めちゃいけないわよ！」とジャネットの母は言った。「諦めないわ！」とジャネットは言った。❷まさに次の日，ジャネットはバレエのレッスンを受け始めた。彼女はそれがとても上手で，どの瞬間も大好きだった。ジャネットはバレエ教室に行くのが楽しみだった。ダンスの先生もジャネットが大好きだった。ある日，レッスンの後で，ダンスの先生がジャネットの母にこう言った。「ジャネットはとても才能があります。ずっとがんばり続けたら，大きく成功することができるでしょう」 ジャネットはとても才能があった。彼女は新しい動きを教室の他の生徒たちよりもずっと早く習得した。彼女の体は他の誰よりもずっと優雅に動いた。まもなくダンスの先生は教室のスター生徒として彼女を選んだ。ダンスの発表会の間，ジャネットはいつも主役を与えられた。ジャネットの両親は毎回発表会に来た。彼らは自分たちの娘をとても誇りに思った。❸ジャネットが成長するにつれて，地元のバレエ団が彼女に興味を持つようになった。ある発表会の後，そのバレエ団の監督が彼女のもとへやってきた。「君には多くの技術と才能がある。ぜひ君に私たちの一団に参加してもらいたい」と彼は言った。もちろん，ジャネットは彼の申し出を受け入れた。これは大きなステップだったし，ジャネットはそれがもっと大きなものへつながることを望んだ。監督は彼女の才能を賞賛し，公演で重要な役をいつも彼女に与えた。他のバレエダンサーたちは監督ほど

ジャネットのことが好きではなかった。彼女はその中の誰よりもはるかにずっと若かった。彼女たちは今いるところへたどり着くためにとても一生懸命に取り組んでいた。そのような若くて経験もあまりない人間に取って代わられるなんて，公平には思えなかった。しかしジャネットは他の人たちが彼女についてどう思っているかなど気にしなかった。彼女はスターだった。

＜解説＞(1)「なぜジャネットはバレエダンサーになりたかったのか」―C.「ジャネットは有名なダンスの公演を見たから」　第1段落参照。　(2)「子どものとき，ジャネットのダンスはどうだったか」―D.「ジャネットは教室の他の生徒たちよりもずっと上手だった」　第2段落中盤参照。　(3)「地元のバレエ団の他のダンサーたちはジャネットについてどう思ったか」―D.「彼女が好きではなかった」　第3段落第8文参照。

[Part B]≪全訳≫❶翌年，ジャネットはニューヨークの新しいバレエ団のことを知った。有名なバレエ監督が担当する予定だった。彼は一団のために才能のある新しいダンサーを探していた。これはジャネットの大きなチャンスになるだろう，そして彼女にはそれがわかった。彼女は自分のバレエシューズと稽古着をかばんに詰めた。オーディションのためにニューヨーク市行きの電車に乗った。オーディションのために演技をする順番がきたとき，彼女は精一杯，自分のお気に入りのダンスを演技した。終わったとき，彼女は監督の方を向いた。彼がそれについてどう思ったか，わくわくして聞いた。「うーん…。よかったよ，でも君はまだ十分ではないように僕には見えるよ」と有名な監督は言った。彼は全く感動していなかった。ジャネットは自分の耳が信じられなかった。「すみません…。何ですって？」自分がちゃんと聞いていたか確かめるために，彼女は言った。「それではまだまだだって言ったんだよ」と監督は言った。目に涙を浮かべて，ジャネットは部屋から走り出た。彼女はグランドセントラル駅まで，そして家に帰るまでずっと泣いていた。❷家に帰ると，彼女は自分のバレエシューズをごみに投げ入れようかと思った。その後思いとどまった。「いいえ，あのことで落ち込まないようにしよう。私は十分上手だってわかってる。私ならできる。いつかあの監督が間違ってるって証明するのよ！」と彼女は自分に言い聞かせた。彼女は地元のバレエ団に戻り，学校を卒業した。それから彼女はもう一度ニューヨークに挑戦することを決めた。そこに引っ越し，アルバイトの仕事を得た。ニューヨークでは，バレエ業界はとても厳しかった。彼女はオーディションに行き続けたが，一度も合格通知を受けなかった。続けるのは簡単ではなかったし，もう少しでやめるところだった。でも，決して諦めないという自分の約束を守り続けた。❸失敗続きの1年の後，彼女はついにプロの一団で役を得た。彼女の役は単なるバックダンサーとしてだった。彼女はそこから上を目指さなければならないだろう。最初，ジャネットはプロのダンサーとしての仕事を得たことでとてもうれしかった。でもこれは彼女にとってつらい時期にもなった。彼女はとても一生懸命に練習したが，役に立たないようだった。彼女は昇格しなかった。さらに，先輩のダンサーたちは彼女を見下した。彼女たちは意地悪で，彼女をこき使った。彼女をからかい，全然うまくないと言った。練習の後，彼女はよく家に帰って泣いた。耐えがたい苦痛だった。彼女がずっとやりたかったことはダンスだけだった！　それがこんなにつらくなるとは想像したことがなかった。諦めることを考えたとき，彼女は最初のオーディションの日を思い出した。あの後，どれだけ嫌な気持ちになったかを思い出した。でも諦めないという約束も思い出した。

＜解説＞(4)「なぜジャネットはニューヨーク市に行ったのか」―A.「有名な監督が新しいバレエ団に来たから」　第1段落前半参照。監督が新たな団員を募集していることを知り，オーディションを受けに行った。　⑸「ニューヨークの新しいバレエ団のオーディションの後，ジャネットは何をしたか」―C．「彼女は自分の以前のバレエ団に戻った」　第２段落前半参照。　⑹「プロのバレエ団に入ったことをジャネットはどう思ったか」―D．「誰も彼女を助けず，他のダンサーたちは意地悪だった」　第３段落中盤参照。　⑺「なぜ彼女は踊るのを諦めなかったのか」―C．「踊ることが彼女にとってとても大切だった」　第３段落最後から４文目参照。

[Part C]≪全訳≫❶数年がたち，それからジャネットはついにチャンスを得た。先輩のダンサーの１人がけがをしたのだ。監督はジャネットに彼女の役を引き受けるように頼んだ。それは主役ではなかったが，彼女は初めてソロを踊ることになった。彼女はとても上手に踊った。その後，彼女はどんどんよい役をもらい始めた。ジャネットは上を目指して努力し，そして主要なショーで主役をもらうまでになった。彼女はその演技に自分の持つもの全てを出し尽くした。彼女は美しい演技をした。観客がショーの最後に拍手をしているとき，ジャネットの目に涙が浮かんだ。それは世界で最もすばらしい感情だった。❷すると，涙越しに，ジャネットは群衆の中に見覚えのある顔を見た。それは何年も前に彼女を拒絶した有名な監督だった。ショーの後，舞台のドアの外で監督が彼女を待っていた。彼女が出てくると，彼は彼女を呼び止めた。「ジャネット，あの役があんなに上手に演じられるのを僕は見たことがないよ。君はすばらしいバレエダンサーになったね」と彼は言った。ジャネットは驚いた。何と言ったらいいかわからなかった。監督は続けた。「何年も前に君があのオーディションを去って以来，ずっと僕は君を追っていたんだ。オーディションで君にはとても才能と優雅さがあった。だが，まだ十分ではないとも僕には思えたんだ。君にとって物事が簡単に進みすぎだった。君は試されていなかった。そしてそのせいで，君はバレエダンサーに必要な最も大切なものに欠けていた。君は決して諦めないという意志に欠けていたんだ。君がそれを見つけることができて，僕はうれしいよ。将来，君が僕のためにオーディションを受けてくれるといいな」　そう言って，監督は歩き去った。ジャネットは何と言ったらいいのかわからなかった。彼女の涙は喜びの涙だった。

＜解説＞⑻「ジャネットが先輩ダンサーのポジションをもらった後，何が起こったか」―A．「彼女は徐々によい役を得た」　第１段落前半参照。　gradually「徐々に」　⑼「監督は舞台上の彼女の演技についてどう思ったか」―C．「彼女の演技はとてもよかった」　第２段落第５，６文参照。⑽「ジャネットは最後に何を学んだか」―A．「決して諦めないこと」　第２段落最後から６，５文目参照。ここでの missing は「～を欠いている」，will は「意志」という意味。

Ⅲ〔長文読解―適文選択―説明文〕

≪全訳≫❶リサイクルをするのが一番得意な国はどこだろうか。ドイツで車を運転していて，休憩のために止まったら，全ての休憩所でリサイクル箱を見るだろう。缶用，びん用，紙用，食べ物用の箱がある。だから，たとえ旅行をしているときでも，忘れずにリサイクルをしなくてはならない。❷ドイツの人々は長い間リサイクルをしてきており，彼らはそれがとても得意だ。全ての家とアパートで少なくとも５つのリサイクル箱を使っており，それぞれの箱は違う色をしている。これは人々が異なる種類のごみをどこに入れるべきかを覚えるのに役立つし，ごみを収集しに来た作業員を助ける。黄色い箱は梱包資材用，青い箱は紙用，などである。(1)色がわかれば簡単だ。❸危険な化学物質を含んでいるかもしれない電池などは，それらを安全なものにできるリサイクルセンターに行かなければならない。ほとんどの人にとって，リサイクルは考えることではなく，ただ実践するだけだ。リサイクルは通常の生活様式の一部であり，ドイツ人の90パーセントが自分たちのごみをリサイクルしている。❹(2)スイスはリサイクルがとても得意なもう１つの国だ。スイスの人々はガラスや紙を全てリサイクルしている，彼らはそれを捨てないのだ。新聞紙だけでなく，全ての種類の紙と梱包資材がリサイクルされる。(3)びんもリサイクルされる。もちろん，ガラスのびんは多くの国でリサイクルされているが，スイス人はペットボトルをリサイクルするのも得意だ。ほとんどのヨーロッパの国では，リサイクルするのはペットボトルの20から40パーセントだけだが，スイスではそれらの80パーセントをリサイクルしている。❺スイスではほとんど全ての物をリサイクルしている。草や木を切ったら，週のある１日に葉と木のくずを外の通りに置いておく。(4)この庭のごみはそれから持ち去られ，リサイクルされる。古い電池はスーパーマーケットに持っていかれてリサイクルされ，アルミニウムとスチール缶をリサイクルするための特別な場所もある。❻なぜスイス人はそんなにリサイクルが得意なのだろうか。たぶんスイスではリサイクルは無料だが，ごみを捨てるのは高価だからだろう。捨てるためにはそれぞれのごみ袋用にチケットを買わなければならない。(5)ごみ袋にチケットを貼ると，そのごみは持ち去られる。しかし，もしチケットを買わなければ，ごみは家の外に置かれたままだ。そしてそれはひどくにおうのだ。

＜解説＞⑴ドイツのリサイクル箱はそれぞれ違う色をしているので，ごみを出す人や収集する人を助けるという流れ。箱の色の違いがリサイクルをしやすくするとまとめている。　⑵直後に Swiss people とある。第１段落冒頭の「リサイクルをするのが一番得意な国はどこだろうか」という問いに対し，ドイツに続いてスイスを紹介しているのである。　⑶この後で glass bottles と plastic bottles の２つについて述べている。その導入文として bottles 全般についての内容が入る。　⑷直前の切った草や木のごみを週１回の収集日に通りに出しておくという内容から，それがどうなるのかを述べた文が入る。　⑸ごみを捨てるのは高価で，ごみ袋のためにチケットを買わなければならないという文脈。チケットを買った後の説明として適切なものを選ぶ。

Ⅳ　**〔長文読解総合（英問英答形式）―案内文〕**

≪全訳≫公共図書館／公共図書館はあなたのためにここにあります。市民であれば全てのサービスを利用できます。公共図書館には10万冊以上の本と電子書籍があります。公共図書館は電子書籍用の貸出コンピューター，会議室，それにカフェテリアも提供しています。／開館時間：火曜日から金曜日までの午前９時から午後５時まで，土曜日と日曜日の午前９時から午後４時まで。月曜日は休館。／初回利用時：住所を確認するための証明書が必要です。図書館カードをつくるために最初の来館時のみ300円が必要です。２回目以降の来館は無料で図書館を利用できます。／他のサービスの利用時間：電子書籍用の貸出コンピューター／会議室／カフェテリア／平日（火～金）／図書館と同じ／午前９時から午後４時／午前９時から午後４時／週末／図書館と同じ／閉室／午前９時から午後３時／サービス案内／貸出コンピューター：電子書籍を閲覧するために個人のコンピューターを利用することはできません。電子書籍を読むためには当館のコンピューターのみ利用できます。それらを利用する前には当館のホームページから予約する必要があります。貸出コンピューターは無料です。／会議室：公共図書館にはグループ利用のための部屋が５つあります。１つのグループは３人以上でなければなりません。当館のホームページから予約する必要があります。当館の会議室は無料です。カフェテリアに飲み物を注文することができます。／カフェテリア：朝食時間は午前９時から午前10時までです。ランチメニューは午前10時から閉店まで注文することができます。

⑴＜要旨把握＞「初めて公共図書館を利用するために何が必要か」—A.「証明書」　On first visit「初回利用時」の１文目参照。

⑵＜要旨把握＞「会議室を使うために何をする必要があるか」—B.「予約をする」　「会議室」の項参照。

⑶＜内容真偽＞「公共図書館について正しい文章はどれか」　A.「公共図書館は生徒だけが利用できる」…×　B.「公共図書館では月曜日にグループ会議を開催できる」…×　月曜日は閉館している。　C.「電子書籍を読むための貸出コンピューターを使うには予約をする必要がある」…○　「貸出コンピューター」の項の内容に一致する。　D.「金曜日は午前11時に朝食を食べられる」…×

Ⅴ〔整序結合〕

⑴「～しましょうか」を Shall I ～? で表し，‘take＋人＋to＋場所’「〈人〉を〈場所〉に連れていく」の形を続ける。

⑵「～の２倍…」は ‘twice as … as ～’ で表せる。population「人口」の「多い」「少ない」は large, small で表すことに注意。

⑶「私は～するつもりです」なので I will ～で始め，‘send＋人＋物’「〈人〉に〈物〉を送る」の形をつくる。

Ⅵ〔和文英訳—完全記述〕

⑴文の骨組みは「本はどこにありますか？」→Where is the book? となる。「彼女が選んだ」は，which を目的格の関係代名詞として使って which she chose〔selected〕とまとめ，the book の後に置く。　choose－chose－chosen

⑵「公園に行きましょう」なので，Let's を用いて Let's go to the park で始め，「もし明日雨が降らなかったら」を接続詞 if「もし～なら」を使って ‘if＋主語＋動詞...’ の形で it doesn't rain あるいは it isn't rainy と表す。この it は ‘天候’ を表す主語となる用法。また，‘時’ や ‘条件’ を表す副詞節(if，when，before などから始まる副詞のはたらきをする節)では動詞は未来のことでも現在形で表すことに注意する。tomorrow「明日」は文末に置く。

⑶There is/are ～「～がある〔いる〕」の構文を用いる。「グラス１杯の水」は a glass of water。場所を表す on the table は主語の後に続ける。

2023年度／文化学園大学杉並高等学校（第１回）

数学解答

1 (1) $-\dfrac{6}{5}$　(2) $8x^2-\dfrac{14}{3}xy$　(3) 4

(4) $(4x+y-2z)(4x-y+2z)$

(5) $x=\dfrac{1\pm\sqrt{73}}{8}$　(6) $4\sqrt{2}$

(7) 27　(8) 6個　(9) $-\dfrac{8}{3}\leqq y\leqq 0$

(10) 誤りのある番号…④

正しい答え…$\dfrac{1}{2}(q+p)$

2 (1) $\dfrac{1}{18}$　(2) $m=6$, $n=7$

(3) 13個

(4) 方程式…$125\left(1+\dfrac{x}{100}\right)^2=245$

人数…175人

3 (1) 11π　(2) 3：1　(3) 56°

(4) $\dfrac{16\sqrt{5}}{3}$

4 (1) $(-2, 4)$　(2) 6　(3) $\dfrac{3}{2}$

(4) $y=3x+4$　(5) $y=-5x$

1〔独立小問集合題〕

(1)＜数の計算＞与式 $=\dfrac{1}{25}\times(-5-25)=\dfrac{1}{25}\times(-30)=-\dfrac{6}{5}$

(2)＜式の計算＞与式 $=6x^2-3xy-\left(-\dfrac{6x^2y-5xy^2}{3y}\right)=6x^2-3xy+\dfrac{6x^2-5xy}{3}=6x^2-3xy+2x^2-\dfrac{5}{3}xy=$ $6x^2-\dfrac{9}{3}xy+2x^2-\dfrac{5}{3}xy=8x^2-\dfrac{14}{3}xy$

(3)＜数の計算＞与式 $=\{(\sqrt{3})^2+(-5-3)\times\sqrt{3}+(-5)\times(-3)\}-\{(2\sqrt{2})^2-2\times2\sqrt{2}\times\sqrt{6}+(\sqrt{6})^2\}=(3-8\sqrt{3}+15)-(4\times2-4\sqrt{2\times6}+6)=(18-8\sqrt{3})-(8-4\sqrt{2^2\times3}+6)=18-8\sqrt{3}-(14-4\times2\sqrt{3})=18-8\sqrt{3}-14+8\sqrt{3}=4$

(4)＜式の計算―因数分解＞与式 $=16x^2-y^2+4yz-4z^2=16x^2-(y^2-4yz+4z^2)=16x^2-(y-2z)^2$ とし，$y-2z=A$ とおくと，与式 $=16x^2-A^2=(4x)^2-A^2=(4x+A)(4x-A)$ となる。A をもとに戻して，与式 $=(4x+y-2z)\{4x-(y-2z)\}=(4x+y-2z)(4x-y+2z)$ である。

(5)＜二次方程式＞両辺に12をかけて，$8x^2-2x=9$，$8x^2-2x-9=0$ となるから，解の公式より，$x=\dfrac{-(-2)\pm\sqrt{(-2)^2-4\times8\times(-9)}}{2\times8}=\dfrac{2\pm\sqrt{292}}{16}=\dfrac{2\pm2\sqrt{73}}{16}=\dfrac{1\pm\sqrt{73}}{8}$ である。

(6)＜数の計算＞与式 $=2x(y^2+1+2y)=2x(y^2+2y+1)=2x(y+1)^2$ とし，これに $x=\sqrt{2}$，$y=\sqrt{2}-1$ を代入すると，与式 $=2\times\sqrt{2}\times(\sqrt{2}-1+1)^2=2\times\sqrt{2}\times(\sqrt{2})^2=2\times\sqrt{2}\times2=4\sqrt{2}$ となる。

(7)＜数の計算＞$x-\dfrac{1}{x}=5$ より，$\left(x-\dfrac{1}{x}\right)^2=25$，$x^2-2+\dfrac{1}{x^2}=25$，$x^2+\dfrac{1}{x^2}=27$ である。

(8)＜数の性質＞p，q が異なる素数なので，p^2q の約数は，p^2 の約数$(1, p, p^2)$と q の約数$(1, q)$から1つずつ選んだその積で表せる。よって，1，p，p^2，q，pq，p^2q の6個である。

(9)＜関数―変域＞関数 $y=-\dfrac{1}{6}x^2$ は，x の絶対値が大きいほど，y の値は小さくなる。よって，x の変域が $-3\leqq x\leqq4$ においては，x の絶対値が最大の $x=4$ のとき y の値は最小となり，$y=-\dfrac{1}{6}\times4^2=-\dfrac{8}{3}$ である。また，x の絶対値が最小の $x=0$ のとき y の値は最大となり，$y=0$ である。よって，y の変域は，$-\dfrac{8}{3}\leqq y\leqq0$ となる。

⑽＜**関数―変化の割合**＞$\left(\frac{1}{2}q^2-\frac{1}{2}p^2\right)\div(q-p)$を計算すると，$\left(\frac{1}{2}q^2-\frac{1}{2}p^2\right)\div(q-p)=\frac{1}{2}(q^2-p^2)\div(q-p)=\frac{1}{2}(q+p)(q-p)\div(q-p)=\frac{1}{2}(q+p)$となる。これより，間違っている数式は④で，正しい数式は$\frac{1}{2}(q+p)$となる。

2 〔独立小問集合題〕

⑴＜**確率―さいころ**＞大小２個のさいころを同時に投げるとき，それぞれ６通りの目の出方があるから，目の出方は，全部で$6\times6=36$(通り)あり，出た目によって決まる点の座標も36通りある。このうち，関数$y=\frac{1}{4}x^2$上の点となるのは，(2, 1)，(4, 4)の２通りだから，求める確率は$\frac{2}{36}=\frac{1}{18}$である。

⑵＜**二次方程式―解の利用**＞二次方程式$x^2+mx+n=0$が$x=-3+\sqrt{2}$，$-3-\sqrt{2}$を解に持つので，方程式に$x=-3+\sqrt{2}$を代入して，$(-3+\sqrt{2})^2+m(-3+\sqrt{2})+n=0$，$9-6\sqrt{2}+2-3m+\sqrt{2}m+n=0$，$-3m+\sqrt{2}m+n=-11+6\sqrt{2}$……①となり，$x=-3-\sqrt{2}$を代入して，$(-3-\sqrt{2})^2+m(-3-\sqrt{2})+n=0$，$9+6\sqrt{2}+2-3m-\sqrt{2}m+n=0$，$-3m-\sqrt{2}m+n=-11-6\sqrt{2}$……②となる。①，②を連立方程式として解くと，①−②より，$\sqrt{2}m-(-\sqrt{2}m)=(-11+6\sqrt{2})-(-11-6\sqrt{2})$，$2\sqrt{2}m=12\sqrt{2}$，$m=6$となり，これを①に代入して，$-3\times6+\sqrt{2}\times6+n=-11+6\sqrt{2}$，$-18+6\sqrt{2}+n=-11+6\sqrt{2}$，$n=7$となる。

≪別解≫$x=-3+\sqrt{2}$，$-3-\sqrt{2}$を解に持つ二次方程式は，$\{x-(-3+\sqrt{2})\}\{x-(-3-\sqrt{2})\}=0$より，$\{x+(3-\sqrt{2})\}\{x+(3+\sqrt{2})\}=0$である。この左辺を展開すると，$x^2+\{(3-\sqrt{2})+(3+\sqrt{2})\}x+(3-\sqrt{2})(3+\sqrt{2})=0$，$x^2+6x+(9-2)=0$，$x^2+6x+7=0$となる。二次方程式$x^2+mx+n=0$も$x=-3+\sqrt{2}$，$-3-\sqrt{2}$を解に持つので，二次方程式$x^2+mx+n=0$は$x^2+6x+7=0$と同じ方程式となる。よって，$m=6$，$n=7$である。

⑶＜**数の性質**＞$[b]=5$となる自然数bは，７でわると５余る自然数である。bは７より大きい自然数なので，mを自然数として，$b=7m+5$と表せる。$m=1$のとき$b=7\times1+5=12$，$m=13$のとき$b=7\times13+5=96$，$m=14$のとき$b=7\times14+5=103$より，bが２けたの自然数になるのは，$m=1$，2，3，……，13のときだから，その個数は13個である。

⑷＜**二次方程式の応用**＞２回目の入場者数は，１回目の125人よりx％多かったので，$125\left(1+\frac{x}{100}\right)$人と表せる。３回目の入場者数は，２回目より$x$％多かったので，$125\left(1+\frac{x}{100}\right)\times\left(1+\frac{x}{100}\right)=125\left(1+\frac{x}{100}\right)^2$人と表せる。３回目の入場者数は245人だから，$125\left(1+\frac{x}{100}\right)^2=245$が成り立つ。これより，$\left(1+\frac{x}{100}\right)^2=\frac{49}{25}$，$1+\frac{x}{100}=\pm\frac{7}{5}$，$\frac{x}{100}=-1\pm\frac{7}{5}$，$x=-100\pm140$となり，$x=-100+140=40$，$x=-100-140=-240$である。$x>0$より，$x=40$だから，２回目の入場者数は，$125\left(1+\frac{x}{100}\right)=125\times\left(1+\frac{40}{100}\right)=125\times\frac{7}{5}=175$(人)である。

3 〔独立小問集合題〕

⑴＜**空間図形―面積**＞次ページの図１で，球Ｏを平面Ｐで切ったとき，切り口は円となる。点Ｏから平面Ｐに垂線OAを引くと，平面Ｐと球Ｏの中心との距離が５より，OA＝５となる。また，点Ａ

は切り口の円の中心となる。切り口の円の周上に点Bをとると，球Oの半径が6より，OB＝6となる。$\angle \mathrm{OAB}=90^\circ$ なので，△OABで三平方の定理より，$\mathrm{AB}^2=\mathrm{OB}^2-\mathrm{OA}^2=6^2-5^2=11$ となる。切り口の円は，半径がABなので，求める面積は，$\pi\times\mathrm{AB}^2=\pi\times11=11\pi$ である。

図1

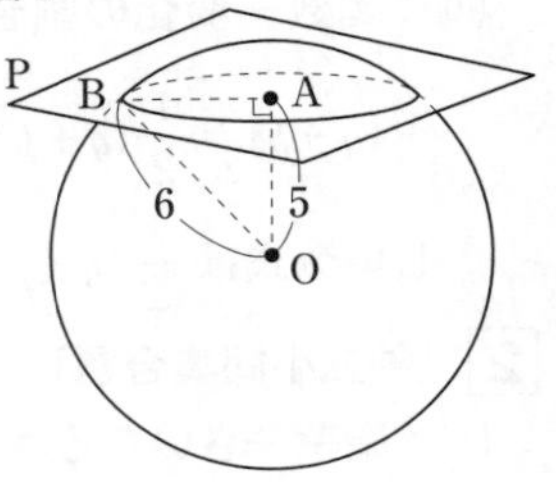

(2)**＜平面図形―長さの比＞**右下図2のように，点Bを通りADに平行な直線とCAの延長の交点をEとする。AD∥EBより，$\angle \mathrm{CAD}=\angle \mathrm{AEB}$，$\angle \mathrm{DAB}=\angle \mathrm{ABE}$ であり，$\angle \mathrm{CAD}=\angle \mathrm{DAB}$ だから，$\angle \mathrm{AEB}=\angle \mathrm{ABE}$ となる。よって，△AEBは二等辺三角形だから，AE＝AB＝10となり，AD∥EBだから，CD：DB＝CA：AE＝8：10＝4：5である。∠ACBの二等分線と辺ABの交点をFとし，点Dを通りCFに平行な直線と辺ABの交点をGとすると，CF∥DGより，FG：GB＝CD：DB＝4：5となり，$\mathrm{FG}=\dfrac{4}{4+5}\mathrm{FB}=\dfrac{4}{9}\mathrm{FB}$ と表せる。また，点Bを通りCFに平行な直線とACの延長の交点をHとすると，同様にして，△CBHは二等辺三角形となるから，CH＝CB＝6となり，AF：FB＝AC：CH＝8：6＝4：3となる。これより，$\mathrm{AF}=\dfrac{4}{3}\mathrm{FB}$ である。したがって，CF∥DGより，$\mathrm{AI}:\mathrm{ID}=\mathrm{AF}:\mathrm{FG}=\dfrac{4}{3}\mathrm{FB}:\dfrac{4}{9}\mathrm{FB}=3:1$ となる。

図2

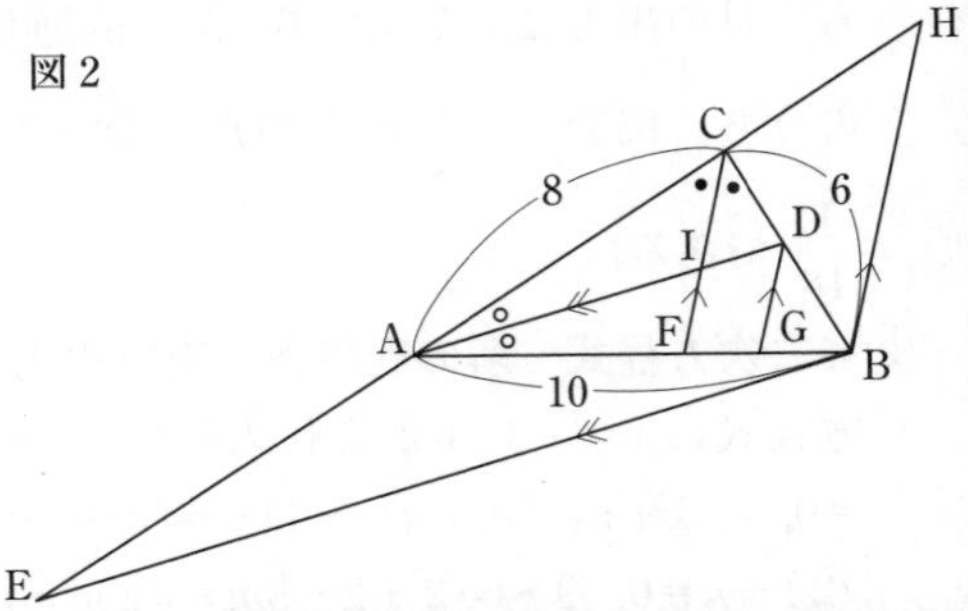

覚えておこう！

∠BAD＝∠CAD
のとき，
BD：DC＝AB：AC

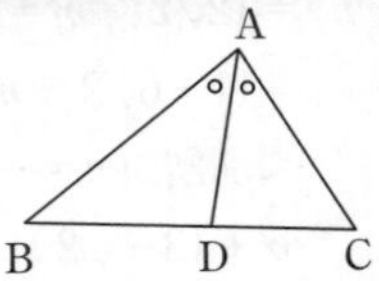

(3)**＜平面図形―角度＞**右図3のように，2点O，F，2点O，Dをそれぞれ結ぶと，点F，点Dは接点だから，$\angle \mathrm{OFB}=\angle \mathrm{ODB}=90^\circ$ である。また，$\overset{\frown}{\mathrm{FD}}$ に対する円周角と中心角の関係より，$\angle \mathrm{FOD}=2\angle \mathrm{FED}=2\times62^\circ=124^\circ$ となる。よって，四角形FBDOの内角の和が360°より，$\angle x=360^\circ-\angle \mathrm{OFB}-\angle \mathrm{ODB}-\angle \mathrm{FOD}=360^\circ-90^\circ-90^\circ-124^\circ=56^\circ$ である。

図3

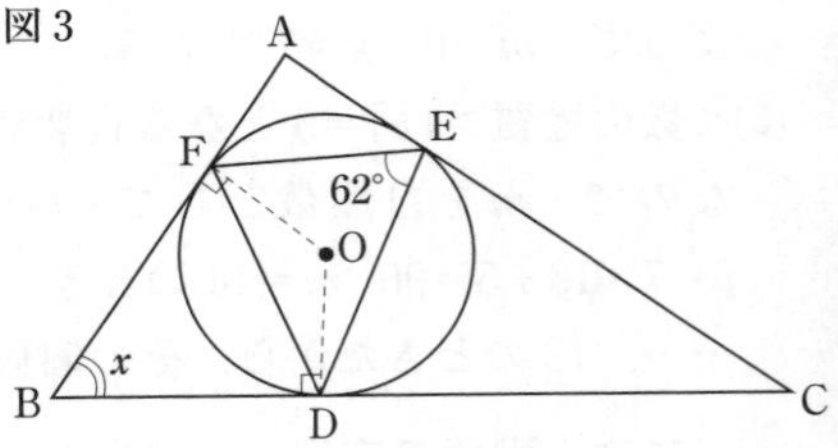

(4)**＜空間図形―面積＞**右図4で，$\mathrm{CH}=x$ とすると，$\mathrm{HD}=\mathrm{CD}-\mathrm{CH}=9-x$ と表せる。BH⊥CDだから，△BCHで三平方の定理より，$\mathrm{BH}^2=\mathrm{BC}^2-\mathrm{CH}^2=7^2-x^2=49-x^2$ と表せ，△BDHで三平方の定理より，$\mathrm{BH}^2=\mathrm{BD}^2-\mathrm{HD}^2=8^2-(9-x)^2=-x^2+18x-17$ と表せる。よって，$49-x^2=-x^2+18x-17$ が成り立ち，これを解くと，$-18x=-66$，$x=\dfrac{11}{3}$ となる。これより，$\mathrm{BH}=\sqrt{49-x^2}=\sqrt{49-\left(\dfrac{11}{3}\right)^2}=\sqrt{\dfrac{320}{9}}=\dfrac{8\sqrt{5}}{3}$ となる。$\angle \mathrm{ABC}=\angle \mathrm{ABD}=90^\circ$ より，AB⊥〔面BCD〕だから，$\angle \mathrm{ABH}=90^\circ$ であり，$\triangle \mathrm{ABH}=\dfrac{1}{2}\times\mathrm{AB}\times\mathrm{BH}=\dfrac{1}{2}\times4\times\dfrac{8\sqrt{5}}{3}=\dfrac{16\sqrt{5}}{3}$ である。

図4

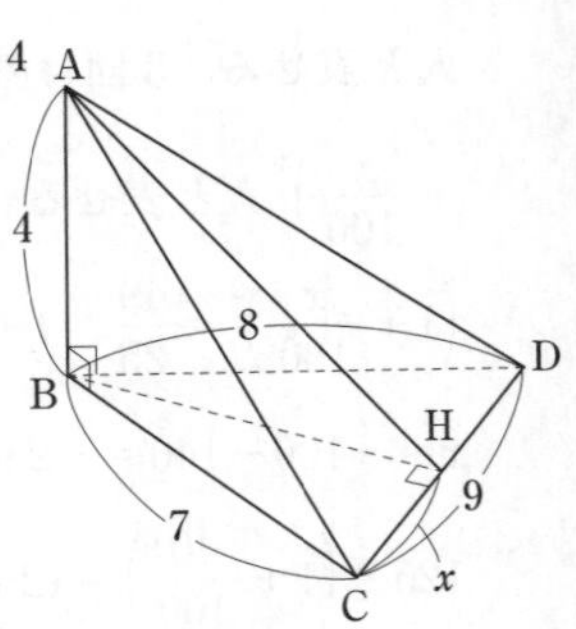

4 **〔関数―関数 $y=ax^2$ と一次関数のグラフ〕**

≪基本方針の決定≫(2)　BCを底辺と見る。　(5)　点Eを通ることに気づきたい。

⑴＜**座標**＞右図で，２点Ｂ，Ｃは放物線$y=x^2$上にあり，BC⊥〔y軸〕だから，２点Ｂ，Ｃはy軸について対称な点となる。よって，C(1，1)より，B(−1，1)となり，BCはx軸に平行だから，$\mathrm{BC}=1-(-1)=2$となる。また，四角形ABCDは平行四辺形だから，$\mathrm{AD}=\mathrm{BC}=2$である。ADも$x$軸に平行となり，点Ｄは$y$軸上の点だから，点Ａの$x$座標は$-2$となる。点Ａは，放物線$y=x^2$上の点だから，$y=(-2)^2=4$となり，A(−2，4)である。

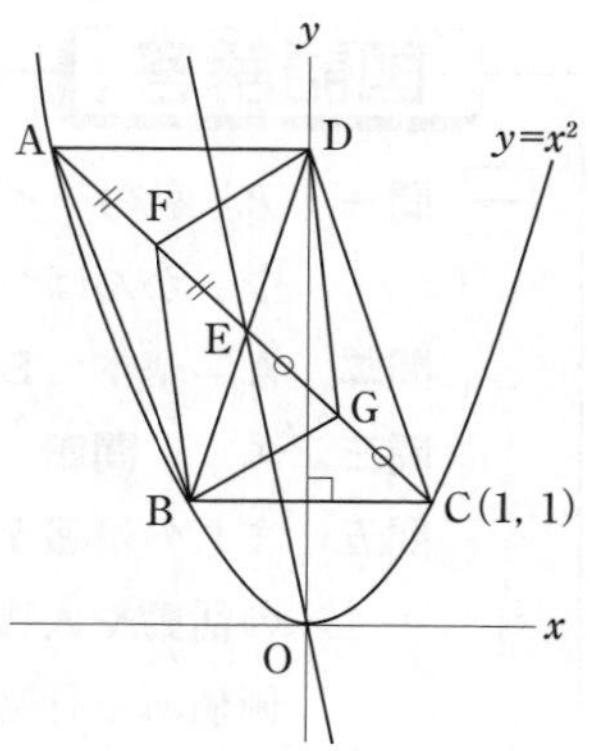

⑵＜**面積**＞右図で，⑴より，$\mathrm{BC}=2$である。また，BCはx軸に平行だから，▱ABCDの底辺をBCと見ると，高さは，２点Ａ，Ｂのy座標の差となる。A(−2，4)，B(−1，1)だから，高さは$4-1=3$となり，▱$\mathrm{ABCD}=2\times3=6$である。

⑶＜**面積**＞右上図で，四角形ABCDが平行四辺形であり，⑵より▱$\mathrm{ABCD}=6$だから，$\triangle\mathrm{ABD}=\triangle\mathrm{CDB}=\frac{1}{2}$▱$\mathrm{ABCD}=\frac{1}{2}\times6=3$である。また，$\mathrm{BE}=\mathrm{DE}$だから，$\triangle\mathrm{ABE}=\triangle\mathrm{ADE}=\frac{1}{2}\triangle\mathrm{ABD}=\frac{1}{2}\times3=\frac{3}{2}$となる。さらに，点Ｆは線分AEの中点だから，$\mathrm{AF}=\mathrm{FE}$より，同様にして，$\triangle\mathrm{BAF}=\triangle\mathrm{BEF}=\frac{1}{2}\triangle\mathrm{ABE}=\frac{1}{2}\times\frac{3}{2}=\frac{3}{4}$，$\triangle\mathrm{DAF}=\triangle\mathrm{DEF}=\frac{1}{2}\triangle\mathrm{ADE}=\frac{1}{2}\times\frac{3}{2}=\frac{3}{4}$となる。よって，$\triangle\mathrm{BDF}=\triangle\mathrm{BEF}+\triangle\mathrm{DEF}=\frac{3}{4}+\frac{3}{4}=\frac{3}{2}$である。

⑷＜**直線の式**＞右上図で，⑴より，B(−1，1)である。また，ADはx軸に平行だから，A(−2，4)より，D(0，4)である。よって，直線BDの傾きは$\frac{4-1}{0-(-1)}=3$となり，切片は４だから，求める直線の式は$y=3x+4$である。

⑸＜**直線の式**＞右上図で，四角形BGDFは平行四辺形であり，その対角線BD，FGの交点は点Ｅだから，▱BGDFは，点Ｅを対称の中心とする点対称な図形である。よって，原点Ｏを通り▱BGDFの面積を２等分する直線は，２点Ｏ，Ｅを通る直線となる。点Ｅは，線分BDの中点となるから，B(−1，1)，D(0，4)より，点Ｅのx座標は$\frac{-1+0}{2}=-\frac{1}{2}$，$y$座標は$\frac{1+4}{2}=\frac{5}{2}$であり，$\mathrm{E}\left(-\frac{1}{2},\ \frac{5}{2}\right)$である。これより，直線OEの傾きは$\left(0-\frac{5}{2}\right)\div\left\{0-\left(-\frac{1}{2}\right)\right\}=-\frac{5}{2}\div\frac{1}{2}=-5$だから，求める直線の式は$y=-5x$である。

＝読者へのメッセージ＝

③⑶で，円Ｏは，△ABCの３辺に接しています。このとき，円Ｏを△ABCの「内接円」，点Ｏを△ABCの「内心」といいます。三角形の「内心」は，角の二等分線の交点でもありますので，③⑵の点Ｉは，△ABCの「内心」となります。よって，③⑵の△ABCの３辺に接する円は，点Ｉを中心としてかくことができます。

国語解答

一 問一 ア 就労 イ 添加
ウ かんばつ

問二 A 基本 B 使命 C 合作

問三 エ 問四 イ

問五 まちの情報が集まりやすく，地域の活動や人物を紹介することで，価値ある行動を取っている人たちとの関係性を築くことや地域での信頼性を獲得できるから。(72字)

問六 エ

問七 事業性［を高めること］

問八 ⑴ A…イ B…ウ ⑵…ア
⑶ 引きこもりや病気で外に出られない，組織に参加できないような条件を抱えているなど，孤立した人たちが再び社会と接点を持つきっかけづくりの場として機能すること。(77字)
⑷ 具現化

二 問一 ア せんりつ イ 完璧
ウ まかな エ 輪郭 オ 凝視

問二 エ 問三 イ

問四 X 目標 Y 理想

問五 千学吹奏楽部は長い間実績を出していないため，このままでは強化指定部を外されてしまうから。
(44字)

問六 エ 問七 部長を～させる

問八 イ 問九 ⑴…エ ⑵…ア

問十 イ

問十一 部長の座を追われたことで全日本コンクールに出場するという目標を捨てたりしない(38字)

問十二 ウ

一〔**論説文の読解―社会学的分野―社会活動**〕出典；齋藤保『コミュニティカフェ　まちの居場所のつくり方，続け方』「コミュニティカフェの始め方・続け方　７つのツボから探る」／栗田勇『日本文化のキーワード　七つのやまと言葉』「〈間〉ということ」。

≪本文の概要≫コミュニティカフェは，地域の魅力を発信したい，暮らしの困りごとを解決したいといったまちのニーズや課題をふまえて，事業運営するものである。さまざまなコミュニティカフェで行われている活動は，同じような課題解決に取り組んでいるNPOや地域団体との関係づくりの輪を拡げる機会にもなるので，「共感ビジネス」といえる。さて，コミュニティカフェを始めたら，地域情報誌や地域情報サイトを発行するのがよい。コミュニティカフェには，まちの情報が自然と集まりやすいからである。また，相談ではなく取材という形式にすることで，地域の商店会長や自治会長，NPO法人やボランティア団体，企業の社長など，さまざまな人たちとゆっくり話ができ，自分たちの活動についても知ってもらえたり，そのような人たちとの信頼関係を築くきっかけとなったりするからである。とはいえ，コミュニティカフェでは，事業性ばかりを求めてはいけない。人と人とが出会い，交流する場をどのように提供し，居場所としてのんびり過ごせる「時間」や「空間」，孤立した個人や事業者と地域をつなぐ「隙間」としての役割をどう果たしていくかを考えていく必要がある。

問一＜漢字＞ア．「就労」は，仕事につくこと。　イ．「添加」は，ある物に何かを加えること。
ウ．「間伐」は，森林や果樹園で，適当な間隔で木を伐採すること。

問二＜語句＞A．「ベース」は，もとになるもののこと。　B．「ミッション」は，責任をもって果たすべき務めのこと。　C．「コラボ」は，「コラボレーション」の略で，共同してつくること。

問三＜文章内容＞コミュニティカフェは，単なるカフェと異なり，地域の魅力を発信したり，地域の課題解決を目指したりするため，地域の銘品や特産品を用いて，運営やイベントに地元住民が参加するなど，「地域の関係性」をいかした店舗空間を大事にする事業である。

問四＜文章内容＞コミュニティカフェは，単に地元を基盤にして飲食を提供し，事業性を高めていくことよりも，地域住民が居場所としてのんびりと過ごしたり，さまざまな人やグループが交流したりすることを重視している(イ…×)。

問五＜文章内容＞地域住民の交流の場であるコミュニティカフェには，まちの情報が集まりやすい。また，取材を通して，他の魅力的な活動を行っているグループや，地域で価値ある行動をしている人たちと関係を築くことができ，さらには地域での信頼性を高められる。そのため，「地域情報誌」や「地域情報サイト」でまちの情報を発信することは，コミュニティカフェにとって有効である。

問六＜文章内容＞取材なので，普通は相手の話を聞くことが主体である。しかし，取材活動という形式で話を聞いていくと，先方に自分の活動を積極的に宣伝をしなくても，興味を持ってもらえ，連携協力の関係づくりのきっかけとなることが多い。

問七＜文章内容＞カフェやレストラン事業としての成功という「事業性ばかり」に目を向けると，のんびりできる空間やさまざまな人どうしの交流の場の提供という，コミュニティカフェ本来の目的を達成することができなくなってしまう。

問八(1)＜漢字＞A．「対照」と書く。アは「対称」，ウは「対象」，エは「大将」，オは「大正」。
B．「極意」と書く。アは「局所」，イは「婉曲」，ウは「極致」，エは「隣国」，オは「地獄」。
(2)**＜文章内容＞**日本人は「間」という言葉を，空間や時間の切れ目として無意識に使い分けており，日本語として空間と時間の明確な区別がない以上，「間」を外国語に翻訳することは難しいと考えられる。　(3)**＜主題＞**コミュニティカフェには，社会で孤立しがちな人たちの受け皿となることや，商店街などに加盟できない地元の事業者との関係を築くことなど，彼らと地域や社会との「隙間」を埋める存在としての役割がある。　(4)**＜語句＞**「具現化」は，アイデアのように形のないものを，実際の商品やサービスといった具体的な形あるものにすること。コミュニティカフェでは，「時間」「空間」「隙間」「人間」という４つの「間」をどのように具体的につないでいくかを，考えていくことが求められる。

二　**〔小説の読解〕**出典；額賀澪『風に恋う』。

問一＜漢字＞ア．「旋律」は，リズムを伴った楽音の連なりのこと。　イ．「完璧」は，欠点が全くないさま。　ウ．「賄う」は，費用などを用意する，という意味。　エ．「輪郭」は，物の外形を形づくっている線のこと。　オ．「凝視」は，集中して見ること。

問二＜慣用句＞「猫を被《かぶ》る」は，表面上おとなしく見せる，という意味。「窮鼠猫を嚙《か》む」は，弱い者であっても追い詰められると強い者に反撃する，という意味。「鳶が鷹《たか》を生む」は，平凡な親が優れた子どもを生む，という意味。「鰯《いわし》の頭も信心から」は，一度信じてしまえばどんなにつまらないものでもありがたく思える，という意味。「虎の威を借る狐《きつね》」は，自分の背後にいる者の権威を利用して威張る，つまらない人物のこと。

問三＜心情＞基は，部活とは関係ない話をするような，あまりやる気のない先輩たちに流されることなく，自分も堂林のように部の目標の全日本吹奏楽コンクールへの出場を目指して，一人でも練習に集中するべきだと考えたのである。

問四＜**文章内容**＞瑛太郎は，吹奏楽部がただ全日本に出場するという目標を持つだけで練習がマンネリ化している点を指摘し，一人ひとりが「こんな風に演奏したい」という理想を持つべきだと伝えようとした。

問五＜**文章内容**＞吹奏楽部は，強化指定部として優遇されてきたものの，「もう六年」全日本に出場しておらず，これ以上実績を出せなければ，強化指定部を外されることになる。強化指定部でなくなると，他の部より多い予算や，実質専用練習場となっている音楽室の利用といった特権が失われることが考えられるのである。

問六＜**文章内容**＞瑛太郎は，目標は同じ全日本への出場だからがんばろうと部員たちを励ましながらも，これから伝える「部をぶっ壊す」という宣告に備えさせようと，口元だけの笑顔を見せた。そして，その宣告の後は，新部長とともに部を再生しようという意欲を込めて，瑛太郎は心からの笑顔を見せたのである。

問七＜**文章内容**＞瑛太郎は，吹奏楽部を全日本に出場できるような部にするには，部を「一度ぶっ壊して作り直した方がいい」という意見を出した一年生の基を，三年生の玲於奈にかわって部長にするような，大きな変化が必要であると考えたのである。

問八＜**文章内容**＞玲於奈は，大勢で瑛太郎に抗議するのをひきょうなこととし，むしろ個人として瑛太郎から自分が納得できる回答を得ようとする，まっすぐな性格の人物として描かれている。「正々堂々」は，ひきょうなことをせず，態度などが正しく立派なさま。

問九(1)＜**語句**＞「ばつが悪い」は，他人に対して面目が立たないさま。また，きまりが悪いさま。
(2)＜**文章内容**＞玲於奈は，基の動画をネットに上げたことを瑛太郎に指摘され，きまりが悪くなったのである。

問十＜**心情**＞「合点がいく」は，納得できる，という意味。玲於奈は，瑛太郎が部長を基にすると決断した理由の一つが，自分がネットに上げた基の演奏動画にあると知り，ようやく瑛太郎の部長交代という提案に納得することができたのである。

問十一＜**文章内容**＞玲於奈は，部長を下ろされた自分のプライドを守るために，全日本コンクールに出場するという入部以来の目標を捨てるようなことはせず，練習に励んでいこうとする強さがあると，瑛太郎は考えたのである。

問十二＜**心情**＞玲於奈は，「本音を飲み込んで，心を静め」て，部長交代を受け入れた。瑛太郎は，玲於奈を，部長を一年生と交代させられるという理不尽を我慢して，千学が全日本に出場するためには大胆な吹奏楽部の改善が必要であることを冷静に認めることのできる強さを持った人物として，一目置いたのである。

2023年度 文化学園大学杉並高等学校(第２回)

【英　語】 (50分) 〈満点：100点〉

I Listen to the conversation and answer the questions about it. You will hear the conversation and questions twice.

■リスニングテストの音声は，当社ホームページで聴くことができます。(実際の入試で使用された音声です)
再生に必要なユーザー名とアクセスコードは「収録内容一覧」のページに掲載しています。

(1)
A. By train.
B. By bus.
C. By car.
D. By bike.

(2)
A. About 20%.
B. About 25%.
C. About 50%.
D. About 75%.

(3)
A. In Yamanashi.
B. In the Arctic Circle.
C. In forests.
D. In zoos.

(4)
A. A park in town.
B. A park near the forest.
C. A shopping street in town.
D. A street near the forest.

(5)
A. Some Japanese food.
B. Some Japanese tea.
C. Some books with many pictures of birds.
D. Some books with many pictures of flowers.

※　リスニングテスト放送文は，英語の問題の終わりに付けてあります。

Ⅱ Read the passage from Part A to Part B and answer the questions from (1) to (10).

[Part A]

マリエのお母さんは今年の夏、出産予定である。マリエたちは baby shower(北米で広く行われている妊婦さんをお祝いするパーティー)を計画することになった。

〔編集部注…課題文は著作権上の問題により掲載しておりません。作品の該当箇所につきましては次の書籍を参考にしてください〕

松崎博『Listen & Repeat 使える英語を身につける』〈The Japan times,2000〉

使用ページは偶数ページのみ。P.98 の下から４行目～P.102 の 12 行目。

*be accustomed to… …するのに慣れる　*a variety of… 様々な…

*be expecting a baby 出産の予定である　*where～　そこで (パーティーで)～

*guest of honor 主賓（ひん）*immediately すぐに　*cannot stop … ing … せざるをえない

*next to impossible ほとんど不可能　*take place 開催される　*blank 宛名のない

*hand out… ….を配る　*whom to do… 誰に…すべきか

使用ページは偶数ページのみ。P.102の下から３行目～P.106の下から２行目。

*appetite 食欲　*sense... ...を感じる　*quilt group キルトを作るサークル
*brunch 朝食と昼食を兼ねた食事　*suspect... ...を疑う　*hand... ...を手渡す

使用ページは偶数ページのみ。P.106 の下から１行目～P.110 の１行目。

*not less than… 少なくとも…　*distribute… …を配布する
*no sooner… than～ …するとすぐに～

Questions about Part A

(1) What are usually given to a woman at a “baby shower”?
A. Food.
B. Drinks.
C. Presents.
D. Money.

(2) According to Marie’s father, when were Yuko, Sue and Chris going to come to Marie’s house on the coming Sunday?
A. About 10 a.m.
B. About 11 a.m.
C. About noon.
D. About 1 p.m.

(3) How many invitation cards were prepared in total?
A. 5 invitation cards.
B. 15 invitation cards.
C. 20 invitation cards.
D. 25 invitation cards.

(4) Who helped Marie the most in deciding who she should invite?
A. Courtney.
B. Rachel.
C. Katy.
D. Marie's father.

(5) Which was NOT true about Aunt Diana?
A. She lived near Marie's house.
B. She was not Marie's real Aunt.
C. She was sorry that she couldn't come to the party.
D. She always said that she was her aunt.

(6) Where did Marie's father decide to take his wife on Sunday?
A. To a shopping mall she wanted to go to.
B. To a mountain she wanted to go to.
C. To a restaurant she wanted to go to.
D. To a park she wanted to go to.

(7) What was Aunt Diana going to do for Marie's mother?
A. Sing a song.
B. Make a big chocolate cake.
C. Play the piano.
D. Make a small chocolate cake.

[Part B]

〔編集部注…課題文は著作権上の問題により掲載しておりません。作品の該当箇所につきましては次の書籍を参考にしてください〕

松崎博『Listen ＆ Repeat 使える英語を身につける』〈The Japan times,2000〉

使用ページは偶数ページのみ。P.110 の２行目～P.114 の４行目。

*pick out 選ぶ　*out of one's sight…の見えないところに　*ask a favor of… …にお願いする

Questions about Part B

(8) Who did Marie and her father ask to keep the big gift box so that her mother would not notice it ?

A. Aunt Diana.

B. Rachel.

C. Katy.

D. Courtney.

(9) Choose the one that was NOT about Saturday.

A. Marie couldn't sleep well because she was thinking of the schedule for the following day.

B. Marie went shopping with her father and chose decorations for the party.

C. Marie and her father got a Teddy bear as a present for her future brother.

D. Marie went to a restaurant with her mother and father and talked about the names of the new baby.

(10) On Sunday morning, what did Marie's mother probably do when she said to Marie, "Time to wake up!"?

A. She knocked on the door.

B. She made a loud noise.

C. She turned on the TV.

D. She opened the window.

Ⅲ Read the passage and choose the correct letter from A to J to fill in the blanks.

Konbini, sūpā, depāto

Lots of English words are used in Japanese. That is a good thing for the English learner. You do have to be careful, though. (　　1　　) Japanese people like to shorten things and that's the problem with our topics today—*konbini, sūpā* and *depāto.*

Konbini is a shortened form of the original word,"convenience store."English native speakers do not understand the shortened Japanese word, so make sure you use the original. Here are some examples: "You can buy ready-to-eat meals in most convenience stores." "In big cities in Japan, it seems like there's a convenience store on every corner." There are also other names for them. British friends tell me people in the U.K. call them "corner shops" or "corner stores." In the U.S. they're often run by a family. (　　2　　) Look at this example: "I always get a newspaper at the mom and pop across the street."

Another word that has been shortened is *sūpā.* (　　3　　) If you tell a native speaker, "You can get boxed lunches in any *sūpā*", I'm afraid they won't understand *what you're saying. You need to use the whole word, "supermarket." When I was younger, there were only "grocery stores" or "grocers". Then the store got bigger, much bigger. (　　4　　) Supermarkets these days are even bigger; they sell everything. They have gotten a new name, "superstore."

Some people *define "superstore" as "a combination of a *sūpā* and *a depāto*"—a supermarket and a department store. Be sure to use both words: "department store." Take a look at this example: "The department store is having a bargain sale on summer clothing." "Bargain sale" is another example of Japanese English, but it's not shortened. (　　5　　) Those lower-priced things you buy are bargains. The word "sale" is enough; there's no need to use the longer "bargain sale."

Everybody wants to save money these days, but you can't stop shopping completely. Bye!

(*The Japan Times* **alpha**, July 15, 2022)

*what S V　S が V すること　*define A as B　A を B と定義する

A. The husband, wife and children work in the store, so they're called "family stores."

B. The husband, wife and children work in the store, so they're called "mom and pop stores."

C. Sometimes those words have been changed and don't have the same meaning anymore.

D. Sometimes those words haven't been changed and have the same meaning.

E. They became supermarkets.

F. They became superstores.

G. Stores have sales; they sell things at a lower price than usual.

H. Stores have sales; they buy things at a lower price than usual.

I. I'm sure you already know the original, "superstore."

J. I'm sure you already know the original, "supermarket."

Ⅳ Read the information below and choose the best answers to fill in the blanks.

Halloween Pumpkins !

Why don't you make your own Jack O' Lantern?
Enjoy this American tradition with your family and friends!

Real Halloween Pumpkin

－Large (21-25cm) $28.50
－Medium (16-20cm) $25.50
－Small (10-15cm) $18.50

①Keep in a cool dry place. Because of the *humidity in Japan, the pumpkins will only*last for 2-3 days, so wait until just before Halloween to *carve it.
②These pumpkins are for decoration only—they are NOT for eating!

Pumpkin Carving Tool $16.50
Adults should watch kids when they're using this carving tool.

A Dozen Tealights $9.50
(*Diameter 3cm)
If you put these tealights in your carved pumpkins, they look nice!

Order as soon as possible. Our pumpkins sell out fast each year !

*Pre-ordering *recommended*
Order your pumpkin by October 3rd, and you will get it without fail before October 31st.

***Shipping fee**
①Shipping to Japan is $25.00.
②Spend $70 or more, and shipping is free.

*humidity 湿度　*last 長持ちする　*carve... ...を彫刻する　*diameter 直径
*pre-ordering 予め注文すること　*recommend... ...を勧める　*shipping fee 送料

You are living in Tokyo and want to make some Jack O' Lanterns this year.

(1) If you buy a large Halloween pumpkin, a medium Halloween pumpkin and a pumpkin carving tool, you have to pay (　　　) in total.

A. $54.00
B. $70.50
C. $88.50
D. $95.50

(2) If you want to pre-order a Halloween pumpkin, you (　　　).

A. must order it before October 31st
B. must order it by October 21st
C. shouldn't order it after October 4th
D. should order it during the second week of October

(3) It is true that (　　　).

A. a tealight is too big to put in a small size pumpkin
B. kids can use a pumpkin carving tool by themselves
C. you are advised to carve your Halloween pumpkin around October 30th
D. you can eat your Halloween pumpkin after October 31st

Ⅴ Put the words in the correct order. Use capital letters where needed.

(1) 赤いドレスを着ている女の子は誰ですか。
(the red dress / wearing / the girl / who / is)?

(2) 教室の中には、生徒は見当たりません。
(the classroom / in / be / students / can / seen / no).

(3) 田中さんが名古屋に引っ越して一年になります。
(a year / since / Nagoya / to / is / it / moved / Mr. Tanaka).

Ⅵ Make an English sentence for each question using the given word.

(1) もし明日寒ければ、私は家にいます。(it)

(2) 彼のように歌うことができたらなあ。(wish)

(3) あなたはできるだけ早く出発すべきです。(can)

＜リスニングテスト放送文＞

Mr. Brown and Ayako are in a classroom. They are talking about their summer vacations.

Mr. Brown: Hi, Ayako. How was your trip with your family?

Ayako: Hello, Mr. Brown. It was very good. We went to Yamanashi by train. We enjoyed watching some beautiful birds in a forest there. I have some pictures here. Do you want to see them?

Mr. Brown: Yes. Oh, they are very beautiful. There are many beautiful birds. I can see many people in this picture. Is it a popular place to watch birds in Japan, Ayako?

Ayako: Yes. A lot of people go to this forest to watch birds. However, I'm worried about something. I feel the number of birds seems to be smaller than before. Maybe it is because of global warming. A newspaper said the number of birds has decreased by about a quarter since 1992.

Mr. Brown : Oh, I didn't know about that.

Ayako : Not only birds but also many kinds of animals are disappearing from the earth. The polar bears in the Arctic Circle are a good example. This is really sad, but in the future, we may not be able to see many kinds of animals except in zoos.

Mr. Brown : We really have to think about the global environment for the next generation.

Ayako : Indeed. Well, what did you do this summer?

Mr. Brown : My parents came to Japan to see me two weeks ago. They stayed in Japan for a week. We went to one of the oldest shrines in Tokyo. It was a very beautiful shrine. My parents were surprised that the shrine was surrounded by a forest. That's because they didn't know there was a beautiful forest in the center of Tokyo.

Ayako: Ah!! Really. I love going to shrines, too. On New Years Day, I usually go there and pray for the year's happiness. By the way, did your parents enjoy eating Japanese food?

Mr. Brown : Yes. They liked it very much, especially the *sushi.* I showed them how to eat it. After lunch we went to a shopping street in town. My parents bought some Japanese tea for their friends. Did you buy anything for your friends when you were in Yamanashi?

Ayako: Yes. I bought some books for my friends. The books have many beautiful pictures of birds in them.

Mr. Brown : That's good. Oh, we have to start our English club soon. Will you talk about your trip to other students in the club?

Ayako : Sure. I will.

Q1: How did Ayako and her family go to Yamanashi?
Q2: According to a newspaper, what percentage of birds has decreased since 1992?
Q3: According to Ayako, where may we only be able to see many kinds of animals in the future?
Q4: Where did Mr. Brown and his parents go after lunch?
Q5: What did Ayako buy for her friends?

【数　学】（50分）〈満点：100点〉

1 次の各問いに答えなさい。ただし，答えが分数のとき，分母は $\sqrt{\ }$ がつかない形にすること。

(1)　$-4^2 \div 2 + (-6)^2$　を計算しなさい。

(2)　$(\sqrt{3}+5)^2 - \dfrac{\sqrt{60}}{\sqrt{5}}$　を計算しなさい。

(3)　$2a + b - \dfrac{5a+3b}{2}$　を計算しなさい。

(4)　$(x+3)(x-3)-(x-2)(x+4)$　を計算しなさい。

(5)　連立方程式 $\begin{cases} 2(x+y)=x-3 \\ 2x-y=4 \end{cases}$　を解きなさい。

(6)　$(a+b)^2-4(a+b)+4$　を因数分解しなさい。

(7)　等式 $c=\dfrac{2a-b}{9}$ を a について解きなさい。

(8)　2 次方程式 $3(x+4)(x-4)-10x-4=(x-2)^2$ を解きなさい。

(9)　関数 $y=ax^2$ について，x の変域が $-2 \leqq x \leqq 4$ のとき，y の変域が $0 \leqq y \leqq 8$ である。a の値を求めなさい。

(10)　下の資料は，あるサッカーの大会における出場選手 10 名のシュート回数を記録したものである。
この資料についての説明で下線部が間違えているものを，次の ①～④ から1つ選び，正しい答えを書きなさい。

資料　シュート回数(回)

10	10	9	13	10	21	29	11	15	9

① シュート回数の範囲は 20回 である。
② シュート回数の中央値は 11回 である。
③ シュート回数の第 3 四分位数は 15回 である。
④ シュート回数の四分位範囲は 5回 である。

2 次の各問いに答えなさい。

(1) $7\sqrt{2}-3$ の整数部分の値を求めなさい。

(2) 青玉2個，白玉1個，黒玉3個が入った袋から玉を取り出す。1個取り出して色を確認してから袋にもどし，また1個取り出すとき，連続で青玉を取り出さない確率を求めなさい。

(3) 2023を13で割ったとき，小数第50位の数を求めなさい。

(4) 文子さんは自転車に乗って毎分150 m の速さで，杉男さんは歩いて毎分90 m の速さで，それぞれ学校から駅に行くことにした。文子さんは学校を出発して，駅までの道のりのちょうど半分の地点で忘れ物に気づき，学校に引き返し，忘れ物を持って，すぐに駅に向かった。杉男さんは，文子さんがはじめに出発してから9分後に学校を出発した。2人が同時に駅に着いたとするとき，学校から駅までの道のりを x m として方程式を作り，x の値を求めなさい。

3 次の各問いに答えなさい。

(1) 次の図において，$\angle x$ の大きさを求めなさい。

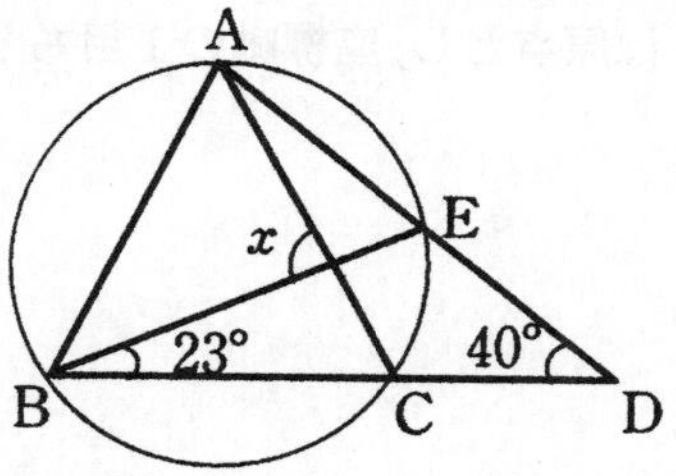

(2) 表面積が $64\pi\ \mathrm{cm}^2$ である球の体積を求めなさい。

(3) 下の図のように，$\angle BAC = \angle CAD = \angle DAB = 90°$，$AB = AC = AD = 2$ cm の三角錐 A － BCD がある。辺 BC の中点を E とし，辺 AC 上に点 F をとって，点 E と F，F と D をそれぞれ結ぶ。線分 EF と FD の長さの和の最小値を求めなさい。

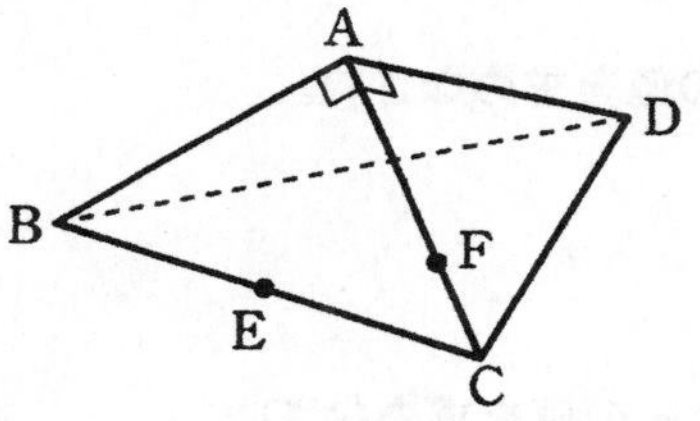

(4) 下の図のように，円 O と 1 辺の長さが 6 cm の正方形 ABCD がある。円 O は点 E で辺 AB に接し，点 C, D は円 O の周上にある。このとき，円 O の半径を求めなさい。

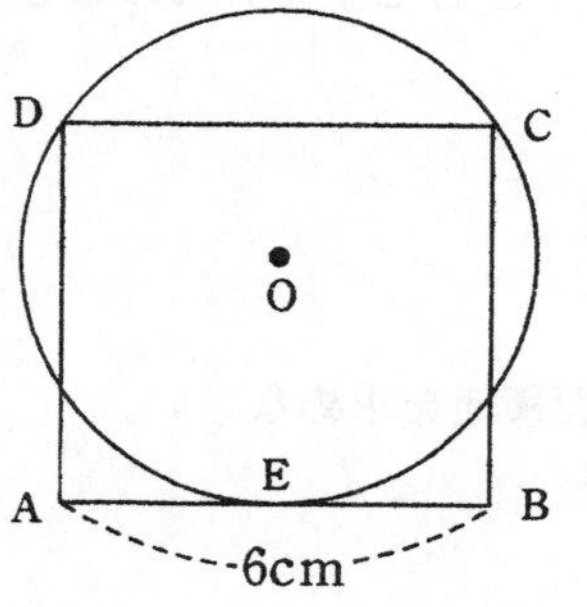

4

下の図のように，関数 $y=ax^2\ (a>0)$ …… ① のグラフがある。① のグラフ上に点 A, B, x 軸上に点 C, D を四角形 ABCD が長方形となるようにそれぞれとる。また，点 D の x 座標は 2 である。

このとき，次の各問いに答えなさい。ただし，O は原点とし，座標軸の 1 目もりを 1 cm とする。

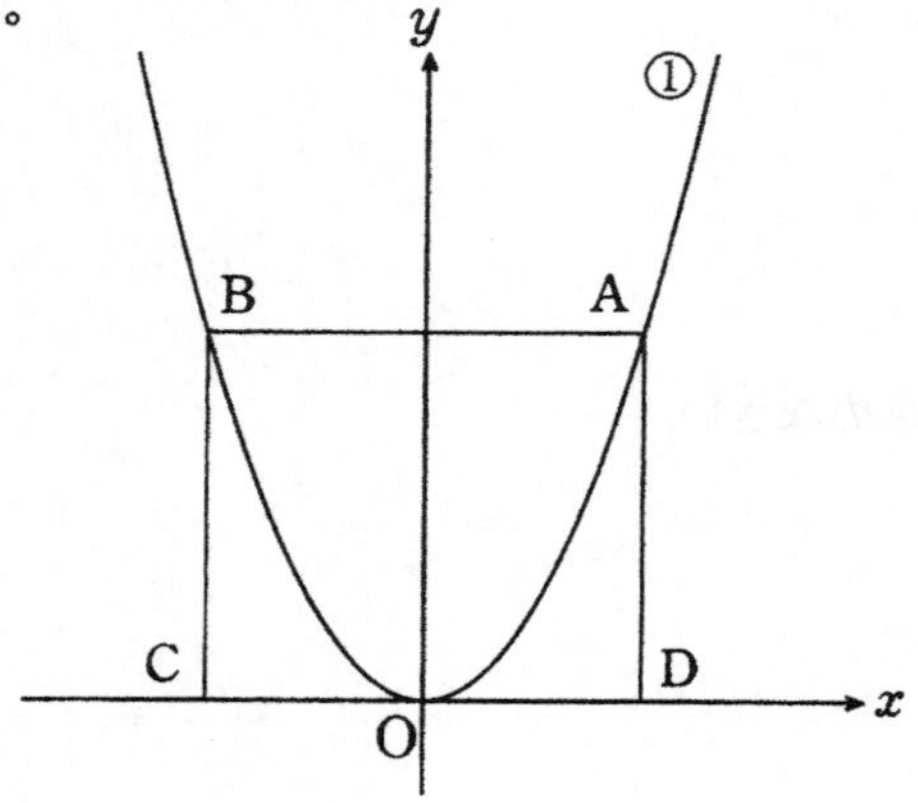

(1) 四角形 ABCD が正方形となるような a の値を求めなさい。

(2) $\mathrm{AC}=4\sqrt{3}$ cm となるような a の値を求めなさい。

(3) 直線 AC の傾きが 2 となるような a の値を求めなさい。

(4) 直線 AC と ① の交点のうち，A でない方を E とする。このとき，点 E の x 座標を求めなさい。

(5) (4)のとき，△ABE と四角形 ABCD の面積比を求めなさい。

問十二　傍線部⑪「コート整備をするあいだ、誰も口をきかなかった」とありますが、その理由として考えられるものを次のア～オから二つ選び、記号で答えなさい。

ア　みんなで末永に直接謝罪をしたわけではなかったが、二十四人のわだかまりが太二の挙動をきっかけに解消され、さきほどまでとは正反対の連帯感を感じ取ることができたから。

イ　太二のおかげで協働の喜びに気づくことができた二十四人だったが、末永に対する罪悪感だけは消すことができず、最後まで明るく会話する気持ちを持てなかったから。

ウ　ただ一人ハメられてしまった末永に対する罪悪感や猜疑心《さいぎしん》から解放され、太二のしてくれたことへの感謝、また難題が解決したことによる満足感にみんながひたっていたから。

エ　嫌々やらされてきたグーパーじゃんけんを今後しなくてよくなったことがとても嬉《うれ》しくて、二十四人が前よりも楽な気持ちで練習に励めるのではないかと期待していたから。

オ　末永をハメたことへの罪悪感と、ハメられてつらかっただろう末永に対する贖罪《しょくざい》の気持ちがみんなの心の中に残っており、その気まずさによってコート整備に没頭していたから。

問九　傍線部⑨「自分の甘さに腹が立った」とありますが、その理由として最適なものを次のア～エから選び、記号で答えなさい。

ア　休み時間の様子から、武藤が自分で昨日のことを先生かキャプテンに打ち明けたと都合よく思ってしまったから。

イ　一年生の様子がおかしいので、昼休みに先生かキャプテンが様子を見に来てくれるだろうと期待していたから。

ウ　休み時間の武藤の様子から、二年生が昼前に末永に謝り、全てが解決しているだろうと甘く見ていたから。

エ　一年生だけの問題ではないので、二年生も昼休みには来てくれるであろうと安易に頼っていたから。

問十　空欄Xに最適な漢字一字を補いなさい。

問十一　傍線部⑩「ぼくはチョキをだしていた」とありますが、この場面の説明として最適なものを次のア～エから選び、記号で答えなさい。

ア　「昨日と同じ最悪の展開」を避ける方法を前夜から考え抜いた太二だが、「テニススクール時代の父のVサイン」を偶然想起し、試しに同じサインをじゃんけんで出すと、意外にも久保が絶妙の反応を返してくれたという場面である。

イ　とっさに頭をよぎった「テニススクール時代の家族のポーズ」を太二が無意識にとってしまったことが、「昨日と同じ最悪の展開」を回避する最善策につながった、そんな偶然の一瞬をとらえた場面である。

ウ　「昨日と同じ最悪の展開」に胸騒ぎを覚えていた太二だが、「テニススクール時代の父のポーズ」からヒントを得てVサインを出したところ一気にその場の緊張がほどけ、みんなつられてチョキを出し始めてしまったという場面である。

エ　追い詰められた太二が苦肉の策でとった「テニススクール時代の家族のポーズ」がみんなに受け入れられ、コート整備の問題解決へと一気につながっていく場面である。

問四　傍線部③「なかなかイスを立とうとしない」とありますが、この時の父の心情として最適なものを次のア～エから選び、記号で答えなさい。

ア　太二の本心を引き出すことができない自分を情けなく思う気持ち
イ　自分に隠しごとをしている太二を不審に思う気持ち
ウ　本当は別のことが言いたかったのではないかと太二を心配する気持ち
エ　なかなか悩みをうち明けてくれない太二をじれったく思う気持ち

問五　傍線部④「やるだけのことはやってやろう」とありますが、太二は何をどうしようとしているのですか。その内容として適切な部分を、これより前から十五字で抜き出しなさい。

問六　傍線部⑤「歯が立たなかった」、傍線部⑥「手も足も出ない」は、共に何に対する誰のどのような様子を表した言葉ですか。三十字以内で答えなさい。

問七　傍線部⑦「釘を刺して」の意味として最適なものを次のア～エから選び、記号で答えなさい。

ア　お願いして　イ　敬遠して　ウ　念を押して　エ　禁止して

問八　傍線部⑧「自分のするべきこと」とありますが、どのようなことですか。五十字以内で答えなさい。

問二　傍線部①「ぼくがためらっている」とありますが、なぜためらっているのですか。最適なものを次のア～エから選び、記号で答えなさい。

ア　父の見当違いの返答に対してあきれてしまい、言葉を失ったから。

イ　父は豆腐屋のことで忙しく、テニスをして腰を痛めては大変だから。

ウ　どんな時でも前向きな父には自分の悩みを理解してもらえると思えなかったから。

エ　父は豆腐屋のことで頭がいっぱいで、自分の悩みを聞いてくれるゆとりはなさそうだったから。

問三　傍線部②「父はいったん視線をはずしてから小さくうなずいた」とありますが、この時の父の説明として最適なものを次のア～エから選び、記号で答えなさい。

ア　自分の欲しいものばかりねだると思った息子が、自分のことよりも家族のだんらんを熱望したことで、仕事にかまけている間に息子が大きく成長していたのだと気づいて感無量の様子。

イ　仕事を最優先させる父親として家族からどう見られているのかをずっと気にしていたが、不意をつくような息子の言葉から、やはり家族からうらまれていたのだと思い知らされ焦っている様子。

ウ　豆腐屋になるという夢を自分が追いかけたために家計が苦しくなったのに、ほしいものもねだらず父を応援する姿勢だけを見せようとする健気な息子に対し、謝罪と感謝の気持ちがこみ上げうまい返答を探している様子。

エ　息子の不意の一言によって、家庭を顧みるゆとりを自分が失していたこと、息子のほうが自分よりも家族の絆《きずな》を大切に意識していたことに図らずも気付かされ、瞬間的に返す言葉を失った様子。

武藤からのサインをうけて、ぼくは末永にVサインを送った。末永は自分の手のひらを見つめながらパーをチョキにかえて、輪のなかにさしだした。

「明日からのコート整備をどうするかは、放課後の練習のあとで決めよう。時間もないし、今日はチョキがブラシをかけるよ」

そう言って、ぼくが道具小屋にはいると、何人かの足音がつづいた。ふりかえると、久保と武藤と末永のあとにも四人がついてきて、ぼくは八本あるブラシを一本ずつ手わたした。

⑪コート整備をするあいだ、誰も口をきかなかった。ぼくの横には久保がいて、ブラシとブラシが離れないように歩幅をあわせて歩いていると、きのうからのわだかまりが消えていく気がした。となりのコートでは武藤と末永が並び、長身の二人は大股でブラシを引いていく。コートの端までくると、内側の武藤が歩幅を狭くしてきれいな弧を描き、直線にもどれば二人ともがまた大股になってブラシを引いていく。

ぼくたちはこれまでよりも強くなるだろう。チーム全体としても、もっともっと強くなれるはずだ。

ぼくはいつか、テニス部のみんなに、父がつくった豆腐を食べさせてやりたいとおもった。さらに、このコートで家族四人でテニスをしたいとおもい、押入れにしまってある四本のラケットのことを考えた。ぼくはブラシを引きながら、胸のなかで父と母と姉にむかってVサインを送った。

（佐川　光晴『大きくなる日』「第七話　四本のラケット」より）

設問において字数を指定された場合は、記号、句読点も一字とする。

問一　二重傍線部ア〜オの漢字はひらがなに、カタカナは漢字に直しなさい。

給食の時間がおわり、ぼくはテニスコートにむかった。しかし集まったのは一年生だけだった。ぼくは落胆するのと同時に⑨自分の甘さに腹が立った。

いつものように二十四人で輪をつくったが、誰の顔も緊張で［X］ざめている。末永にいたっては、歯をくいしばりすぎて、こめかみとあごがぴくぴく動いていた。いまさらながら、ぼくは末永に悪いことをしたと反省した。

しかしこんな状況で、きのうはハメて悪かったと末永にあやまったら、どんな展開になるかわからない。武藤をはじめとするみんなからは、よけいなことを言いやがってとうらまれて、末永だって怒りのやり場にこまるだろう。

だから、一番いいのは、このままふつうにグーパーじゃんけんをすることだった。うまく分かれてくれればいいが、偶然、グーかパーがひとりになる可能性だってある。ハメるつもりがないのに、末永がまたひとりになってしまったら、事態はこじれて収拾がつかなくなる。

みんなは［X］ざめた顔のまま、じゃんけんをしようとしていた。どうか、グーとパーが均等に分かれてほしい。

こぶしを顔の横に持ってきたとき、ぼくの頭に父の姿がうかんだ。一緒にテニススクールに通っていたころ、父は試合で会心のショットを決めると、応援しているぼくたちにむかってポーズをとった。ぼくや母も、同じポーズで父にこたえた。

「グーパー、じゃん」

かけ声にあわせて手をふりおろした⑩ぼくはチョキをだしていた。本当はVサインのつもりだったが、この状況ではどうしたってチョキにしか見えない。ぼく以外はパーが十五人でグーが八人。末永はパーで、武藤と久保はグーをだしていた。

ぼくが顔をあげると、むかいにいた久保と目があった。

「太二、わかったよ。おれもチョキにするわ」

久保はそう言ってグーからチョキにかえると、とがらせた口から息を吐いた。

「なあ、武藤。グーパーじゃんけんはもうやめよう」

久保に言われて、武藤はくちびるを隠すように口をむすび、すばやくうなずいた。そして、武藤はにぎっていたこぶしから人差し指と中指を伸ばすと、ぼくにむかってその手を突きだした。

ラケットを持って四階まで階段をのぼりながら、ぼくは武藤と話さなくてよかったとおもった。ぼくが武藤を呼びとめていたら、ほかの一年生はぼくたちがなにを話しているのかと、気になってしかたがなかったにちがいない。武藤ではなく、久保か末永を呼びとめていても同じ不安が広がっていたはずだ。冷静に考えれば、きのうのことは一度きりの悪だくみとしておわらせるしかないわけだが、疑いだせばきりがないのも事実だった。

もしかすると、みんなは今日も末永をハメようとしていて、自分だけがそれを知らされていないのかもしれない。もしかすると、きのうのしかえしに、末永がなにかしかけようとしているのかもしれない。もしかすると、二、三人の仲のよい者どうしでもうしあわせて、たとえ負けてもひとりにはならないように安全策をこうじているのかもしれない。

ウラでうちあわせ可能な手口がつぎつぎ頭にうかび、これはおもっている以上にオ厄介だと、ぼくは頭を悩ませた。

やはりキャプテンの中田さんに助けてもらうしかない。そうおもったが、それをおもいとどまったのは、きのうから今日にかけて、一番きついおもいをしているのは末永だと気づいたからだ。末永以外の一年生部員二十三人は、自分が加担した悪だくみのツケとして不安におちいっているにすぎない。それに対して末永は、今日もまたハメられるかもしれないという恐れをかかえながら朝練に出てきたのだ。最終的に中田さんに頼むとしても、まずはみんなで末永にあやまり、そのうえで相談するのが筋だろう。

そう結論したのは、三時間目のおわりぎわだった。おかげで授業はまるで頭にはいっていなかったが、ぼくはようやく⑧自分のするべきことがわかった気がした。そこでチャイムが鳴り、トイレに行こうと廊下に出ると、武藤が顔をうつむかせてこっちに歩いてくる。

「よお」

「おっ、おお」

武藤はおどろき、気弱げな笑顔をうかべた。そんな姿は見たことがなかったので、もしかすると自分から顧問の浅井先生かキャプテンの中田さんにうちあけたのではないかと、ぼくはおもった。

それなら、昼休みには浅井先生か中田さんがテニスコートにくるはずだ。たっぷり怒られるだろうが、それでケリがつくならかまわなかった。

「そうなんだ」と答えながら、今夜は父と母がそろっているのだとおもうと、④やるだけのことはやってやろうと気合いがはいった。母がつくってくれたベーコンエッグとトーストの朝ごはんを食べて、ぼくはラケットを背負い、かけ足で学校にむかった。

朝練では、一年生対二年生の対抗戦をする。シングルマッチで一ゲームをとったほうの勝ち。四面のコートに分かれて、合計二十四試合をして、白星の多い学年はそのままコートで練習をつづける。負けた学年は球拾いと声出しにまわる。

力試しにはもってこいだが、二年生との実力差は大きくて、これまで一年生が勝ち越したことはなかった。武藤《むとう》や末永でも三回に一回勝てるかどうかで、久保は一度も勝ったことがない。ぼくは勝率五割をキープしていたが、団体戦に出場するレギュラークラスには⑤歯が立たなかった。ただし、一度だけ中田さんから金星をあげたことがある。ベースラインでの打ちあいに持ちこんで、ねばりにねばって長いラリーをものにした。誰が相手であれ、きのうからのモヤモヤを吹き払うためにも、ぼくはどうしても勝ちたかった。

ところが、やる気とは裏腹に、ぼくは一ポイントもとれずに負けてしまった。武藤や末永もサーブがまるで決まらず、ダブルフォールトを連発して自滅。久保も、ほかの一年生たちも、⑥手も足も出ないまま二年生にうち負かされて、これまでにない早さで勝負がついた。

「どうした一年。だらしがねえぞ」

キャプテンの中田さんに命じられて、ぼくたちはグラウンドを走らされた。いつも先頭をきっているので、みんなの姿を見ずに走るのはなれていたが、今日だけは武藤や末永や久保がどんな顔でついてきているのか、気になってしかたがなかった。

誰もが、きのう末永をハメたことを後悔しているのだ。足をとめて、一年生全員で話しあいをして、昼休みのコート整備を当番制にかえてもらうようにキャプテンに頼もうと言いたかったが、おもいきれないまま、ぼくはグラウンドを走りつづけた。

「よし、ラスト一周。ダッシュでまわってこい」

中田さんの声を合図に全力エシッソウとなり、ぼくは最後まで先頭を守った。

「ボールはかたづけておいたからな。昼休みのコート整備はちゃんとやれよ」

八時二十分をすぎていたので、ネットのむこうは登校する生徒たちでいっぱいだった。武藤に、まちがっても今日はやるなよと⑦釘《くぎ》を刺しておきたかったが、息が切れて、とても口をきくどころではなかった。

日に家族四人でテニススクールに通っていた。練習のあいまに親チームと子どもチームでダブルスの試合をしたり、つぎのときは男チームと女チームで戦ったりと、本当に楽しかった。

「おとうさんたちのラケットも、とってあるんでしょ？」

「ああ、ちゃんと押入れにしまってある。おまえが小学生のときに使っていたラケットも一緒に、四本まとめてとってある。でも、使うまえにガットをはりかえないとな」

「それならよかった。呼びとめてごめん、明日も早いんでしょ」

「ああ、さっさと風呂にはいらないとな」

そう答えながらも、③なかなかイスを立とうとしない父のまえで、ぼくは麻婆豆腐をたらふく食べた。

父の麻婆豆腐でおなかはいっぱいになったものの、グーパーじゃんけんをおわらせるアイディアはおもいつかなかった。テニス部のイレンラクモウはわたされていたので、いっそのこと中田さんに話してしまおうと、ぼくは携帯電話を開いた。

しかし、キャプテンにウ直談判して当番制にかえてもらったとしても、それなら誰《だれ》がチクったのだろうと、一年生部員のあいだに不信感が生まれてしまう。やはり自分たちで解決するしかないと覚悟を決めて携帯電話を閉じたが、どうすればいいのかはわからなかった。

「神様、雨を降らせて、明日の朝練を中止にしてください」

寝るまえに三度も祈ったのに、いつもと同じ午前六時に目覚まし時計におこされて雨戸を開けると、空はよく晴れていた。一階では母が朝ごはんのしたくをしていて、父は母が帰ってくるまえに仕事に行ったという。

「学校でなにかあったの？　おとうさんがメールをくれて、太二のことを心配していたから、おかあさん早引けしてきたのよ」

夜勤のときは午前八時で交替だったとおもいだし、ぼくは母にあやまった。

「心配させてごめん。でも、なんでもないんだ。おかあさんは、今日は休み？」

「夜勤あけだから、あさっての朝まで家にいるわよ」

二　次の文章を読んで、後の問いに答えなさい。

> 中学一年生の太二《たいじ》が所属している硬式テニス部では、昼休みに一年生だけでグーパーじゃんけんをして人数の少ない方がコート整備をすることになっている。ある日、太二は同級生の武藤にパーを出そうと持ち掛けられ、流されてパーを出してしまう。その結果、末永だけが負けてしまい、一人でコート整備をすることになってしまった。これからのグーパーじゃんけんに不安を抱えたまま帰宅をすると、父が麻婆豆腐を作って待っていた。父はサラリーマンを辞め、長年の夢だった豆腐屋を始めたところで、最近は仕事に手ごたえを感じ始めている。

「ねえ、おとうさん」と、風呂《ふろ》場にむかおうとする父にぼくは声をかけた。

「なんだ、どうした」

「このところ、腰はいいの？」

「よくもないが、悪くもない。いまギックリ腰をやるわけにはいかないからな。準備体操は念入りにしているし、適度に動かしているほうがからだにはいいみたいだ。なんだ、おまえ、腰が痛いのか？」

「いや、そうじゃなくて」と①ぼくがためらっていると、父は息をついてイスにすわった。

「そうだな。豆腐屋になると決めてから、おとうさんは自分の仕事のことばかり考えていたからな」

ひとりごとのようにつぶやき、父はテーブルに両手をのせた。豆腐づくりを始めてから、父の手はふだんでも白くむくんでいた。冷たい水に手をつけることが多いので、タオルでふいてもどうにもならないのだという。

「頼みごとがあるなら、アエンリョしないでいいぞ。なんだ、新しいラケットかシューズでも欲しいのか？」

「いや、そうじゃなくて、いつかまた家族四人でテニスをしたいとおもってさ」

ぼくが言うと、②父はいったん視線をはずしてから小さくうなずいた。ほんの一年間だけだったが、ぼくが小学一年生のときは毎週土曜

（ⅲ）自治体でゴミをしっかりと回収して処理したりしてはいけない理由として適切なものを次のア～オから二つ選び、記号で答えなさい。

ア　自治体の人はリサイクルやゴミの処理をする専門家ではないため、環境を汚染してしまうから。
イ　自治体で何でも引き受けて処理をすると費用がかかりすぎてしまうから。
ウ　自治体で回収してしまうと民間の業者の仕事がなくなり、科学が進歩しないから。
エ　自治体で処理するために大きな施設を作ると新しい処理方法に素早く対応できないから。
オ　自治体の人は最後まで責任を持って処理しないので環境によくないから。

問十　傍線部⑦「人間活動の生態系」とありますが、本文では今後どのようにしていくべきだと述べていますか。最適なものを次のア～エから選び、記号で答えなさい。

ア　処理することで利益が生じるものはそれを求める人に任せ、処理をするために経済的負担が生じるものは出さないようにしていくべきだ。
イ　人間活動の中で排出されるもののうち、環境を破壊してしまうものは人間が責任をもって処理をし、環境への影響が少ないものは生態系の中で処理をしてもらうべきだ。
ウ　生態系の中で必要とされるものは自然に任せ、処理をすると環境に悪影響を与えるものは、経済的負担を考えずに必ず人間が処理をするべきだ。
エ　不都合なく処理ができるものは必要としている人に任せ、処理をすると経済的負担が大きくなってしまうものは自治体が回収していくべきだ。

とのゴミについては、毒物をいかに出さないかを考えていくしかない。

新しい製品が開発されれば、ゴミの質は変わる。それまでやっていたゴミ処理法では対処できないものも出てくるだろう。それを考えると、結局、ゴミ処理も小回りが利く技術のほうが好ましいということになる。

いままでは家庭で小分けして燃やしていれば済んでいたのに、それをやめて、かわりにハイテクの高級焼却炉を数百億円もかけてひとたびつくってしまうと、小回りがなかなか利かなくなってしまう。せっかくつくったのだから廃炉にしたらもったいない、ということにどうしてもなりがちである。

集中型のものをつくるより、［Y］型にしたほうが良いのだ。［Y］型ならば、ひとつがダメになっても、別のものに切り替えることをしやすいからだ。それはつまり、［Y］型のほうがリスクが少ないということなのである。

（池田　清彦・養老　孟司『ほんとうの環境問題』より）

（ⅰ）資料文中の二重傍線部「有機物はなるべく生物に利用できるようなかたちで循環させる」とありますが、これを具体的に述べている事例を本文中から十四字で抜き出しなさい。

（ⅱ）空欄Yに当てはまる語を次のア～エから選び、記号で答えなさい。

ア　分散　　イ　循環　　ウ　複合　　エ　放出

問八　傍線部⑤「放射性物質を海に流す行為は、全く正当化することができません」とありますが、その理由として最適なものを次のア～エから選び、記号で答えなさい。

ア　化学的機能が放射性を持たない同位体と類似しているから。

イ　生物が取り込むことができずにいつまでも生態系に残ってしまうから。

ウ　生物が取り込むと身体が傷つくため、生態系にばらまいてはいけないものだから。

エ　放射性物質は一度傷ついてしまうと二度と元に戻すことができないものであるから。

問九　傍線部⑥「自治体でしっかりと回収して処理したりしてはいけない」について、次の〈資料〉を読んで、後の（i）～（iii）に答えなさい。

〈資料〉

自治体は、リサイクルをすればするほど、ゴミを分別収集すればするほど、大規模なハイテクのゴミの高級焼却炉をつくればつくるほど、どんどんと金がかかって赤字になってしまう。だから、分別収集をもうやめるとか、ゴミ袋をやめるなどといったことを言い出す自治体も出てきた。

それに対して、時々、一部市民から、「なぜ分別収集をやめるのか」「なぜリサイクルをやめるのか」という不平・不満の声があがったりする。リサイクルや分別収集が「良いこと」だという考えを刷り込まれてしまっているから、その考えをなかなか修正することができないのである。

それはやっぱり最初に刷り込んだ奴が悪いと私は思う。リサイクル利権で儲けようとした人間が市民をだましていたわけだから。

人間が増えれば増えるほど、ゴミは出てくるのであって、そのこと自体は原理的にはどうしようもない。有機物はなるべく生物に利用できるようなかたちで循環させるのが望ましい。そうできないものについては、何でも人工的にリサイクルをするのではなくて、効率よくリサイクルできるものとリサイクルしてもムダが多いものとを見極めて、リサイクルできないものはもう燃やしてしまうしかない。あ

問六　傍線部④「デイジーワールド」（注：『デイジー』はキク科の花の一種）について次のような仮想実験を行いました。

〈実験〉同数の黒いデイジーと白いデイジーが、ある状態から傍線部ⓐ「太陽から降り注ぐエネルギーが減少」して、傍線部ⓑ「太陽エネルギーが増加」した後までの黒いデイジーと白いデイジーの数の推移をグラフで表しました。そのグラフとして最適なものを次のア～エから選び、記号で答えなさい。（横軸は時間の経過、縦軸はデイジーの数を表す）

ア

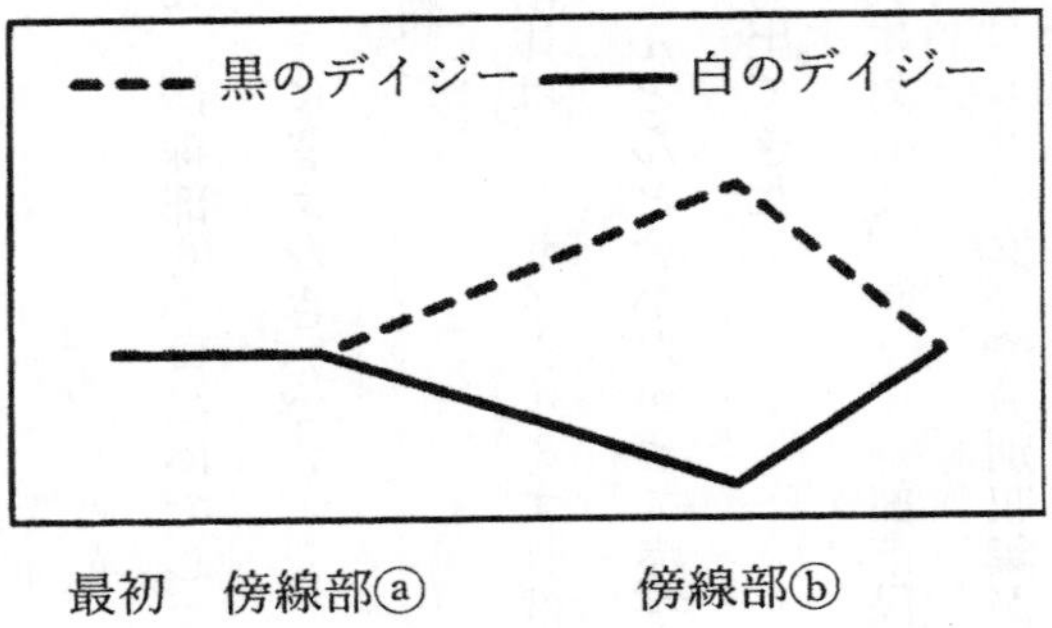

イ

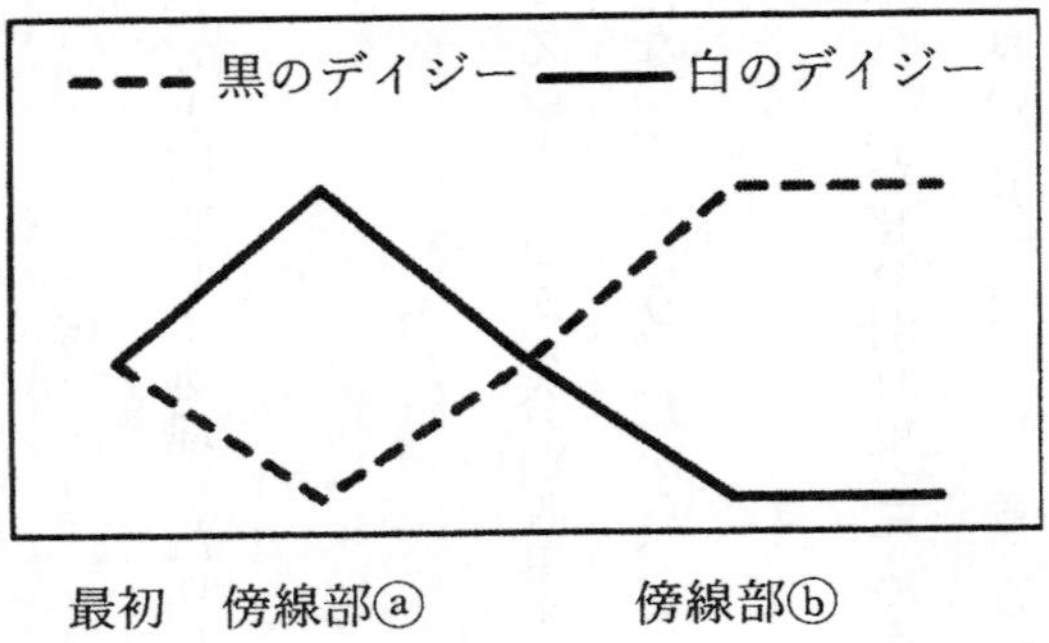

ウ

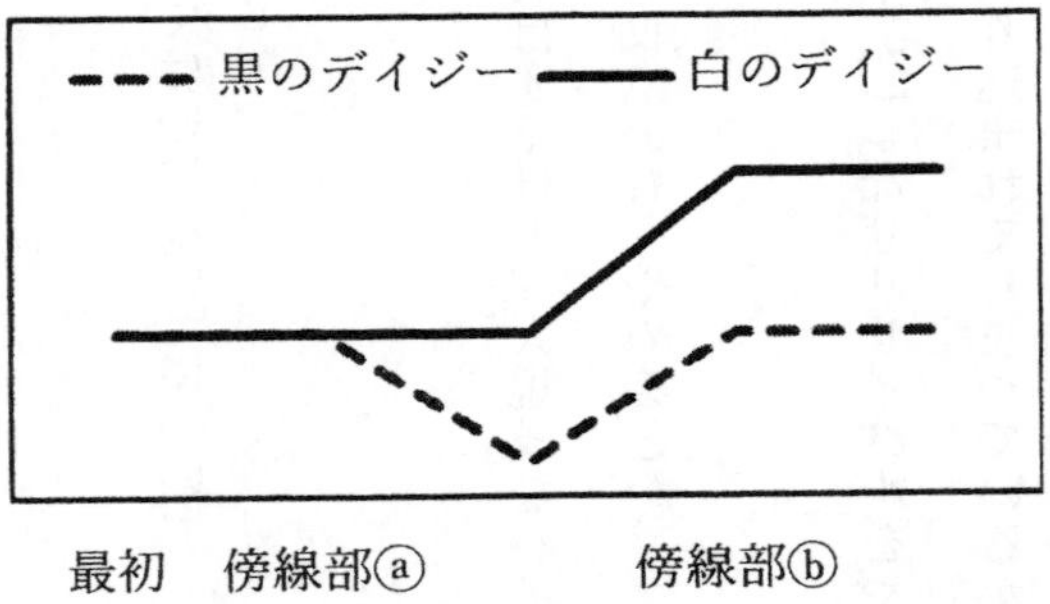

エ

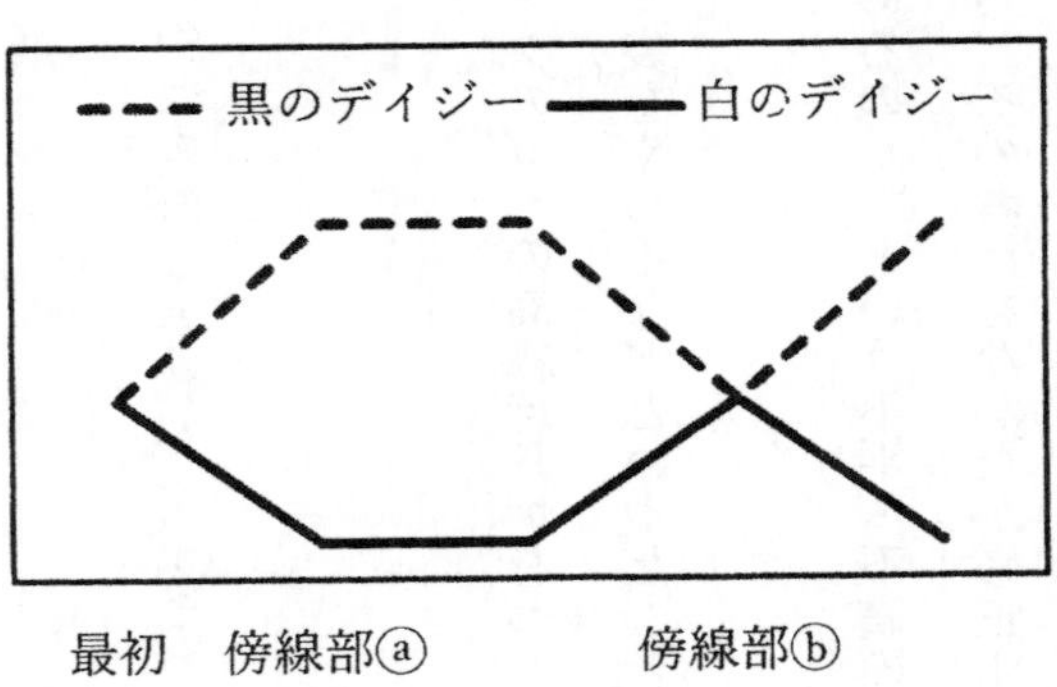

問七　空欄Xには「事の成り行きが気がかりで緊張する様子」という意味の慣用表現が入ります。その慣用表現を次のア～エから選び、記号で答えなさい。

ア　かたずを飲んで　　イ　いきを切らして　　ウ　かたを怒らせて　　エ　口をとがらせて

問一　二重傍線部ア～オの漢字はひらがなに、カタカナは漢字に直しなさい。

問二　傍線部①「何らかの不都合」とありますが、この説明として最適なものを次のア～エから選び、記号で答えなさい。

ア　人間活動により過剰となった物質が、人間活動の生態系にかえって悪影響を与えるようになるということ。
イ　地球上のいずれの物質でも、適切な量でなければ生き物の生存や繁殖に支障が生じるということ。
ウ　地球上の物質が一つでも欠ければ、現在地上に暮らす全ての生物の存続に多大な影響を及ぼすということ。
エ　地球上の特定の物質が過剰に排出されると、北半球の生物の生命が直ちに脅かされるようになること。

問三　空欄Ａ～Ｃに当てはまる語句を次のア～カからそれぞれ選び、記号で答えなさい。

ア　なかなか　　イ　また　　ウ　ところで　　エ　しかし　　オ　たとえば　　カ　いよいよ

問四　傍線部②「適切な範囲に収まっていない」とありますが、適切な範囲に収めるために生態系内ではどのようなことが起きますか。
「大気中の二酸化炭素濃度が過剰になった場合」を例に五十字以内で説明しなさい。

問五　傍線部③「ガイア理論」を主張する根拠となり得る現象として考えられるものを次のア～エから一つ選び、記号で答えなさい。

ア　冬になると飛来する渡り鳥の数は、同じ湖で毎年ほぼ同数である。
イ　生ごみを庭で焼いてから土に返すと土中の微生物が完全に死滅し、やがて土地がやせていく。
ウ　干潮時にあらわになった白浜でたくさんの子どもたちが貝殻を集めて遊んでいるが、満潮時には一人もいなくなってしまう。
エ　草食動物を捕食するオオカミを駆除《くじょ》した結果、一時的に森林や草原が廃れたが、しばらくすると、森林や草原が復元した。

このように考えれば、何を環境中に出してよく、何が悪いかが明らかとなります。出してはならないものは、薄めても効果はありません。濃ければ集中的に被害が起きるのに対し、薄めると広域的に出るばかりです。一般には、薄めるとエントロピーが増大してしまうので、余計に具合が悪いのです。薄めることによる唯一の効果は、悪影響を隠蔽し得る、ということだけです。

出してもよいものでも、やってはいけない出し方があります。たとえばプラスチックなどは、そのままでは生態系に利用されないから出してはなりません。しかし高温で燃やして、その熱を利用するなら構いません。生ごみなどは燃やしてはならず、人間に都合の悪い菌が繁殖しないように加熱処理などして、その辺りにばら撒《ま》けば生物が処理してくれます。

資源ごみなども、⑥自治体でしっかりと回収して処理したりしてはいけないのです。できる限り回収業者が欲しい物は持って行かせ、最後まで残ったどうしようもないものだけを自治体が処理すべきです。

人間の経済活動もまた、生態系と同様のダイナミクスで作動しており、誰かが必要として処理するものは、それに任せねばならず、どうしようもないものが、なるたけ出ないような⑦「人間活動の生態系」を探求せねばなりません。

（安冨　歩『原発危機と「東大話法」』より）

※　チェルノブイリ ― 旧ソ連の地名で、一九八六年に大規模な原子力発電所の事故が起こった。それによって大量の放射性物質が拡散されて今も影響が残っている。

※　エントロピー ― 運動状態の不規則性の程度を表す量

設問において字数を指定された場合は、記号、句読点も一字とする。

それでも寒さがさらに厳しくなると、凍っていない範囲は狭まりました。そうなると水鳥は、自然にさらに集まるのです。すると、面積あたりのかき混ぜ効果と暖め効果も強化されるらしく、恐るべき厳冬であるにもかかわらず、水面がすべて凍ることはありませんでした。わずかに残された水面に、膨大な数の多種多様な水鳥が集まっている姿は[エ]ソウカンでした。

[X]見守っているうちに、とうとう寒さが緩み始めました。すると溶けた水面は急速に広がってゆき、それに従って水鳥は徐々に散らばっていきました。そしてついに、春が来て、すべての氷は溶け、水鳥は思い思いの場所に散開しました。私はこの過程を見て、ガイア理論を信じるようになりました。

ちなみにラブロックは地球温暖化を過剰に案じており、原子力を使って化石燃料の使用を大幅に減らすべきだと主張しています。そのうえ、地球に傘をかけるなどといった大規模な対策を提案してもいます。これは彼の理論が途中から間違っているからだと私は考えています。ラブロックは近著でも、エネルギーだけを論じていて、※エントロピー処理の問題を一切、論じていません。彼は、エントロピーのダイナミクスを理解していないのだと思うのです。

つまり、どんな物質でも、生態系が処理してくれるものを、処理できる量だけ、処理できるように出すなら、何も問題はありません。それどころか栄養を生態系に供給することになります。[C]、ある漁師さんがツイッターに、「漁師はウニの殻や昆布の端を海に棄てたら、[オ]テキハツのため私服で張り込んでいる海上保安官に不法投棄の罪で逮捕される」として、「海から出たものを海に戻すことすら罪になるのに放射性物質を垂れ流しても」、なぜ誰《だれ》も逮捕されないのか、という怒りのつぶやきを流していました。

確かに、ウニの殻や昆布の端を海に戻すのは、正しい行為です。なぜならもともと、そこにあったのだから、海に戻せば、生態系が何らかの形で処理するからです。処理される、ということは、生態系が栄養として利用した、ということです。とはいえあまりに集積させると、その場所での処理量を超えてしまうから問題にはなり得ます。しかしそれはあくまで二次的な問題です。

一方、⑤放射性物質を海に流す行為は、全く正当化することができません。放射性同位体は、化学的機能が放射性を持たない同位体とほぼ同じなので、生物は同様に取り込んでしまいます。取り込むと、内部被曝《ひばく》を起こし、身体に傷を受けます。放射性同位体は、生態系を渡り歩いて、生命を傷つけ続けます。

しかしそれでも、二酸化炭素に温暖化効果がないわけではありません。いかに命の源とはいえ、あまりに二酸化炭素が多くなりすぎれば、なんらかの不都合が生じるのは、しかたのないことです。要するにすべてはある②適切な範囲に収まっていないと、生き物にとって都合が悪いのです。

生態系は、自らに都合のよい状態を自ら創り出す機能を持っています。たとえば二酸化炭素濃度が高くなれば何が起きるでしょうか。それは、植物にとって光合成を推進するうえで有利な条件となるので、光合成が増えるはずです。光合成が増えれば、植物がイ繁茂します。繁茂したら光合成をする葉の面積が増えるので、さらに光合成が増えるでしょう。そうやって、二酸化炭素濃度が急速に自動調節されるはずです。

このように、生態系が自らに都合のよい状態を創り出す、という考え方を③「ガイア理論」と言います。これはジェームズ・ラブロックという科学者が提唱した考え方です。彼の提案したモデルに、④「デイジーワールド」というものがあります。ある惑星が白と黒との2種類のデイジーで覆われていると考えてください。そこでⓐ太陽から降り注ぐエネルギーが減少したとしましょう。このとき、白と黒とのどちらのデイジーが有利でしょうか。言うまでもなく、熱を効率的に吸収できる黒いデイジーが有利でしょう。そうするとその惑星は黒いデイジーで覆われることになります。それは、惑星の温度を上昇させるはずです。一方、逆にⓑ太陽エネルギーが増加した場合はどうでしょうか。そうなると黒いデイジーは熱くなり過ぎるので、白いデイジーが有利になります。すると太陽光線が反射されて、惑星の温度も下がります。こうしてデイジーにとって都合のよい温度が保たれる、というのが「デイジーワールド」モデルです。

私はイギリスに住んでいたとき、ガイアの作動の小さな例を見ました。私がいつも散歩に行っていた近くの池には、多くの水鳥が住んでいました。ところがイギリスは寒いので、冬になると池がどんどん凍っていくのです。この地方では冬にはウ概ね風が西から吹いて来たのですが、そのせいか、西からどんどん凍っていきました。

水鳥はいったい、どうなるのだろう、と思ってみていますと、風を避けるために、自然と池にあった小島の東側に集まってきました。そうすると、その小島の東側の水面が「B」凍らないのです。なぜかというと恐らく、たくさんの水鳥が泳ぎ回るので水がかき混ぜられるのと、身を寄せ合って暖め合っている彼らの体温のせいではないかと思われました。

二〇二三年度 文化学園大学杉並高等学校(第2回)

【国語】(五〇分)〈満点:一〇〇点〉

一 次の文章を読んで、後の問いに答えなさい。

すべての物質には、①何らかの不都合があります。わかりやすい例が酸素です。酸素がなければ我々は息ができなくて死んでしまいますが、酸素は毒性が強いのです。あまりに濃度が高いと生物は生きていけません。それ以上に、酸素の濃度が高いと何でも燃えやすくなってしまい、簡単に巨大な火事が起きて大変なことになります。

同じことは二酸化炭素にも言えます。二酸化炭素は生命にとって不可欠な物質です。植物が太陽エネルギーを利用し、光合成によって炭水化物と酸素とを作りますが、それは生態系にとって何よりも大切なことです。それゆえ二酸化炭素は命の源ということができます。その二酸化炭素にはアシュウチのように温暖化効果があります。

A 二酸化炭素に直接の毒性があるわけではありません。二酸化炭素の悪影響は、温暖化効果という非常に間接的なものです。それがどういう影響を地球全体に対して持つかは、非常に不確かです。

それゆえ私は、いわゆる「温暖化狂騒曲」によって、二酸化炭素を出さない原発が「エコロジー」だと喧伝《けんでん》されたことは、最大級の欺瞞《ぎまん》だと考えています。私はこういうことを「後出し」で言っているのではなく、2008年に出版した『生きるための経済学』に次のように書きました。

「原子力発電は二酸化炭素を出さない環境にやさしいクリーンなエネルギーです」などと称することが可能なのは、猛毒にして破壊性の極めて高いプルトニウムなどの放射性廃棄物が厳密に物理的に隠蔽《いんぺい》されているからである。これが地震やテロや事故などによって溢《あふ》れ出し、※チェルノブイリのようになれば、「クリーンです」などということは言えなくなる。(43―44頁《ページ》)

2023年度／文化学園大学杉並高等学校（第２回）

英語解答

Ⅰ (1) A (2) B (3) D (4) C (5) C

Ⅱ (1) C (2) B (3) D (4) A (5) C (6) C (7) B (8) A (9) D (10) D

Ⅲ (1) C (2) B (3) J (4) E (5) G

Ⅳ (1) B (2) C (3) C

Ⅴ (1) Who is the girl wearing the red dress

(2) No students can be seen in the classroom

(3) It is a year since Mr. Tanaka moved to Nagoya

Ⅵ (1) （例）I will stay (at) home if it is cold tomorrow.

(2) （例）I wish I could sing like him.

(3) （例）You should leave as early 〔soon〕 as you can.

数学解答

1 (1) 28 (2) $28+8\sqrt{3}$

(3) $\frac{-a-b}{2}$ (4) $-2x-1$

(5) $x=1,\ y=-2$ (6) $(a+b-2)^2$

(7) $a=\frac{b+9c}{2}$ (8) $x=-4,\ 7$

(9) $\frac{1}{2}$

(10) 誤りのある番号…②

正しい答え…10.5回

2 (1) 6 (2) $\frac{8}{9}$ (3) 1

(4) 方程式…（例）$\frac{2x}{150}=\frac{x}{90}+9$

xの値…4050

3 (1) 86° (2) $\frac{256}{3}\pi\,\mathrm{cm}^3$

(3) $\sqrt{10}$ cm (4) $\frac{15}{4}$ cm

4 (1) 1 (2) $\sqrt{2}$ (3) 2

(4) −1 (5) 3：8

〔編集部注：2(2)は，１回目も２回目も青玉を取り出さない場合とした。〕

国語解答

一 問一 ア 周知 イ はんも ウ おおむ エ 壮観 オ 摘発

問二 イ

問三 A…エ B…ア C…オ

問四 二酸化炭素濃度が過剰になると，植物の光合成が活発になり，自動的に二酸化炭素の濃度が調節される。(47字)

問五 エ 問六 ア 問七 ア

問八 ウ

問九 (i) ウニの殻や昆布の端を海に戻す

(ii)…ア (iii)…イ，エ

問十 ア

二 問一 ア 遠慮 イ 連絡網 ウ じかだんぱん エ 疾走 オ やっかい

問二 エ 問三 エ 問四 ウ

問五 グーパーじゃんけんをおわらせる

問六 二年生に対する一年生の無力でどうすることもできない様子。

(28字)

問七 ウ

問八 みんなで末永にあやまり，その後コート整備を当番制にしてもらえるように中田さんに相談すること。

(46字)

問九 ア 問十 青 問十一 イ

問十二 ア，オ

2022年度 文化学園大学杉並高等学校(第1回)

【英　語】 (50分) 〈満点：100点〉

Ⅰ 次に読まれる会話文を聞き、後の各問いに対する答えとして最も適切なものをア～エの中から１つ選び、記号で答えなさい。英文は２回放送されます。

■リスニングテストの音声は，当社ホームページで聴くことができます。(実際の入試で使用された音声です)
再生に必要なユーザー名とアクセスコードは「収録内容一覧」のページに掲載しています。

(1) Who made the apple pie Aki and Mike were eating with their lunch?

ア．Aki did.　　イ．Mike did.

ウ．Aki's mother did.　　エ．Mike's mother did.

(2) How many years ago did John Chapman live?

ア．2 years ago.　　イ．20 years ago.

ウ．200 years ago.　　エ．2,000 years ago.

(3) What nickname is John Chapman known by today?

ア．apple seed man　　イ．apple seed John

ウ．Johnny Appleman　　エ．Johnny Appleseed

(4) Why did John Chapman plant apple seeds in America?

ア．He wanted many people to eat apples.

イ．He wanted many people to buy apples.

ウ．He wanted to produce delicious apple pies for people.

エ．He wanted to open his own apple farms around the country.

(5) Which of the following sentences is true?

ア．Aki's mother makes apple pies quite often.

イ．John Chapman sold apple seeds at farms.

ウ．John Chapman told people about the importance of farming.

エ．Aki wants to eat some more apple pie because she hasn't had enough.

※　リスニングテスト放送文は，英語の問題の終わりに付けてあります。

Ⅱ 次の英文を読んで、本文の内容に合うものをア～コの中から５つ選び、記号で答えなさい。

The World Heritage Committee is a branch of the United Nations Educational, Scientific, and Cultural Organization (UNESCO). Since the World Heritage Committee was formed in 1972, it has *recognized World Heritage Sites in 167 countries throughout the world. These sites are recognized as either a cultural site or a natural site, but sometimes a site will be considered to hold mixed value.

Tongariro National Park is the oldest national park in New Zealand, located in the central North Island. It is the fourth national park *established in the world and has been recognized by UNESCO as a World Heritage Site of mixed cultural and natural value. The name Tongariro comes from the Maori word meaning "wind from the cold south." The high, snow-capped mountains that rise in the middle of the park hold deep spiritual meaning for the Maori people, who are native to New Zealand.

It is believed that the Maori arrived in the nation known today as New Zealand possibly as early as 600 A.D. They carried plants and animals from their former Polynesian villages to the new islands, which they called "Aotearoa." Once they arrived, they created a rich, unique culture. The mountains and *volcanoes of Tongariro were at the center of some of this culture's arts, beliefs, and customs.

In the late 1800s the mountains were in danger of being sold to European *settlers who were arriving in great numbers in New Zealand. Because the Maori loved their mountains so much, they thought of a plan to save them. Instead of selling them off, the local Maori gave the land *surrounding the mountains to the British queen. However, they would only give their precious mountains as a gift on one condition: that the land would be protected as a national park. The queen promised to keep the Maori's one condition. The land then became Tongariro National Park, and the mountains and their *natural setting continue to be protected to this day.

Tongariro National Park is rare as it has both cultural and natural value. Among more than 1,000 World Heritage Sites, there are only 39 sites of mixed value. Many beautiful sculptures of Maori art are seen in the park. The Maori have passed down their culture for years. The main activities in the park are hiking and climbing in summer, and skiing and snowboarding in winter. There is also hunting, game fishing, mountain biking, horse riding, rafting and so on. Millions of people enjoy the unique mixed value of the park.

*［注］recognize 承認する　establish 設立する　volcano 火山　settler 入植者
surround 取り囲む　natural setting 自然環境

ア. UNESCO is a branch of the World Heritage Committee.

イ. Some World Heritage Sites can be recognized as both a cultural site and a natural site.

ウ. Tongariro National Park is older than any other national park in New Zealand.

エ. The name Tongariro means "a high snow-capped mountain" in Maori.

オ. The Maori people lost their rich, unique culture when they arrived in New Zealand.

カ. All the mountains in Tongariro National Park were sold to European people who arrived in New Zealand.

キ. The local Maori saved their mountains by giving them to the British queen.

ク. The land in Tongariro National Park is protected because the queen promised to keep the condition.

ケ. Tongariro National Park has only 39 sites of both cultural and natural value.

コ. In Tongariro National Park we can do various kinds of activities in both winter and summer.

Ⅲ 次の広告を読んで、後の英文を完成する最も適切な選択肢を選び、記号で答えなさい。

Edbury Children's Festival

Call for Student Volunteers!

We'll be holding Edbury Children's Festival for the first time in two years! Edbury Children's Festival can run smoothly with the help of 100 volunteers. We are looking for student volunteers to do some activities with the kids and to welcome the visitors.

■ DATE & TIME ■　Saturday, May 1st, 8:30 am-4:30 pm

＊If it rains, the festival will be held on Sunday, May 2nd.

■ PLACE ■　The Central City Park

What kind of jobs?

Volunteers are expected to do at least five hours of volunteering for our festival. You can choose 8:00-1:00 or 12:00-5:00. All student volunteers have to attend a training day before volunteering. The job is as follows:

- helping the kids do games and crafts including
  Balloon Art / Origami / Trampolining / Make Something with Recycled Items
- setting up before activities and cleaning up after activities

What can you get?

- Free T-shirt
- A letter saying you volunteered × hours

◆ SIMPLE ONLINE APPLICATIONS at:
https://www.edburychildrenfes.uk/volunteer-application-form/

◆ FOR MORE INFO:PLEASE CONTACT SARAH SMITH　0163-392-6636

(1) If it rains on Saturday, children can ...

ア. spend the day with student volunteers.

イ. do some crafts in the Central City Hall.

ウ. call the Central City Park.

エ. join the festival the next day.

(2) The student volunteers are expected to ...

ア. do volunteering both in the morning and in the afternoon.

イ. join a five-hour training before volunteering.

ウ. do the activities with the kids.

エ. bring recycled items from home.

(3) When you attend this volunteer activity, you will get ...

ア. a document to show you attended the festival as a volunteer.

イ. balloon art made by a famous artist in Edbury.

ウ. some money for your work.

エ. a discount T-shirt with the festival logo on it.

(4) If you want more information, ...

ア. e-mail Sarah Smith.

イ. phone Sarah Smith.

ウ. apply on the Internet.

エ. meet the volunteer group leader.

Ⅳ 次の英文を読んで、（ 1 ）～（ 5 ）に当てはまるものを選択肢から選び、記号で答えなさい。

It was getting late on a cold December evening. A man was driving back from Omaha and still had far to go. It was getting colder and soon the rain would turn to snow. His day had been a complete disappointment. He had gone into town for a job interview, but he was too late. All the positions had already been filled. He had lost his job when the factory had closed down. He needed money.

Up ahead, the man saw a car stopped on the side of the road. The car looked new. An older woman was standing by the car. (1)

"What's your trouble, ma'am?" the man asked.

The woman didn't say anything. The man did not look very friendly. His coat was old and dirty. (2) But she had no choice. She was so cold and wet.

"I've got *a flat tire. I tried calling for a *tow truck, but there's no cell phone reception here," she said.

"Hah, yeah," said the man, laughing.

"You certainly picked the worst place possible to get a flat. Don't worry, though. I'll have you back on the road in no time. My name's Paul, by the way," he said.

"I'm Edna," the woman said. "Thank you so much for helping me. I was worried no one was going to come."

"Don't mention it. You are pretty lucky, though. There's nothing around here for miles," Paul said. He got to work changing the tire. (3)

"I can't thank you enough," Edna said. She opened her purse to give Paul some money. Paul thought about it for a moment. He really did need the money, but he shook his head.

"Don't worry about it," he said with a smile. Edna thanked him again and they got back into their cars. They drove off into the night.

About an hour down the road, Edna decided to stop in a small *diner for a cup of coffee and something to eat. A waitress came to take her order. She was *pregnant. (4) She was very friendly when she took Edna's order. Edna watched the waitress as she served the other customers while eating her meal. The waitress made friendly small talk with everyone as she took their orders. She didn't stop for a second to rest. When Edna finished eating, she gave the waitress a hundred-dollar bill to pay for the meal. As the waitress went to get the change, Edna got up and quietly walked out the door. (5) She rushed out the door to catch her, but Edna had already left. Coming back inside to clear Edna's table, she saw another hundred-dollar bill on the table. The waitress picked it up. She couldn't believe it. How could that woman have known how much she needed that money right now?

The waitress finished work. She got in her car and drove home. She had a big smile on her face, but it was a different smile from the one she usually had. When she got home, she found her husband sitting on the couch watching TV. She ran up to him and gave him a big hug and a kiss. He looked at her, surprised.

"Oh Paul, you'll never guess what happened at work today!" She said.

*［注］a flat tire パンクしたタイヤ　tow truck レッカー車　diner 食堂
pregnant 妊娠している

ア. It was dark, but it was a simple job that he had done many times before.

イ. She was scared and didn't know if she could trust this man.

ウ. The man got out of his car and he walked toward the woman.

エ. When the waitress came back, she saw that Edna was gone.

オ. She looked very tired but she had a cheerful smile on her face.

V 日本語に合うように（　　）内の語または語句を並べかえなさい。ただし、文頭に来るものも小文字になっています。

(1) 今度の日曜日に、一緒に映画を見に行きませんか。
(go / we / see / don't / to / why) a movie this Sunday?

(2) ケンと私は20年前からの親友です。
Ken (been / and / for / friends / I / good / have) twenty years.

(3) 雨がやめば、私たちは買い物に行くことができるでしょう。
We'll be (it / able / shopping / stops / to / if / go) raining.

(4) トムからＥメールをもらって彼の母は嬉しくなった。
The e-mail (mother / happy / Tom / his / from / made).

(5) 医者は彼女に、この薬を毎日夕食後に飲むように言った。
The doctor (her / every / this medicine / to / told / take) day after dinner.

(6) おばあちゃんに会えたらなあ。
(could / my / wish / meet / I / I) grandmother.

VI 日本語に合うように英文を１文作りなさい。ただし、（　　）内の語または語句を用いること。

(1) 昨日私の誕生日パーティーに来てくれてありがとう。　(birthday party)

(2) 私はまだその本を読み終わっていません。　(finished)

(3) 彼女は彼女の姉ほど上手に歌えません。　(as)

(4) あなたが京都で撮った写真を私に見せてください。　(show)

＜リスニングテスト放送文＞

Aki is a high school student. Now she is enjoying lunch with her classmate Mike.

Mike: Hi, Aki. I made an apple pie last night. Would you like some?

Aki: Hi, Mike. Wow! It looks delicious. Hmm..., it's very nice. I didn't know that you were good at making pies. I want to know how to make such a delicious pie.

Mike: I'll teach you how to make it any time. It's easy. Doesn't your mother make apple pies?

Aki: No, she doesn't. We don't usually cook apples in Japan. We usually eat them as they are.

Mike: Really? People in America cook them in various ways.

Aki: I didn't know that Americans liked cooked apples so much.

Mike: We have an interesting story about apples in America.

Aki: What kind of story is that?

Mike: Well, about 200 years ago, there was a very kind man in America. His name was John Chapman. He wanted as many people as possible to eat apples. His dream was to produce so many apples that no one would ever go hungry. So he planted apple seeds. People thanked him very much and gave him an interesting nickname. It was "Johnny Appleseed."

Aki: It's an interesting story.　How did he get that nickname?

Mike: Well, he always carried a leather bag filled with apple seeds collected from farms. He planted them in open places and by streams. Soon he became known as "Johnny Appleseed."

Aki: Did he do anything else while he was traveling along planting apple seeds?

Mike: He told people apples were good for their health. We often say, "An apple a day keeps the doctor away."

Aki: What does it mean?

Mike: It means we don't have to see a doctor if we eat an apple every day. I eat an apple for breakfast every morning.

Aki: Oh, I'm glad to hear that. Then, can I have some more apple pie? Three pieces are not enough for me.

Mike: Are you sure? If you eat too much, you'll have to see a doctor!

【数　学】 (50分) 〈満点：100点〉

1 次の各問いに答えなさい。ただし，答えが分数のとき，分母は $\sqrt{\ }$ がつかない形にすること。

(1) $(-3)^3 \div 9 - 6^2$ を計算しなさい。

(2) $\sqrt{5}(\sqrt{20}-5)+\dfrac{25}{\sqrt{5}}$ を計算しなさい。

(3) $\dfrac{9a-5b}{3}-(2a-b)$ を計算しなさい。

(4) $(x-4)^2+x(8-x)$ を計算しなさい。

(5) 方程式 $4x+y=x-5y=14$ を解きなさい。

(6) $(a+b+1)(a+b-2)-10$ を因数分解しなさい。

(7) 等式 $b=\dfrac{5a+c}{2}$ を a について解きなさい。

(8) 2次方程式 $2x^2+5x+3=x^2+6x+6$ を解きなさい。

(9) x の値が1から3まで増加するとき，2つの関数 $y=\dfrac{1}{2}x^2$ と $y=ax$ の変化の割合が等しくなるような a の値を求めなさい。

(10) 文大杉並高校の生徒 20 人が，バスケットボールのフリースローを 10 回ずつ行った。下の資料は，そのときのシュートが入った回数を記録したものである。この資料についての説明で下線部が間違えているものを，次の ① ～ ④ から 1 つ選び，記号で答え，正しい答えを書きなさい。

資料　シュートの入った回数（回）

5	2	4	6	7
2	9	4	2	7
7	4	7	3	3
8	7	3	2	8

① シュートの入った回数の範囲は 7 回 である。
② シュートの入った回数の平均値は 5 回 である。
③ シュートの入った回数の最頻値は 7 回 である。
④ シュートの入った回数の中央値は 5 回 である。

2 次の各問いに答えなさい。

(1) $\sqrt{7n}$ と $\dfrac{n}{14}$ がともに整数となるような最も小さい自然数 n の値を求めなさい。

(2) 100 円，50 円，10 円の硬貨が 1 枚ずつある。この 3 枚を同時に投げるとき，表が出た硬貨の合計金額が 100 円以上になる確率を求めなさい。

(3) 分数 $\dfrac{1}{7}$ を小数で表したとき，小数第 1 位から小数第 100 位までに出てくる数字の総和を求めなさい。

(4) 杉男さんは，自宅から 12 km離れたサッカーグラウンドに行った。9 時に家を出てバス停まで歩き，バス停で 5 分待ってからバスに乗り，サッカーグラウンドの近くのバス停で降りてサッカーグラウンドまで歩いたら 9 時 50 分に着いた。杉男さんの歩く速さは毎分 80 m，バスの速さは毎時 30 kmでそれぞれ一定だったとする。このとき，バスに乗っていた時間を x 分として方程式を作り，x の値を求めなさい。

3 次の各問いに答えなさい。

(1) 下の図は正方形 ABCD と正三角形 EDC を組み合わせた図形である。 $\angle x$ の大きさを求めなさい。

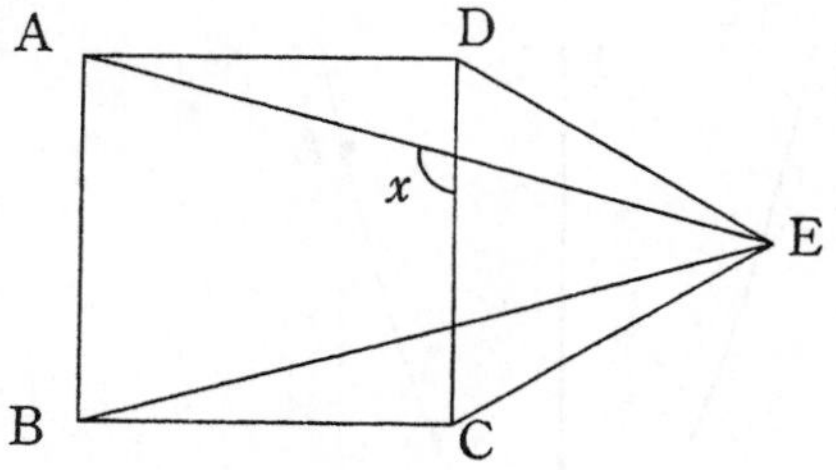

(2) 底面の円の半径が 6 cm，体積が $96\pi \, \mathrm{cm}^3$ の円錐がある。この円錐の表面積を求めなさい。

(3) 下の図のように，高さ 5.2 m の街灯の真下から 9 m 離れたところに文子さんが立っている。文子さんの影の長さは 4 m であった。このとき，文子さんの身長を求めなさい。

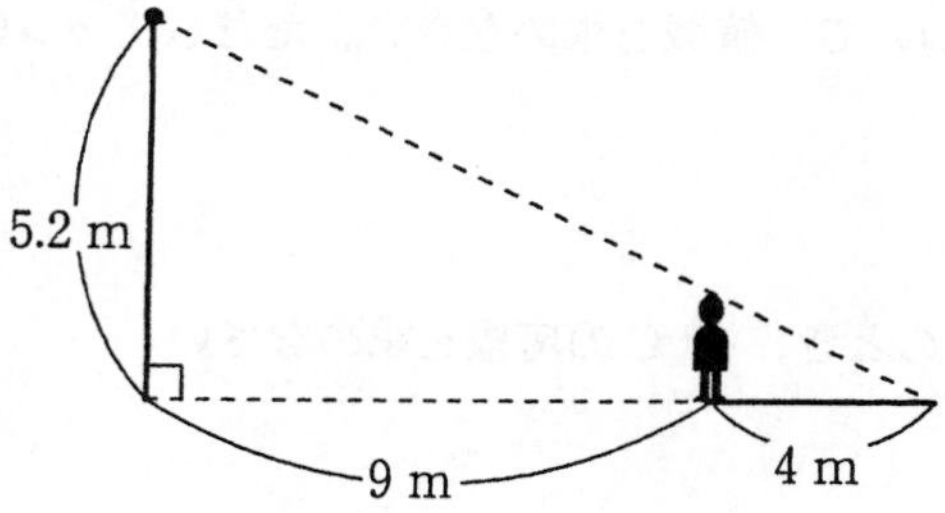

(4) 下の図のように、線分 BC を直径とする円 O の円周上に点 A があり，点 A から BC に引いた垂線の交点を H とする。AC=4cm，OC=3cm のとき，AH の長さを求めなさい。

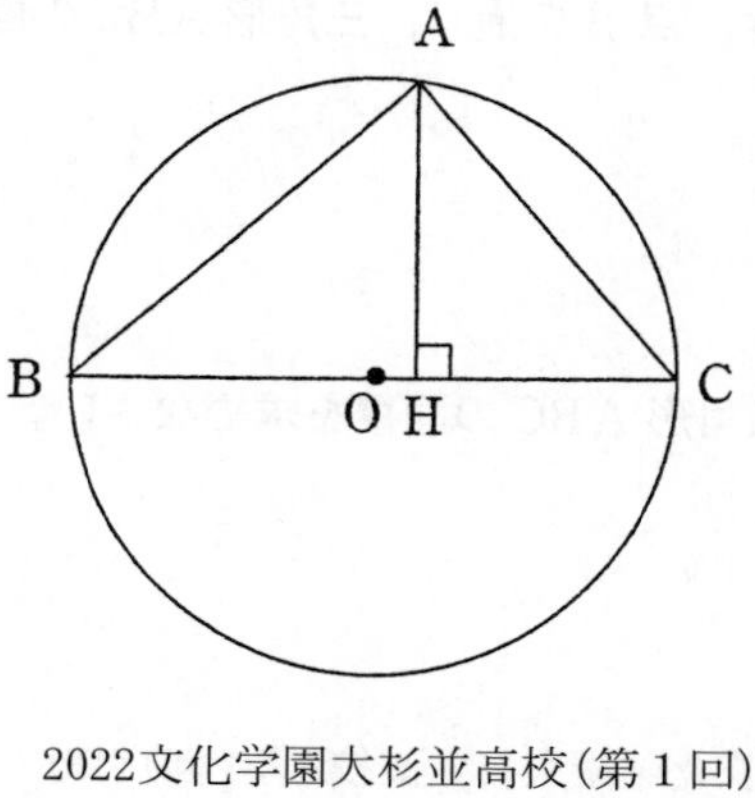

4 下の図において，① は関数 $y=x^2$，② は関数 $y=-\frac{1}{4}x^2$ のグラフである。点 A は ① のグラフ上にあり，点 B，C は ② のグラフ上にある。点 A，B の x 座標は等しく，点 B，C の y 座標は等しい。ただし，点 A の x 座標は正とする。このとき，次の各問いに答えなさい。

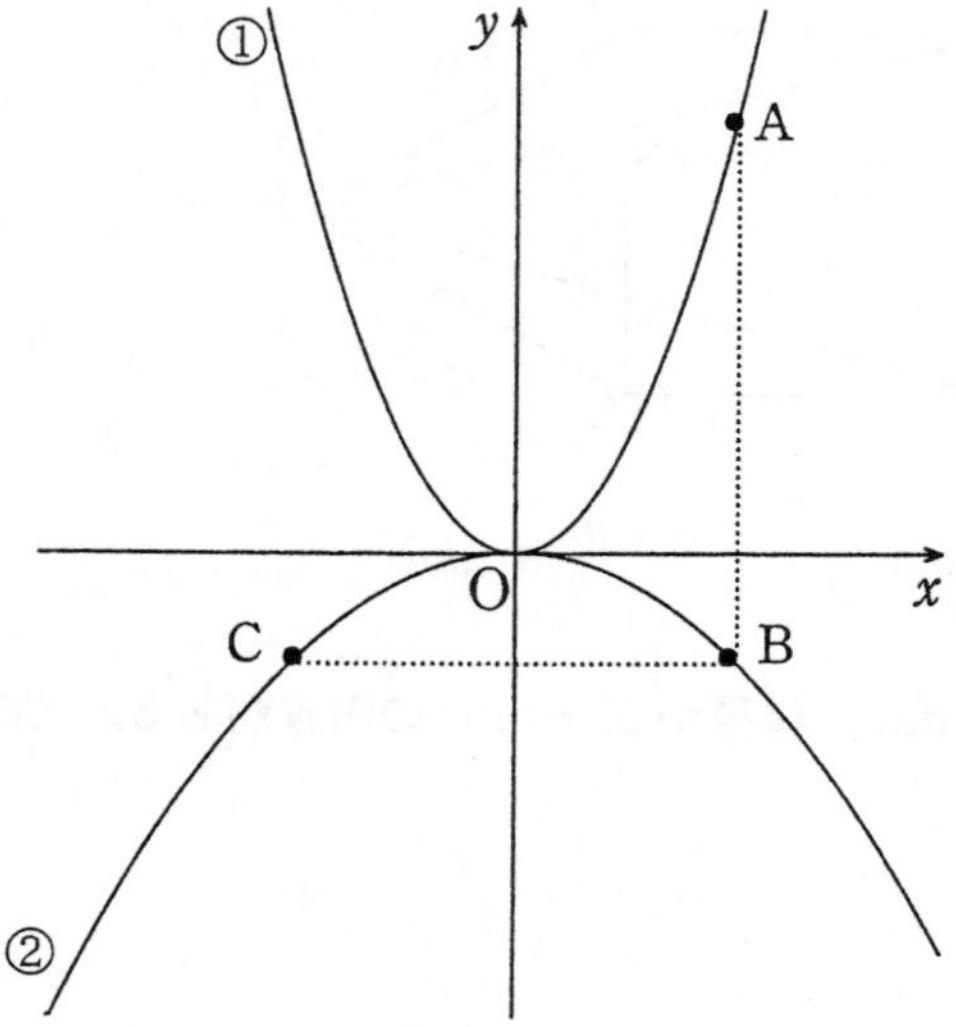

(1) 定義域を $-a \leqq x \leqq a$ とする。関数 $y=x^2$ について値域が $0 \leqq y \leqq 9$ のとき，関数 $y=-\frac{1}{4}x^2$ について，値域を求めなさい。ただし，$a>0$ とする。

(2) 点 A の y 座標が 4 のとき，点 C の座標を求めなさい。

(3) 線分 AB の長さが 10 となるとき，線分 BC の長さを求めなさい。

(4) 点 C の y 座標が -4 のとき，点 B を通り，三角形 ABC の面積を 2 等分する直線の式を求めなさい。

(5) AB:AC＝3:5 のとき，三角形 ABC の面積を求めなさい。

問九　波線部「そんな気分にゃならんですもの」とあるが、この発言について説明する次の資料を読み、後の問いに答えなさい。

> 発言者である平林氏は、在米の牧師で大学に通い学位の取得を目指している。彼が米国社会で常に緊張を強いられてきた過去がうかがえる。後に彼自身が告白するように、彼は希望と不安を抱え、言語も生活様式も、何もかもが異質な米国社会に溶け込み夢をつかもうと必死だった。そんな彼が、この場面において「私」と二人でリラックスして過ごしたことが、後の「□」という発言につながった。この発言は、(1)彼の人生の転換と言える決断であった。(2)作者の比喩《ひゆ》的叙景《じょけい》がその裏打ちとなっている。

i　資料中の□を補うのに最適な語句を、出題文中から三十字以内で抜き出し、初めと終わりの三字を書きなさい。

ii　傍線部（1）「彼の人生の転換と言える決断」とはどのようなことか。二十字以内で説明しなさい。

iii　傍線部（2）「作者の比喩的叙景」とあるが、出題文中の該当箇所に用いられている比喩の種類として最適なものを次のア～エから選び、記号で答えなさい。

ア　直喩　　イ　隠喩　　ウ　擬人　　エ　暗喩

問二　傍線部①「われわれの関心のいかに遠くにあるか」とあるが、本文中で「インディアン・リザーヴ」と「われわれ」の距離を感じさせるものは何か。次のア～オから適当なものを二つ選び、記号で答えなさい。

ア　国籍　　イ　疎通　　ウ　信仰　　エ　学歴　　オ　地理

問三　空欄Ｘに当てはまる語句を本文中から四字で抜き出しなさい。

問四　空欄Ｙに当てはまる一文を本文中から抜き出し、初めの五字を答えなさい。

問五　傍線部②「奥さんの顔が少しずつ戸惑ったような、淋しげなものに見えてくる」とあるが、それはなぜだと「私」は考えているか。「私」の考えに当たる一文を本文中から抜き出し、初めの五字を答えなさい。

問六　空欄Ｚに当てはまる語句として最適なものを次のア～エから選び、記号で答えなさい。

ア　ホッとした　　イ　ハッとした　　ウ　ムッとした　　エ　カッとした

問七　傍線部③「私は不意に自分の笑いがこわばってくるのを感じた」とあるが、その理由を六十字以内で書きなさい。

問八　傍線部④「インディアンの発砲事件」とあるが、これはインディアンの何を象徴する事件だと考えられるか。最適なものを次のア～エから選び、記号で答えなさい。

ア　死生観　　イ　信仰心　　ウ　暴力性　　エ　自尊心

父も早く帰ってこいというもんですから」

「…………」

「しかし、本当はこの間、インディアン・リザーヴへ行ったことで考え直したんです。あのとき立ち小便をしましたね、あれがどうも忘れられんのですワ……。それに村島さんの説教ね、あれを考えると自分がここで日本人牧師として、一世二世に説教して暮らすことが、どうにも空しゅうてならん気がしてきたんです。いや、村島さんはあれで立派ですよ。しかし私が日本語で一世に説教したり、二世に英語で説教したりするのはイカンです。どっちも私の本心は語ることは出来んですし、要するに生活のためにしゃべるだけです。それぐらいなら坊主をやめますワ」

私は、それもわかる気がして、黙然と平林さんの顔を見ていた。すると平林さんは突然想い出したように言った。

「そうそう、あの立ち小便をしたリザーヴで、今週のはじめから④インディアンの発砲事件がつづいて、きょうの新聞だと怪我人もだいぶ出たようですよ」と、ハミルトンの新聞を差し出した。

「これを見て下さい。原因は外部からやってきた人間が無礼を働いたため、とありますよ」

私は、あまりのことにしばらく唖然《あぜん》とした。

「無礼とは、まさかぼくらの立ち小便のことではあるまいネ」

「ははは。まさか……。やっぱり白人が何かしたんでしょう」

私たちは声を上げて笑った。しかし、あの陰鬱な空に銃声の轟《とどろ》くことを想像すると私は、あのナイヤガラの断崖《だんがい》のように地表の食い違った裂《さ》け目から、無数のインディアンたちが、失われた自分の土地を回復しようと、一斉に馬に乗って突進してくるさまが、瀑布《ばくふ》の轟音《ごうおん》とともに浮かび出た。

（安岡　章太郎『瀑布』より）

解答に句読点・記号が含まれる場合は一字と数える

問一　二重傍線部ア～オのカタカナを漢字に、漢字はひらがなにしなさい。

「ハハハハ、牧師さん、またお客さんと食事かネ、あんた、いつ来てみても何かしらウマそうなものを食ってるんだね、結構なことだよ、ハッハハハハ」

ナイヤガラ見物から帰って一週間、私は奇妙な疲労で茫然《ぼうぜん》としていた。胸の中の空白感は依然としてつづいていたが、もはやそれはこの大陸でインディアンの復権を空想することなどでは、埋めることは出来なかった。とにかくインディアンというものも、自分が考えていたようなものではないことはハッキリわかったし、たしかに研究室の主任が言ったように、「インディアンに小説を書かせたら」などということは、余計なおせっかいに違いなかった。

私は、主任に会ってそのことを話し、和解したいと思った。しかし生憎《あいにく》、主任はあれから何処かの大学で講義をたのまれたとかで、旅行に出たままこちらの大学には姿を見せない。私はガランとした研究室の中で、所在なしに書棚から何冊か本を引っぱり出してはページに眼をさらしたが、活字を眺めるだけで読む気にはなれなかった。

「あ、お忙しいですか？」

声を掛けられて振り向くと、ドアから平林さんが顔を半分覗かせている。

「いや、ちっとも忙しくなんかありません。どうぞ」

と、私は救われたような気持ちで、平林さんの手を取らんばかりに招き入れた。

「まア、ごゆっくり……。コーヒーでもどうですか？　きょう買ってきたやつがあるから、ここでいれますよ」

「ありがとうございます。しかし、きょうはちょっと……。じつは女房と子供をつれてきて車の中で待たせてあるもんですから」

「へーえ、どうしてそれはまた……」

私は、奥さんやお子さんも部屋までつれてくればいいのに、というつもりで言いかけると、平林さんはそれをさえぎるように、

「いや、しばらく前から考えとったんですが、わたしは日本へ帰ることにしました」

「え、何だって……？　だって君は、もう少しで学位もとれるところなんじゃないか」

「それもそうなんですが、わたしは学位、学位とそればかり考えて暮らしてきたことが間違いだったような気がしましてね。それに親

クワイ族は代々この土地に住み、白人がくる以前から農耕をやっていた、インディアンといえば大部分が狩猟か遊牧で暮らしてきたといわれるが、それもまた細かく多様に分かれている――。私たちは、村島師に昼食をご馳走《ちそう》になりながら、そんな話をきいた。

「とすると、イロクワイ族は文字も持っていたんでしょうか、南米のマヤ族みたいに」

「いや、それは持っとらん、おもいますネ、マヤ族はまた別じゃけん……」

村島師は、日系人に多い中国訛《なまり》の日本語でこたえた。奥さんはスコットランド人で、日本語はまったく出来ない。二人いる子供さんたちも無論同様である。村島師もふだんめったに日本語を使う機会はないに違いないが、英語の出来ない私のために、努力して日本語の会話をつづけてくれているのだ。しかし、そういう村島師の顔を見ていると、さっき教会で英語の説教をしていたときよりも、遥かに落ち着いて自然であり、おだやかな人柄が滲《にじ》み出るように感じられた。ただ、村島師の日本語がエ円滑になり次第に上機嫌になってくるにつれて、②奥さんの顔が少しずつ戸惑ったような、淋《さび》しげなものに見えてくるのが、私には気掛かりだった。私は、ときどき下手な英語を差しはさんだ。そのたびに奥さんの顔はほほえんだが、それさえも次第にギコチなくなってくるのである。……おそらく、これは言葉だけの問題ではないのだ。男三人、日本人が並んだことで、彼女の眼には夫の黄ばんだ顔が、いつになく自分とは異質なものに見えるのではないか、やがて、その異質なものは子供たちにも、部屋の中全体の空気にも感じられ、それらのものがふだん忘れていた彼女の孤立感を突然ハッキリ目醒《ざ》めさせる、そんなことを私は、彼女のこわばった微笑の中に、ふと感じた。

玄関にブザーが鳴って、さっき教会にいた紳士が縞《しま》のスポーツ・シャツを着て顔を覗《のぞ》かせた。そういえば彼の顔はインディアンにも見えないことはない。私は、いくらか［Ｚ］。彼は、この部落のインディアンの行事をうつした映画のフィルムと映写機とを持ってきてくれたのだ。私は、べつに映画がそれほど見たいわけではなかった。ただ、部屋を暗くし、映写がはじまれば、村島師の奥さんの顔からギコチなさが少しでも消えるかと思ったからである。それにスポーツ・シャツの男は、みるからに陽気な顔をしており、ひとりでに家じゅうの皆を浮きうきさせた。――こういうのを馴《な》らされたインディアンというのだろうか。インディアンたちの間ではキリスト教の牧師や教会に近づくものを馬鹿にする習慣があるという。おそらく彼は、そういう連中の一人なのだろうか……。しかし、そのインディアンがニコニコしながら大声でしゃべっている言葉のオダンペンを、ふと聞きとった瞬間、③私は不意に自分の笑いがこわばってくるのを感じた。

れているのである。それにインディアン・リザーヴには電灯もないと聞いていたが、ここではそんなこともなく、部屋の中は煖房《だんぼう》もよく利《き》いていた。しかし私が落胆《らくたん》し、何よりも意外だったのは、空席の目立つ会衆の大部分が白人で、インディアンらしい顔が一人も見当らないことだった。……インディアン部落に訪ねていくと、よく日本人はインディアンに間違えられ、「何処の部落から来たか」と親しげに訊《たず》ねられたりするという。しかし、ここでは黄色人種の特色がハッキリと顔や体格にあらわれているのは、われわれ二人と牧師の村島氏だけだった。村島師は極めて流暢《りゅうちょう》な英語で説教していた。

「神は唯一人である、白人の神、黒人の神、インディアンの神があるというわけではない……」

途中からきいたので良くわからなかったが、説教は型通りであり、会衆の反応も単におとなしいというだけで、どちらかといえば村島師の顔はいくぶん浮き上がっているように見えた。しかし、白人を前にした日本人牧師の説教をきくのは私には初めてであり、その意味で私自身がうわずっているのかも知れなかった。礼拝がおわり、会衆は一と組の若い男女を残して引き上げた。若い二人は近く結婚することになっており、そのことで村島師は相談をうけていた。男はスラリと背が高く、女はウ褐色の髪と眼をしてジャクリーヌ・ケネディに似ていた。

「きょうは日本からのお客さんと会食をしなければなりませんから、あなたがたのお話はあとでユックリうかがいましょう」

村島師は二人を帰し、私たちを牧師館に案内してくれた。みちみち平林さんは村島師に話しかけた。

「いまの二人は、ちょっとインディアンには見えませんなア」

「だって白人でしょう、きょうの人たちは」私は驚いて訊《き》きかえした。

「いや、みんなインディアンですよ」平林さんは断定的に言った。

村島師は、黙って笑いながら軽くうなずきかえした。その顔に、なぜか一瞬、私はドキリとさせられた。（　Y　）私は、さっき村島師がいった言葉を憶《おも》い返し、心の中でつぶやいた。けれども私の胸には、ひどく空白なものが冷たく拡がってくるばかりだった。

一と口にインディアンといっても決して一様のものではない、部族によって、言葉も違い、文化も伝統も違う、たとえばここのイロ

「この地図は、どうもアテにならんですなア」

「まさか、これは X の地図というわけじゃないんだろうな。彼から見た彼女の地図なんていうんじゃや、おれたちにはちょっと見分けがつかんからなア」

しかし、まわりの風景はすばらしかった。平野の彼方《かなた》に青黒く底光りする山脈がつらなり、道傍《どうぼう》に欅《けやき》のような背の高い木が葉の落ちた枝を拡げて、陰鬱《いんうつ》な雲の垂れこめた空を突き刺すように立っている。それは一見、何のヘンテツ〔イ〕もなさそうな景色だが、普通ハイ・ウェイの両側にひろがる牧場や近代的な大農場とは明らかに異質な野良の眺めだった。冷えこんだせいか、私は尿意をもよおし、車を停《と》めてもらった。

「大丈夫かな」

「ま、いいでしょう……。ぼくもお付き合いします」

私が枯れた藪《やぶ》の前に立つと、平林さんも車を下りて私の隣に並んだ。枯れ草の間で、尿は白い湯気を立てた。

「ああ、好《よ》い気持ちだな」平林さんはいった。「七年半ぶりですよ、ぼくは」

「何が？　立ち小便をするのがかい」

「ええ。こちらへきてから一度もやったことがなかったです。そんな気分にゃならんですもの」

「ほう、七年半か、ずいぶん長いね」

「長いですね、まったく。しかし何だか、くにへかえったようだ」

そういえば、あたりの景色は、ふと冬の武蔵野か信州の何処《どこ》かの高原を想い出させるようでもあった。

私たちが教会についたとき、すでに朝の二度目の礼拝がはじまっていた。半開きになった扉から、背の高い白髪の紳士が笑顔で、

「早く」

というように、私たちを手招きした。アメリカでプロテスタントの教会に行くと、かならず出会うタイプの人だ。教会は、まだ新しく、思いのほか立派で趣味も悪くなかった。白木の太い材木がふんだんに使ってあるが、こちらでも天然の木材は贅沢《ぜいたく》なものだとさ

二

次の文章を読み、後の問いに答えなさい。

ストーニー・クリークは、地理からいえばハミルトンからナイヤガラに行く途中に当っている。しかしナイヤガラ見物のあと、暗くなって平林さんのお宅に初めて泊めてもらった私は、あくる日、またも平林さんの車でストーニー・クリークに向うと、何だかそこはナイヤガラの滝の少し奥まったところにあるような気がした。道の途中までは、たしかに昨日と同じところを通ったおぼえがあるが、気がつくと、いつの間にか車は、見覚えもない雪に覆われた畑の真ン中を走っていた。

このアサッカクは、無論私の地理オンチのせいもあるが、一つにはインディアン・リザーヴというものが、①ふだんわれわれの関心のいかに遠くにあるかということでもある。いや、心理的に遠いばかりではない。実際にインディアン・リザーヴへの道は地図で計ったよりも遥《はる》かに遠かった。

インディアン保護区、これは鳥獣などの狩猟区と同じようにインディアンが保護されて自由に暮らしている地区というふうに、私たちは考えがちだ。だが実際はその逆で、保護区は要するにインディアンをその中に閉じこめておくために設けられたものらしい。勿論《もちろん》いまでは政府は何とかしてインディアンを一般社会の中に溶けこませようとしているが、いろいろの悪条件からインディアンは保護区から出したがらないし、いったん外の社会へ出た者も結局、保護区へ戻る場合が多いという。

「インディアンの言葉には、第四人称というのがあるそうです」と平林さんはいった。「一人称が〝私〟、二人称が〝君〟、三人称が〝彼〟と〝彼女〟、ところがその〝彼〟が〝彼女〟を指していう場合が第四人称になるというんですよ」

「へーえ」私は、話をきいているうちに、眼の前に架空な第四次元の世界でも拡《ひろ》がったような奇妙な心持になる。「それじゃインディアンが外へ出て、一般の白人なんかと付き合うといっても大変なわけだなア」

いつか道路の舗装がなくなり、路肩が不規則な凸凹の波を打って、道巾《みちはば》が狭くなった。車はどうやら保護区の中に入ったらしい。

平林さんは、いったん地図をひろげて、あたりをたしかめ、車の速度を落した。もう、そろそろ目指す教会は近いらしい。しかし道の両側は依然として、畑だろうか、雪に覆われた平地ばかりだ。

「なかなか着かないね」

問九　傍線部④「残念ながら有効ではない」とあるが、それは地球温暖化がどのような問題であるからだと筆者は述べているか、四十五字以内で説明しなさい。

問十　次の資料を読み後の各設問に答えなさい。

さまざまな汚染により「ゴミ屋敷」のようになった地球を捨て、他の惑星を*テラフォーミングして人類が移住するという計画。これは、ＳＦ文学でお馴染《なじ》みの設定である。この設定を持つ*『インターステラー』は、地球を捨てた人類が土星のコロニーで「懐かしい生活」を垣間《かいま》見る。また、*『ソラリス』では、「主人公が故郷に戻れたのかと思いきや、画面が引いていくと、故郷が海のなかにポツンとあり、それがソラリスに複製された故郷だった」という展開が見られる。

テラフォーミング系のＳＦ文学には、このように「懐かしさ」「故郷」というキイワードがしばしば出現する。無理からぬ話ではないか。地球以外の天体に住みやすさを求め改造するという行為は、そこに［１］のシステムを構築することに他ならない。そして天体を包むように大気ができ、気象が発生し、プランクトンが光合成を行えるほどの豊かな［２］が生まれ、緑が生じる。天体の景色は［３］景色へと変わっていく。長く遠く地球を離れて暮らす人間がそれを眺めるとき、郷愁に誘われないはずがない。

*テラフォーミング ― 惑星を改造しヒトの住環境として整える仮想プロセス。カール・セーガンが提唱した。

*『インターステラー』 ― グレッグ・キイズ著　富永和子訳のＳＦ小説。

*『ソラリス』 ― スタニスワフ・レム著　沼野充義訳のＳＦ小説。

*「主人公が故郷に戻れた ～ ソラリスに複製された故郷だった」―『生環境構築史とＳＦ史　座談』より引用

ⅰ　空欄１・２を補うのに最適な言葉を、出題文から四字以内で抜き出しなさい。

ⅱ　空欄３に当てはまる語句を、出題文の内容を踏まえて十字以内で答えなさい。

問四　傍線部①「長期間にわたって安定していられた」とあるが、ここでいう「安定」とは具体的にどのようなことを指しているか。
本文中から十四字で抜き出しなさい。

問五　次の一文が入るのに最適な箇所を本文中の【Ａ】～【Ｄ】から選び、記号で答えなさい。

炭素は、このようにして地球上を循環しているのだ。

問六　傍線部②「リサイクル」とあるが、この表現の内容として最適なものを次のア～エから選び、記号で答えなさい。

ア　海底で固定された堆積物が火山活動によって、高い温度と圧力条件を満たすことで、二酸化炭素に分解されて、大気中に放出されるということ。

イ　海底で固定化された堆積物が大陸の下に沈み込み、分解され二酸化炭素になり、火山活動によって、再び大気中に放出されるということ。

ウ　火山活動によって放出された二酸化炭素が、海底で堆積物となって固定化されて、やがて海洋プレートの運動で循環するということ。

エ　火山活動によって放出された二酸化炭素が、堆積物となって海底に沈み、海水の酸素と結合して再び分解されるということ。

問七　空欄Ｘ・Ｙに当てはまる言葉の組み合わせとして最適なものを次のア～エから選び、記号で答えなさい。

ア　Ｘ上昇　Ｙ低下　　イ　Ｘ低下　Ｙ低下　　ウ　Ｘ上昇　Ｙ上昇　　エ　Ｘ低下　Ｙ上昇

問八　傍線部③「地球の気候を安定化させるはたらき」とあるが、このはたらきは炭素循環におけるどのような性質によってもたらされたか。本文中から十字で抜き出しなさい。

味で、地球環境がもし長期的に安定だとすれば、このような負のフィードバック効果の存在が不可欠なのだ。

実は、私自身も、地球環境の長期的な安定性の問題に取り組んできた。太陽光度の増大や大陸の成長、地球規模の火山活動の変化などさまざまな条件を考慮して、地球大気の進化と地球環境の長期的安定性について、詳細な検討を行ってきたのである。

その結果、地球環境の進化には大陸の形成と成長がとても重要な役割を果たしてきたことが分かった。地球史前半においては、まだ大きな大陸が形成されておらず、地球表面はほとんど海に覆われていたらしい。その場合、大気中の二酸化炭素は効率的に消費されないため、地表は高温環境（～摂氏一〇〇度）になる。これは、炭酸塩として固定された二酸化炭素が、海洋プレートの沈み込みにともなう火山活動を通じて活発にリサイクルされていた、ということも大きな要因だ。

（田近　英一『凍った地球・スノーボールアースと生命進化の物語』より）

【問題文は設問の都合上、一部変更しました。】

解答に句読点・記号が含まれる場合は一字と数える

問一　二重傍線部ア～オのカタカナを漢字に、漢字はひらがなにしなさい。

問二　傍線部ａ・ｂの本文中での意味として最適なものを次のア～エからそれぞれ選び、記号で答えなさい。

ａ「相殺」

ア　我慢すること　　イ　揉《も》み消してなかったようにすること

ウ　互いに妥協すること　　エ　差し引きして帳消しにすること

ｂ「プロセス」

ア　原因　　イ　要素　　ウ　過程　　エ　道筋

問三　空欄Ⅰ・Ⅱに当てはまる言葉として最適なものを次のア～オからそれぞれ選び、記号で答えなさい。

ア　つまり　　イ　なぜなら　　ウ　しかし　　エ　また　　オ　たとえば

ことに必然性があるのだとしたら、それはいったいどうしてなのだろうか。

　この問題に解答を与えたのが、米国ミシガン大学のジェイムズ・ウォーカー博士である。彼は、いま述べたような炭素循環のプロセスの中で、とくに「風化作用」に注目した。風化作用というのは、炭酸が鉱物を溶解するという化学反応であった。化学反応には温度依存性がある。つまり、温度が高いほど反応は進みやすく、温度が低いほど反応は進みにくい、という性質である。

　そこで、いま[オ]平衡状態にある地球の気候システムに突然擾乱《じょうらん》（小さな乱れによる平衡状態からのズレ）が生じて平均気温が［X］したら、いったい何が起こるかについて考えてみよう。平均気温が［X］することによって、地球全体の風化反応が促進され、二酸化炭素が炭酸塩鉱物として固定される、というプロセスが促進されることになる。すると、大気中の二酸化炭素濃度は低下し、大気の温室効果も［Y］して、地球の平均気温は下がることになる。

　逆に、擾乱によって地球の平均気温が突然［Y］したらどうなるだろうか？　地球全体の風化反応が抑制され、二酸化炭素の消費も［Y］するだろう。しかし、火山活動は気候状態とは無関係に生じるから、二酸化炭素を供給し続ける。すると、二酸化炭素の消費よりも供給がまさることになるので、大気中の二酸化炭素は増加し、温室効果も増加し、地球の平均気温は上昇するであろう。これは、③地球の気候を安定化させるはたらきになっているではないか！

　ある原因によって生じた結果が、その原因を抑制する方向にはたらくような作用のことを、一般に「負のフィードバック効果」と呼ぶ。前述の「正のフィードバック効果」（アイスアルベド・フィードバック）とは逆に、負のフィードバック効果にはシステムを安定化させるはたらきがある。地球の気候は、風化反応の温度依存性によって安定に保たれてきたのではないか、と考えることができるのだ。このフィードバック効果は、その存在を初めて指摘したウォーカー博士に敬意を表して「ウォーカー・フィードバック」と呼ばれている。

　ただし、このような地球システムの安定化メカニズムは、一〇〇万年よりも長い時間スケールで有効なものであって、たとえば現代の地球温暖化のような短い時間スケールでの擾乱に対しては、④残念ながら有効ではない。さきほども述べたが、自然界で生起する現象を議論する際には、その現象に特徴的な時間スケールに注意する必要があるのだ。

　地球環境が、地球史を通じて安定に保たれてきたのは、ウォーカー・フィードバックのおかげだと考えられている。もし地球システム内にこのような負のフィードバック効果が存在しなければ、地球環境は暴走的に温暖化または寒冷化してしまうはずである。その意この反応には、現在でもほとんどの場合、生物が関与している。石灰質の殻をつくる植物プランクトンである円石藻（ココリス）や動物プランクトンである有孔虫、翼足類などがそうだ。貝殻やサンゴ礁なども炭酸塩鉱物でできている。円石藻や有孔虫は、死んだ後、海の中を沈降して海底に堆積する。大気中の二酸化炭素は、風化作用と炭酸塩鉱物の沈殿を通じて固定されていくのである。

　大気中の二酸化炭素のもうひとつの消費プロセスは、生物の光合成である〈図9〉。陸上植物や植物プランクトンなどの光合成生物は、二酸化炭素と水から有機炭素（有機化合物、有機物ともいう）を生合成する。私たち生物のからだは、基本的に有機炭素からできている。タンパク質や炭水化物、脂肪なども、みな有機炭素のなかまだ。

【　A　】有機炭素は、[ア]カンゲン的な物質なので、周囲に酸素があると、酸素と結合して酸化分解されやすい。食べ物を長時間放置しておくと、だんだん腐敗していくが、これはようするに酸化されているのだ。死んで[イ]代謝活動が停止した生物のからだも、同様である。たとえば、海の表層では植物プランクトンが活発に光合成を行う。しかし、プランクトンが死ぬと、その死骸《しがい》は海洋の内部を沈降し、海底に[ウ]到達する前に九九パーセント以上が酸化分解されて二酸化炭素と水に戻ってしまう。

【　B　】ただし、ごく一部（一パーセント以下）は分解されずに海底に堆積する。海底に堆積した後も、堆積物の間隙《かんげき》を占める海水中の酸素などと反応して酸化分解を受ける。しかし、十分深く[エ]マイボツすると酸素などから完全に隔離され、それ以上の酸化分解を免《まぬか》れる。これが、正味での二酸化炭素の固定プロセスになっている。

【　C　】これらの堆積物は、それをのせた海洋プレートとともに大陸の下に沈み込み、高い温度・圧力条件のもとで分解され、ふたたび二酸化炭素となる。この二酸化炭素は、沈み込み帯の火山活動によってふたたび大気中に放出される〈図9〉。日本列島などのプレートの沈み込み帯における火山活動によって放出されている二酸化炭素の九〇パーセントは、もともと海底堆積物中に存在していた炭酸塩鉱物や有機炭素の[②]リサイクルだという推定もある。

【　D　】それでは、こうした炭素循環によって、大気中の二酸化炭素濃度はどのように決まっているのだろうか。たとえば、現在の二酸化炭素濃度は、何か特別な理由があって三〇〇ｐｐｍ程度になっているのだろうか。もしたまたまそうなっているのだけなのだとしたら、二酸化炭素濃度は、三〇〇〇ｐｐｍでもおかしくないし、三〇ｐｐｍでもいい、ということなのだろうか。もしそうならば、地球環境は非常に高温になったり低温になったり、ひどく不安定だといわざるを得ない。現在の二酸化炭素濃度が三〇〇ｐｐｍであるまらない。大気中の二酸化炭素濃度は、「炭素循環」によって調節されている。炭素循環というのは、一般には「物質循環」とよばれる、

〈図9〉

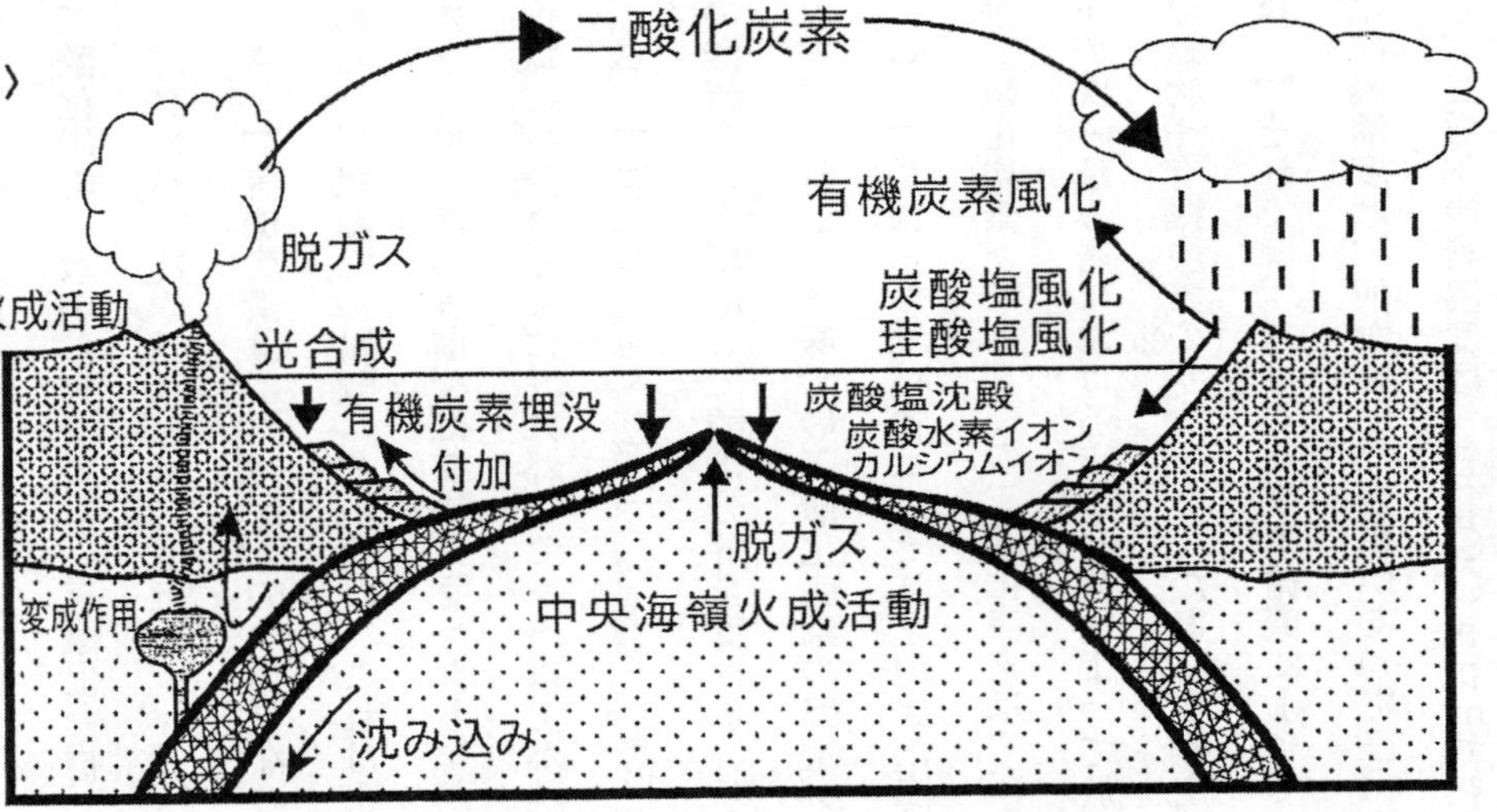

地球に特有な元素の挙動のことだ。炭素はさまざまな b プロセスによって、その化学的な形態を変化させながら地球上を循環している。地球温暖化問題でも、炭素循環の挙動が重要な鍵《かぎ》を握っている。

地球温暖化問題は、数十年のスケールの変化に焦点があてられているので、人類活動によって大気中へ放出された二酸化炭素が、海洋に吸収されたり、陸上や海洋の生物の光合成によって固定されたり、といったプロセスが重要となる。これらはみな、速い速度で炭素をやり取りするプロセスだ。このような比較的短い時間スケールでの炭素循環においては、大気と海洋と生物圏との間での炭素の分配が主要な問題となる。

［Ⅰ］、数百万年よりも長いような、いわゆる地質学的時間スケールでの変化に焦点をあてる場合には、同じ炭素循環といっても、火山活動や大陸の風化作用、海底堆積《たいせき》物の形成など、大気や海洋と固体地球との相互作用が重要となってくる。

［Ⅱ］、火山活動が生じると、二酸化炭素が火山ガスとして大気中に供給される（図9）。二酸化炭素は、水に溶けて炭酸になる。炭酸は、炭酸飲料として普段から口にしているので、なじみがあるだろう。実は、大気中の二酸化炭素が水に溶ける結果雨水や地下水、海洋などにも炭酸が含まれている。炭酸は弱い酸だが、長い時間をかければ地表の岩石を構成する鉱物を徐々に溶かしていく。これを化学的風化作用（以下、風化作用）と呼ぶ。風化作用によって鉱物から溶け出たカルシウムなどの陽イオンは、河川を通じて海洋に運ばれる。海洋においては、炭酸イオンとカルシウムイオンとが反応して、炭酸カルシウムと呼ばれる鉱物が沈澱《ちんでん》する。炭酸カルシウムというのは、一般には炭酸塩と総称される非常にありふれた鉱物である。石灰岩も炭酸塩からなる。石灰岩が熱変成を受けたものが大理石である。

二〇二二年度　文化学園大学杉並高等学校（第１回）

【国　語】（五〇分）〈満点：一〇〇点〉

一　次の文章を読み、後の問いに答えなさい。

地球の環境は、どうやってそんなに①長期間にわたって安定していられたのだろうか？　これは、非常に深遠な問いである。なぜならば、この問いは、地球上になぜ生命が誕生し、長い時間をかけて進化し、現在私たちがここにこうして存在しているのか、という問いにつながるからである。

過去の太陽は暗かった、というだけではない。地球環境に大きな影響を及ぼす要因はほかにもたくさんあり、それらは地球史を通じて大きく変動してきたと考えられる。

たとえば、火山活動は現在より激しかった時期もあれば、弱かった時期もあっただろう。大陸は地球史を通じて成長し、集まって超大陸になったり、ばらばらに分裂したり、ということを繰り返してきた。生命が誕生し、地球全体にその活動の場を広げ、さまざまに進化してきたことも、地球環境には大きな影響を及ぼしてきたと考えられている。それなのに、地球は長期間にわたって、どうやって温暖湿潤な環境を維持することができたのだろうか。

地球史初期において、現在の数百倍もの二酸化炭素が大気中に存在したとすれば、その温室効果によって暗い太陽の条件下でも地球を温暖な環境に保てることはすでに述べた。けれども、どうしたら大気中の二酸化炭素濃度をそんな高い値に調節することができたのだろうか。大気中の二酸化炭素濃度は、太陽が時間とともにだんだん明るくなる影響をうまい具合にa相殺《そうさい》するように下がってきたのだろうか。それはあまりに都合が良すぎる話ではないか。太陽光度の増加によって地球の温暖化が進み、金星のような灼熱《しゃくねつ》の環境になってしまった可能性もあるのではないだろうか。疑問はたくさん浮かんでくる。

このような問題を考えるためには、そもそも大気中の二酸化炭素濃度がどのように決まっているのか、ということを知らなければ始

2022年度／文化学園大学杉並高等学校（第１回）

英語解答

Ⅰ (1) イ　(2) ウ　(3) エ　(4) ア
(5) エ

Ⅱ イ，ウ，キ，ク，コ

Ⅲ (1) エ　(2) ウ　(3) ア　(4) イ

Ⅳ (1) ウ　(2) イ　(3) ア　(4) オ
(5) エ

Ⅴ (1) Why don't we go to see
(2) and I have been good friends for
(3) able to go shopping if it stops
(4) from Tom made his mother happy
(5) told her to take this medicine every
(6) I wish I could meet my

Ⅵ (1) (例) Thank you for coming to my birthday party yesterday.
(2) (例) I haven't finished reading the book yet.
(3) (例) She can't sing as well as her sister (can).
(4) (例) Please show me the picture(s) (that/which) you took in Kyoto.

Ⅰ〔放送問題〕解説省略

Ⅱ〔長文読解─内容真偽─説明文〕

《全訳》❶世界遺産委員会は国際連合教育科学文化機関（ユネスコ）の支部である。世界遺産委員会は1972年に創設されて以来，世界中の167の国で世界遺産を承認してきた。これらの遺産は文化遺産か自然遺産のどちらかとして承認されるが，ときには両者を複合した価値を持つと考えられることがある。❷トンガリロ国立公園はニュージーランドで最も古い国立公園で，北島の中央に位置している。それは世界で設立された４番目の国立公園で，文化と自然を複合した価値のある世界遺産としてユネスコに承認されている。トンガリロという名前は「寒い南から吹く風」を意味するマオリの言葉に由来する。公園の真ん中にそびえる，高く，雪をかぶった山々は，ニュージーランドの先住民であるマオリ族の人々にとって深い神聖な意味を持つ。❸マオリ族は現在ニュージーランドとして知られている国に，早くも紀元600年には着いていたのではないかと信じられている。彼らは自分たちがいたかつてのポリネシアの村々から新しい島々に植物や動物を運んできて，そこを「アオテアロア」と呼んだ。到着すると，彼らは豊かで独特な文化を生み出した。トンガリロの山々と火山はこの文化の芸術，信仰，習慣のいくつかの中心にあった。❹1800年代の終わりに，その山々はニュージーランドに大勢でやってきていたヨーロッパの入植者に売られそうになった。マオリ族は自分たちの山々をとても愛していたので，それらを守るための計画を考えた。それらを売り払う代わりに，その土地のマオリ族は山々を取り囲む土地をイギリス女王に与えた。しかし，彼らは１つの条件が満たされれば大事な山々を贈り物として与えるつもりだった。その条件とは，その土地が国立公園として保護されるということだった。女王はマオリ族の１つの条件を守ると約束した。それからその土地はトンガリロ国立公園となり，山々とその自然環境は今日まで保護され続けている。❺トンガリロ国立公園は，文化と自然の価値の両方を持つので珍しい。1000以上の世界遺産の中で，複合遺産は39だけである。マオリ芸術の美しい影像の多くが公園の中で見られる。マオリ族は何年もの間，自分たちの文化を代々伝えてきている。公園での主なアクティビティは夏のハイキングや登山，冬のスキーやスノーボードである。狩りや魚釣り，マウンテンバイク，乗馬，ラフティングなどもある。何百万人もの人が公園の独特でさまざまな価値を楽しんでいる。

＜解説＞ア．「ユネスコは世界遺産委員会の支部である」…×　第１段落第１文参照。　イ．「世界遺産のいくつかは文化遺産と自然遺産の両方として承認されることがある」…○　第１段落最終文に一致する。　ウ．「トンガリロ国立公園はニュージーランドの他のどの国立公園よりも古い」…○　第２段落第１文に一致する。　エ．「トンガリロという名前はマオリ語で『高く雪をかぶった山』という意味である」…×　第２段落第３文参照。　オ．「マオリ族の人々はニュージーランドに着いたときに，彼らの豊かで独特な文化を失った」…×　第３段落第１～３文参照。　カ．「トンガリロ国立公園の中の全ての山々はニュージーランドに来たヨーロッパの人々に売られた」…×　第４段落前半参照。　キ．「その土地のマオリ族は自分たちの山々をイギリス女王に渡すことで守った」…○　第４段落後半に一致する。　ク．「女王が条件を守ると約束したので，トンガリロ国立公園の中の土地は保護されている」…○　第４段落後半に一致する。　ケ．「トンガリロ国立公園には文化と自然の両方の価値がある39の遺跡だけがある」…×　第５段落第１，２文参照。　コ．「トンガリロ国立公園では，冬でも夏でも，さまざまな種類のアクティビティをすることができる」…○　第５段落後半に一致する。

Ⅲ〔内容一致―広告を見て答える問題〕

≪全訳≫エドバリー子どもフェスティバル／学生ボランティア募集！／エドバリー子どもフェスティバルを２年ぶりに開催する予定です！　エドバリー子どもフェスティバルは100人のボランティアの助けを借りることで，スムーズに実施できます。子どもたちとアクティビティをしたり，来客をもてなしたりする学生ボランティアを求めています。／■日時■５月１日土曜日，午前８時30分～午後４時30分／＊雨天の場合は，５月２日日曜日に行われる予定です。■場所■セントラルシティ公園／どんな仕事？／ボランティアは，フェスティバルのために少なくとも５時間，ボランティアをすることを求められます。８時～１時か12時～５時を選べます。全ての学生ボランティアはボランティアをする前に研修に参加する必要があります。仕事は以下のとおりです。／－子どもたちが以下のゲームや工作をするのを手伝う／バルーンアート／折り紙／トランポリン／リサイクル材料で何かをつくる／－アクティビティの前の準備や後片づけ／得られる物は？／－無料のＴシャツ／－ボランティアした時間を記した証書／◆簡単なオンラインの申し込みは以下から：／◆詳細情報：サラ・スミス(0163-392-6636)までご連絡ください。

＜解説＞(1)「土曜日に雨が降ったら，子どもたちは(　　)ことができる」―エ．「翌日にフェスティバルに参加する」　Date & Time の下の「＊」印参照。　(2)「学生ボランティアは(　　)ことを求められている」―ウ．「子どもたちとアクティビティをする」　冒頭の説明書き最終文および What kind of jobs？の最初の箇条書き参照。　(3)「このボランティア活動に参加する場合，(　　)を得るだろう」―ア．「フェスティバルにボランティアとして参加したことを示す書類」　What can you get？の項参照。　(4)「さらなる情報が欲しいなら，(　　)」―イ．「サラ・スミスに電話をする」　広告の最終文参照。

Ⅳ〔長文読解―適文選択―物語〕

≪全訳≫❶ある寒い12月の夕方で，遅い時間になってきていた。男はオマハから車で戻っているところで，先はまだ長かった。寒くなってきていて，すぐに雨は雪に変わるだろう。彼の１日はとても残念なものだった。彼は仕事の面接のために町へ行ったのだが，遅すぎたのだ。全ての職はすでに埋まっていた。彼は工場が閉鎖したときに仕事を失っていた。お金が必要だった。❷前方で，道路脇に車がとまっているのが見えた。新車のようだった。年配の女性がその車のそばに立っていた。$_1$男は車から降りて，その女性の方に向かった。❸「どうしました？」と男は尋ねた。女性は何も言わなかった。その男はあまり親しみやすいようには見えなかった。彼のコートは古く，汚れていた。$_2$彼女は怖くなり，この男を信用できるかわからなかったのだ。しかし彼女に選択肢はなかった。とても寒く，雨が降っていた。❹「タイヤがパンクしてしまったんです。レッカー車を呼ぼうとしたんですけど，ここには携帯電話の電波がなくて」と彼女は言った。❺「ああ，そうでしたか」と男が笑いながら言った。❻「あなたは確かにパンクをするには最悪な場所を選びましたね。でも心配はいりません。すぐに道路に戻してあげますよ。ところで，私の名前はポールです」と彼は言った。❼「私はエドナです」と女性が言った。「助けてくださってどうもありがとうございます。誰も来ないのではないかと心配していたんです」❽「どういたしまして。でもあなたはかなりラッキーです。この辺りは何マイルも何もありませんからね」とポールが言った。彼はタイヤを取り換える作業に取りかかった。$_3$暗かったが，それは以前に何度もやったことがある単純な作業だった。❾「お礼の申しようもありません」とエドナは言った。彼女はポールにお金をいくらか渡そうと財布を開いた。ポールはそのことについて少し考えた。彼には本当にそのお金が必要だったのだが，彼は首を横に振った。❿「それについては心配しないでください」と彼はほほ笑みながら言った。エドナは彼にもう一度感謝して，彼らはそれぞれの車に戻った。彼らは夜の闇の中に走り去った。⓫約１時間，道路を行ったところで，エドナはコーヒーと食べ物を求めて小さな食堂に立ち寄ることにした。ウェイトレスが彼女の注文を取りに来た。彼女は妊娠していた。$_4$彼女はとても疲れているようだったが，顔に明るいほほ笑みを浮かべていた。エドナの注文を取るとき，彼女はとても愛想がよかった。エドナは食事をしている間，そのウェイトレスが他の客に応対しているところを見ていた。ウェイトレスは注文を取るとき，誰とでも親しみやすい会話を交わした。彼女は休むために一秒も立ち止まらなかった。エドナは食べ終わると，食事の支払いをするためにウェイトレスに100ドル札を渡した。ウェイトレスがおつりを取りに行っている間に，エドナは立ち上がって静かにドアの外に出た。$_5$ウェイトレスが戻ったとき，エドナがいないことに気づいた。ウェイトレスはエドナを捕まえようと急いでドアの外に出たが，彼女はすでにいなくなっていた。エドナのテーブルを片付けるために中へ戻ると，彼女はもう１枚100ドル札がテーブルの上にあるのを見つけた。そのウェイトレスはそれを取り上げた。彼女は信じられなかった。どれだけ彼女が今そのお金を必要としているか，あの女性はどうして知ることができたのだろう。⓬ウェイトレスは仕事を終えた。彼女は車に乗り込み，家に運転して帰った。顔に大きな笑顔を浮かべていたが，それは彼女がふだんするのとは違う笑顔だった。家に着くと，夫がソファに座ってテレビを見ていた。彼女は彼に走り寄り，ぎゅっと抱きしめてキスをした。彼は驚いて彼女を見た。⓭「ああ，ポール，今日職場で何が起こったか，あなたには決してわからないでしょうね！」と彼女は言った。

＜解説＞⑴車のそばでたたずんでいる年配の女性を見かけて，女性のところへ行ったという文脈。男は直後で女性に話しかけて事情をきいている。　⑵男の見た目がよくなかったので，女性は男を信じていいかわからなかったという文脈を読み取る。　⑶直前で，ポールがタイヤの交換を始める様子が描写されている。アの２つ目の it はこの作業を受けていると考えられる。　get to work「仕事に取りかかる」　(4)ウェイトレスが注文を取りに来ている場面。その様子を描写している内容を選ぶ。　(5)エドナが立ち去った後の描写として適切なものを選ぶ。

V〔整序結合〕

(1)Why don't we ～？「～しませんか」は'提案・勧誘'を表す表現。「映画を見に行く」は go to see a movie で表せる。

(2)「20年前からの親友です」は「20年間ずっといい友達です」と考え，'have/has＋過去分詞'の現在完了('継続'用法)で表す。

(3)「～することができるでしょう」は will be able to ～ で表せる。「買い物に行く」は go shopping。「雨がやめば」は if it stops raining とまとまるが，このように'条件'や'時'を表す副詞節では未来の内容でも現在形で表すことに注意。

(4)語群に made があるので，「トムからのEメールが彼の母をうれしくさせた」と読み換えて'make＋目的語＋形容詞'「～を…(の状態)にする」の形をつくる。

(5)「〈人〉に～するように言う」は'tell＋人＋to ～'の形で表せる。「薬を飲む」という場合，動詞には take を使う。

(6)「～ならなあ」という，'現在実現できそうもないことへの願望'は'I wish＋主語＋助動詞の過去形 ...'という形で表せる(仮定法過去)。

VI〔和文英訳―完全記述〕

(1)「～してくれてありがとう」は Thank you for ～ing で表せる。

(2)「まだ～していない」は現在完了形の'have not＋過去分詞...＋yet'の形を用いる('完了'用法)。「～し終える」は finish ～ing。

(3)「～ほど…でない」は'not as〔so〕… as ～'の形で表せる。

(4)「〈人〉に〈物〉を見せる」は'show＋人＋物'で表せる。「あなたが京都で撮った写真」は the picture(s) を先行詞とし，'物'を先行詞とする目的格の関係代名詞 that または which の後に you took in Kyoto を続ける。目的格の関係代名詞は省略可能。

2022年度／文化学園大学杉並高等学校（第１回）

数学解答

1 (1)　-39　(2)　10　(3)　$\frac{3a-2b}{3}$

(4)　16　(5)　$x=4,\ y=-2$

(6)　$(a+b-4)(a+b+3)$

(7)　$a=\frac{2b-c}{5}$　(8)　$x=\frac{1\pm\sqrt{13}}{2}$

(9)　2

(10)　誤りのある番号…④
正しい答え…4.5回

2 (1)　28　(2)　$\frac{1}{2}$　(3)　447

(4)　方程式…$80(45-x)+500x=12000$
$x=20$

3 (1)　105°　(2)　$96\pi\,\mathrm{cm}^2$　(3)　1.6m

(4)　$\frac{4\sqrt{5}}{3}$cm

4 (1)　$-\frac{9}{4}\leqq y\leqq 0$　(2)　$(-2,\ -1)$

(3)　$4\sqrt{2}$　(4)　$y=-\frac{5}{2}x+6$

(5)　$\frac{54}{25}$

1〔独立小問集合題〕

(1)＜数の計算＞$(-3)^3=(-3)\times(-3)\times(-3)=-27$，$6^2=6\times6=36$ より，与式$=-27\div9-36=-3-36=-39$ となる。

(2)＜数の計算＞与式$=\sqrt{5\times20}-5\sqrt{5}+\frac{25\times\sqrt{5}}{\sqrt{5}\times\sqrt{5}}=\sqrt{10^2}-5\sqrt{5}+\frac{25\sqrt{5}}{5}=10-5\sqrt{5}+5\sqrt{5}=10$

(3)＜式の計算＞与式$=\frac{9a-5b-3(2a-b)}{3}=\frac{9a-5b-6a+3b}{3}=\frac{3a-2b}{3}$

(4)＜式の計算＞与式$=x^2-8x+16+8x-x^2=16$

(5)＜連立方程式＞$4x+y=14$……①，$x-5y=14$……②とする。①×5 より，$20x+5y=70$……①′　①′+②より，$20x+x=70+14$，$21x=84$　$\therefore x=4$　これを①に代入して，$4\times4+y=14$，$16+y=14$　$\therefore y=-2$

(6)＜式の計算―因数分解＞$a+b=A$ とおくと，与式$=(A+1)(A-2)-10=A^2-A-2-10=A^2-A-12=(A-4)(A+3)$となる。$A$をもとに戻して，与式$=(a+b-4)(a+b+3)$となる。

(7)＜等式変形＞左辺と右辺を入れかえて，$\frac{5a+c}{2}=b$，両辺に2をかけて，$5a+c=2b$，cを移項して，$5a=2b-c$，両辺を5でわって，$a=\frac{2b-c}{5}$ となる。

(8)＜二次方程式＞$x^2-x-3=0$ となるので，解の公式を用いて，$x=\frac{-(-1)\pm\sqrt{(-1)^2-4\times1\times(-3)}}{2\times1}=\frac{1\pm\sqrt{13}}{2}$ である。

(9)＜関数―比例定数＞関数 $y=\frac{1}{2}x^2$ において，$x=1$ のとき $y=\frac{1}{2}\times1^2=\frac{1}{2}$，$x=3$ のとき $y=\frac{1}{2}\times3^2=\frac{9}{2}$ だから，xの値が1から3まで増加するとき，xの増加量は $3-1=2$，yの増加量は $\frac{9}{2}-\frac{1}{2}=4$ となり，変化の割合は，$\frac{〔y の増加量〕}{〔x の増加量〕}=\frac{4}{2}=2$ である。また，関数 $y=ax$ の変化の割合は常に a である。よって，変化の割合が等しくなることから，$a=2$ である。

(10)＜データの活用＞①…正。シュートの入った回数の最小値は2回，最大値は9回だから，範囲は $9-2=7$(回)である。　②…正。2回が4人，3回が3人，4回が3人，5回が1人，6回が1人，7回が5人，8回が2人，9回が1人で，生徒は20人だから，平均値は$(2\times4+3\times3+4\times3+5\times1$

$+6\times1+7\times5+8\times2+9\times1)\div20=100\div20=5$(回)である。　③…正。7回の生徒が5人で最も多いから，最頻値は7回である。　④…誤。生徒が20人なので，中央値は，回数の小さい方から10番目と11番目の平均である。4点以下が$4+3+3=10$(人)，5点以下が$10+1=11$(人)だから，10番目が4点，11番目が5点であり，中央値は，$(4+5)\div2=4.5$(回)となる。

2 〔独立小問集合題〕

(1)<**数の性質**>aを自然数とすると，$\sqrt{7n}$が整数となる自然数nは，$n=7a^2$と表せる。$\frac{n}{14}$が整数となる自然数nは，14の倍数である。$14=7\times2$だから，$n=7a^2$が14の倍数となるaは2の倍数である。よって，$\sqrt{7n}$と$\frac{n}{14}$がともに整数となる最も小さい自然数nは，$a=2$のときで，$n=7\times2^2=28$となる。

(2)<**確率―硬貨**>100円，50円，10円の3枚の硬貨を同時に投げるとき，それぞれ表，裏の2通りの出方があるから，表，裏の出方は全部で$2\times2\times2=8$(通り)ある。このうち，表が出た硬貨の合計金額が100円以上になるのは，100円硬貨が表であればよいから，(100円，50円，10円)＝(表，表，表)，(表，表，裏)，(表，裏，表)，(表，裏，裏)の4通りある。よって，求める確率は$\frac{4}{8}=\frac{1}{2}$である。

(3)<**特殊・新傾向問題―規則性**>$\frac{1}{7}=1\div7=0.142857142857\cdots$より，$\frac{1}{7}$を小数で表すと，小数第1位から，1，4，2，8，5，7の6個の数字がこの順に繰り返される。これより，小数第1位から小数第100位までは，$100\div6=16$あまり4より，1，4，2，8，5，7の6個の数字が16回繰り返され，その後に1，4，2，8の4個の数字が続く。よって，小数第1位から小数第100位までに出てくる数字の総和は，$(1+4+2+8+5+7)\times16+1+4+2+8=27\times16+15=447$となる。

(4)<**一次方程式の応用**>杉男さんは，9時に家を出てから9時50分にサッカーグラウンドに着いているので，家からサッカーグラウンドまでかかった時間は50分である。バス停でバスを待っていた時間が5分，バスに乗っていた時間がx分だから，家からバス停までと，バス停からサッカーグラウンドまで歩いた時間の合計は$50-5-x=45-x$(分)と表せる。よって，歩く速さが毎分80mより，歩いた道のりの合計は$80(45-x)$mとなる。また，バスの速さが毎時30kmより，バスで移動した道のりは$30\times\frac{x}{60}=\frac{1}{2}x$(km)，つまり$\frac{1}{2}x\times1000=500x$(m)となる。家からサッカーグラウンドまで12km，つまり$12\times1000=12000$(m)だから，$80(45-x)+500x=12000$が成り立つ。これを解くと，$4(45-x)+25x=600$，$180-4x+25x=600$，$21x=420$，$x=20$(分)となる。

3 〔独立小問集合題〕

(1)<**平面図形―角度**>右図1で，線分AEと辺CDの交点をFとする。四角形ABCDは正方形，△EDCは正三角形だから，$\angle\mathrm{ADF}=90^\circ$，$\angle\mathrm{EDC}=60^\circ$より，$\angle\mathrm{ADE}=\angle\mathrm{ADF}+\angle\mathrm{EDC}=90^\circ+60^\circ=150^\circ$となる。また，AD＝CD，CD＝EDだから，AD＝EDとなり，△ADEは二等辺三角形である。これより，$\angle\mathrm{DAF}=\angle\mathrm{DEA}=(180^\circ-\angle\mathrm{ADE})\div2=(180^\circ-150^\circ)\div2=15^\circ$となるので，△ADFで内角と外角の関係より，$\angle x=\angle\mathrm{DAF}+\angle\mathrm{ADF}=15^\circ+90^\circ=105^\circ$である。

図1

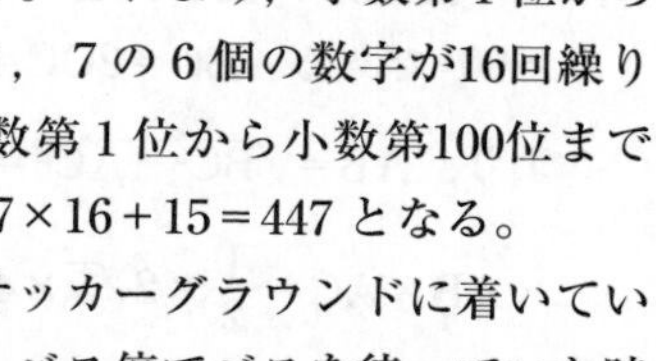

(2)<**空間図形―表面積**>次ページの図2で，円錐の頂点をA，底面の円の中心をO，円Oの周上の点をBとする。OB＝6で，体積が96π cm^{3}であるから，$\frac{1}{3}\times\pi\times6^2\times\mathrm{AO}=96\pi$が成り立つ。これを

解くと，AO＝8となるので，△AOBで三平方の定理より，$AB=\sqrt{AO^2+OB^2}=\sqrt{8^2+6^2}=\sqrt{100}$ $=10$である。次に，この円錐を右図3のように展開する。おうぎ形ABB′の中心角をaとすると，$\overset{\frown}{BB'}$の長さは円Oの周の長さと等しいので，$2\pi\times10\times\dfrac{a}{360^\circ}=2\pi\times6$が成り立つ。これより，$\dfrac{a}{360^\circ}=\dfrac{3}{5}$となる。よって，〔おうぎ形ABB′〕$=\pi\times10^2\times\dfrac{a}{360^\circ}$ $=\pi\times10^2\times\dfrac{3}{5}=60\pi$となり，円Oの面積は$\pi\times6^2=36\pi$だから，円錐の表面積は，〔おうぎ形ABB′〕＋〔円O〕$=60\pi+36\pi=96\pi$ (cm²)である。

図2

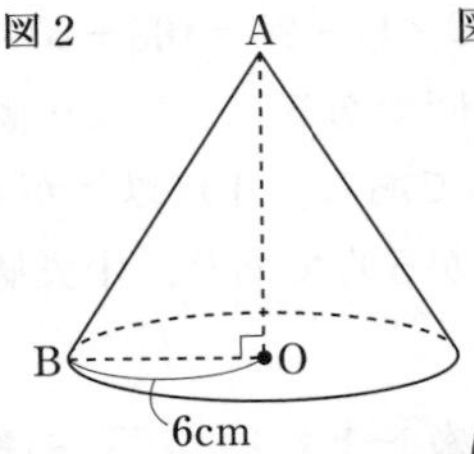

図3

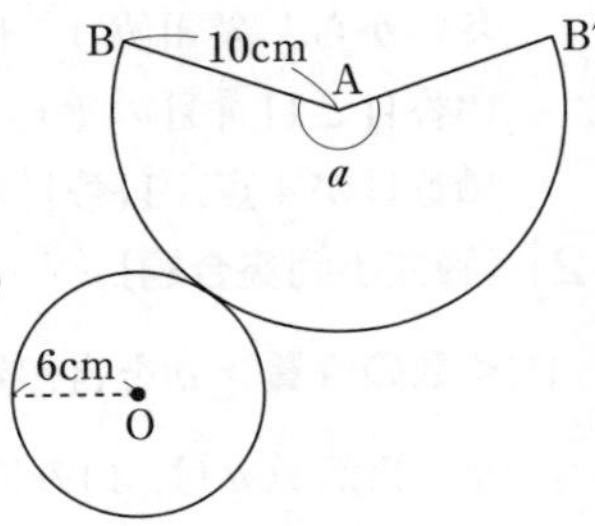

(3)＜平面図形―長さ＞右図4のように，5点A～Eを定める。文子さんの身長は線分DEの長さとなる。∠BAC＝∠EDC＝90°，∠ACB＝∠DCEより，2組の角がそれぞれ等しいので，△ABC∽△DECである。これより，AB：DE＝AC：DC＝(9＋4)：4＝13：4となるので，$DE=\dfrac{4}{13}AB=\dfrac{4}{13}\times5.2$ $=1.6$であり，文子さんの身長は1.6mである。

図4

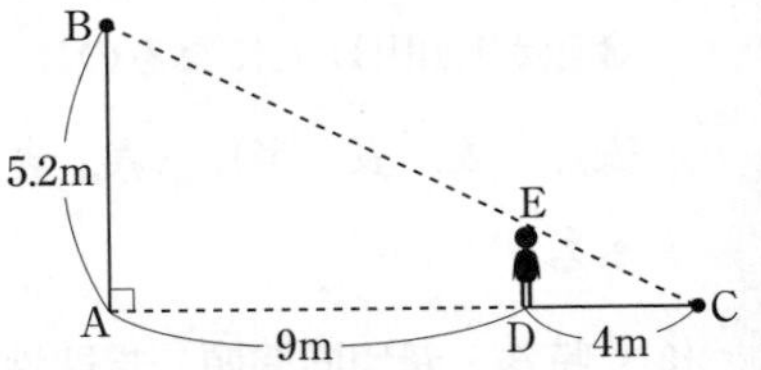

(4)＜平面図形―長さ＞右図5で，線分BCが円Oの直径より，∠BAC＝90°である。BC＝2OC＝2×3＝6だから，△ABCで三平方の定理より，$AB=\sqrt{BC^2-AC^2}=\sqrt{6^2-4^2}=\sqrt{20}=2\sqrt{5}$となり，$\triangle ABC=\dfrac{1}{2}\times AB\times AC=\dfrac{1}{2}\times2\sqrt{5}\times4=4\sqrt{5}$である。また，BCを底辺と見ると，高さはAHとなるので，$\dfrac{1}{2}\times BC\times AH=4\sqrt{5}$より，$\dfrac{1}{2}\times6\times AH=4\sqrt{5}$が成り立ち，$AH=\dfrac{4\sqrt{5}}{3}$(cm)である。

図5

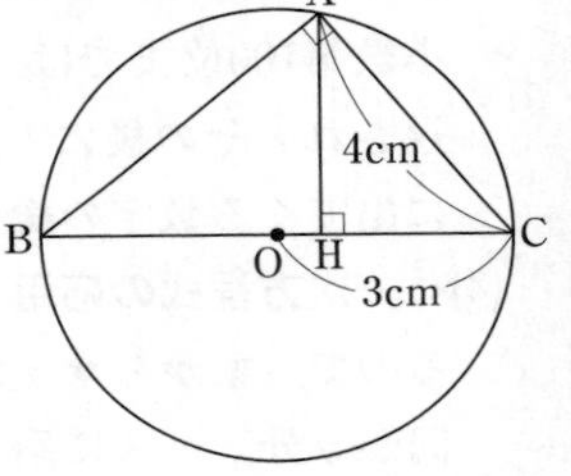

≪別解≫図5で，∠BAC＝∠AHC＝90°，∠BCA＝∠ACHより，△ABC∽△HACである。これより，BA：AH＝BC：ACだから，$2\sqrt{5}$：AH＝6：4が成り立ち，$AH\times6=2\sqrt{5}\times4$，$AH=\dfrac{4\sqrt{5}}{3}$(cm)となる。

4 〔関数―関数$y=ax^2$と一次関数のグラフ〕

(1)＜変域＞関数$y=x^2$は，xの絶対値が大きくなるとyの値も大きくなる関数である。定義域(xの変域)が$-a\leqq x\leqq a$より，xの絶対値が最大の$x=-a$，aのときyの値は最大となる。値域(yの変域)が$0\leqq y\leqq9$より，最大値は$y=9$だから，$x=a$のとき$y=9$である。よって，$9=a^2$が成り立ち，$a=\pm3$となる。$a>0$より，$a=3$だから，定義域は$-3\leqq x\leqq3$である。関数$y=-\dfrac{1}{4}x^2$は，xの絶対値が大きくなるとyの値は小さくなる関数である。xの絶対値が最大の$x=-3$，3のときyの値は最小で$y=-\dfrac{1}{4}\times3^2=-\dfrac{9}{4}$，$x$の絶対値が最小の$x=0$のとき$y$の値は最大で$y=0$だから，求める値域は，$-\dfrac{9}{4}\leqq y\leqq0$である。

(2)＜座標＞次ページの図で，点Aは関数$y=x^2$のグラフ上の点だから，y座標が4のとき，$4=x^2$より，

$x=\pm2$ となり，点Aの x 座標は2である。これより，点Bの x 座標も2であり，点Bは関数 $y=-\frac{1}{4}x^2$ のグラフ上の点だから，$y=-\frac{1}{4}\times2^2=-1$ より，B(2, -1)となる。点Cも関数 $y=-\frac{1}{4}x^2$ のグラフ上の点であり，点Bと点Cの y 座標は等しいから，点Cは y 軸について点Bと対称な点である。よって，C(-2, -1)である。

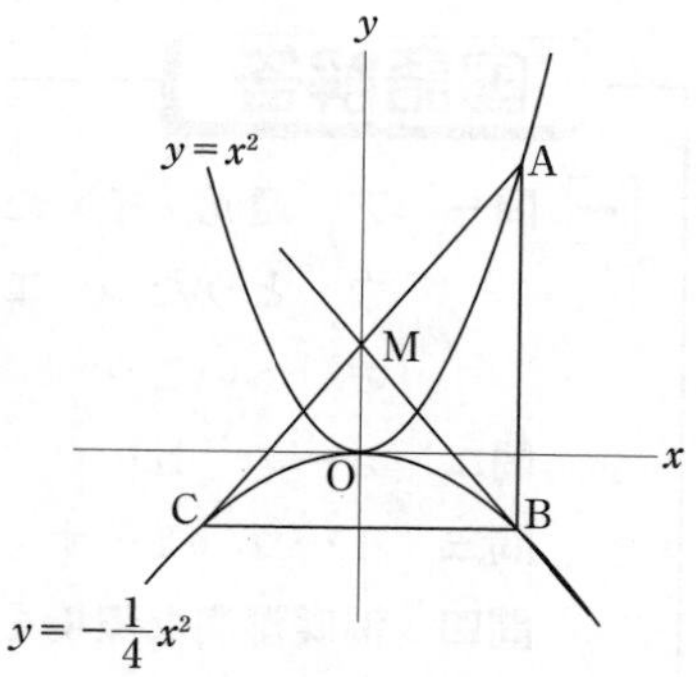

(3)＜長さ＞右図で，2点A，Bの x 座標を t とすると，それぞれ関数 $y=x^2$，$y=-\frac{1}{4}x^2$ のグラフ上の点だから，$y=t^2$，$y=-\frac{1}{4}t^2$ より，A(t, t^2)，B$\left(t,\ -\frac{1}{4}t^2\right)$と表せる。線分ABは y 軸に平行なので，線分ABの長さは，2点A，Bの y 座標の差で，$t^2-\left(-\frac{1}{4}t^2\right)=\frac{5}{4}t^2$ となる。これが10だから，$\frac{5}{4}t^2=10$ が成り立ち，$t^2=8$，$t=\pm2\sqrt{2}$ となる。$t>0$ より，$t=2\sqrt{2}$ なので，点Bの x 座標は $2\sqrt{2}$，点Cの x 座標は $-2\sqrt{2}$ であり，$BC=2\sqrt{2}-(-2\sqrt{2})=4\sqrt{2}$ となる。

(4)＜直線の式＞右上図で，点Cの y 座標が -4 のとき，$-4=-\frac{1}{4}x^2$ より，$x^2=16$，$x=\pm4$ となり，点Cの x 座標は -4 だから，C(-4, -4)である。これより，B(4, -4)となり，点Aの x 座標は4だから，$y=4^2=16$ より，A(4, 16)である。点Bを通り△ABCの面積を2等分する直線とACの交点をMとすると，△ABM＝△BCMとなるから，AM＝CMであり，点Mは線分ACの中点となる。点Mの x 座標は $\frac{4+(-4)}{2}=0$，y 座標は $\frac{16+(-4)}{2}=6$ となり，M(0, 6)だから，直線BMの傾きは $\frac{-4-6}{4-0}=-\frac{5}{2}$，切片は6となり，求める直線の式は $y=-\frac{5}{2}x+6$ である。

(5)＜面積＞右上図で，AB：AC＝3：5より，$AB=3k$，$AC=5k$ とおける。△ABCで三平方の定理より，$BC=\sqrt{AC^2-AB^2}=\sqrt{(5k)^2-(3k)^2}=\sqrt{16k^2}=4k$ となるので，AB：BC＝$3k$：$4k$＝3：4である。2点A，Bの x 座標を t とすると，(3)より，$AB=\frac{5}{4}t^2$ となり，点Cの x 座標は $-t$ だから，$BC=t-(-t)=2t$ となる。よって，AB：BC＝3：4より，$\frac{5}{4}t^2:2t=3:4$ が成り立つ。これより，$\frac{5}{4}t^2\times4=2t\times3$，$5t^2-6t=0$，$t(5t-6)=0$ となり，$t=0$，$\frac{6}{5}$ である。$t>0$ だから，$t=\frac{6}{5}$ であり，$AB=\frac{5}{4}t^2=\frac{5}{4}\times\left(\frac{6}{5}\right)^2=\frac{9}{5}$，$BC=2t=2\times\frac{6}{5}=\frac{12}{5}$ となるので，$\triangle ABC=\frac{1}{2}\times AB\times BC=\frac{1}{2}\times\frac{9}{5}\times\frac{12}{5}=\frac{54}{25}$ である。

国語解答

一 問一 ア 還元 イ たいしゃ
ウ とうたつ エ 埋没
オ へいこう

問二 a…エ b…ウ

問三 Ⅰ…ウ Ⅱ…オ

問四 温暖湿潤な環境を維持すること

問五 D 問六 イ 問七 ア

問八 風化反応の温度依存性

問九 地球温暖化は時間的なスケールが短く，速い速度での炭素をやりとりするプロセスであるから。(43字)

問十 ｉ １ 炭素循環 ２ 海洋
ⅱ 地球にそっくりな

二 問一 ア 錯覚 イ 変哲
ウ かっしょく エ えんかつ
オ 断片

問二 イ，オ 問三 第四人称

問四 神は唯一人 問五 男三人，日

問六 ア

問七 インディアン・リザーヴで生活している村島師に対して，インディアンが自分たちとは隔てた人種であると皮肉を言ったから。(57字)

問八 エ

問九 ｉ 学位，～だった
ⅱ 学位の取得をやめて，日本に帰国すること。
ⅲ…ア

一〔説明文の読解―自然科学的分野―環境〕出典；田近英一『凍った地球 スノーボールアースと生命進化の物語』。

≪本文の概要≫地球史を通じて地球環境に大きな影響を及ぼす要因がさまざまあったのに，なぜ，地球は長期間にわたり温暖湿潤な環境を保つことができたのか。太陽が今より暗かった地球初期は，高濃度の二酸化炭素により温暖な環境を保っていたが，なぜ，太陽が明るくなるにつれて二酸化炭素濃度を下げる調節ができたのか。二酸化炭素の濃度調節は，炭素循環によっている。数百万年よりも長いような地質学的時間スケールの炭素循環は，大気や海洋と固体地球との相互作用によって起きている。炭素循環の中で，二酸化炭素が水に溶けて発生する炭酸が地表の鉱物を溶解する風化作用のはたらきは，温度変化の影響を受ける。平均気温が高くなると風化作用が促進され，大気中の二酸化炭素濃度が低下し，大気の温室効果が下がり，平均気温が下がる。逆に平均気温が低くなると風化作用が抑制され，大気中の二酸化炭素濃度が増加し，大気の温室効果が高まり，平均気温が上がる。このような「負のフィードバック効果」のはたらきにより，地球の環境は安定化してきたのである。

問一＜漢字＞ア．「還元」は，物事をもとの形や状態に戻すこと。　イ．「代謝」は，古いものと新しいものとが入れかわること。　ウ．「到達」は，ある状態や目的に行きつくこと。　エ．「埋没」は，うずもれて見えなくなること。　オ．「平衡」は，つり合いが取れて物事が安定した状態にあること。

問二＜語句＞a．「相殺」は，相反するものを差し引きして帳消しにすること。　b．「プロセス」は，過程や手順のこと。

問三＜接続語＞Ⅰ．数十年という「比較的短い時間スケールでの炭素循環」では，「大気と海洋と生物圏との間での炭素の分配が主要な問題」となるけれども，数百万年よりも長いような「地質学的時間スケールでの変化に焦点をあてる場合」には，「大気や海洋と固体地球との相互作用が重要」となる。　Ⅱ．「大気や海洋と固体地球との相互作用」による炭素循環の具体例として，「火山活動が生じる」場合に，二酸化炭素が地中から大気中へ供給され，大気中から雨水や海洋に溶け，海底に堆積物となって固体地球へと循環していくことが挙げられている。

問四＜文章内容＞火山活動，大陸の成長や分裂，生命の誕生や進化などが，地球環境に大きな影響を及ぼしてきたのに，「地球は長期間にわたって，どうやって温暖湿潤な環境を維持することができた」のかが，疑問なのである。

問五＜文脈＞植物プランクトンの体は，二酸化炭素と水からつくられる有機炭素からできている。そして植物プランクトンが死ぬと，その死骸の一部は分解されずに海底に堆積し，海洋プレートとともに大陸の下に沈み込んだ後，再び二酸化炭素となり，最後は「火山活動によってふたたび大気中に放出され」ていく。「炭素は，このようにして地球上を循環している」のである。

問六＜文章内容＞水に溶けた二酸化炭素とカルシウムなどからできる炭酸塩や，光合成を行って体内に有機炭素を合成する植物プランクトンの死骸といった海底の堆積物は，大陸の下で「ふたたび二酸化炭素」に分解される。この二酸化炭素が火山活動によって「ふたたび大気中に放出」される。つまり，火山活動で放出される二酸化炭素の大部分は，堆積物の中にあったものが循環しているのである。

問七＜文章内容＞風化作用は「化学反応」で，「温度が高いほど反応は進みやすく，温度が低いほど反応は進みにくい」という性質がある。平均気温が上昇すると，「風化反応が促進」され，大気中の二酸化炭素濃度が下がるので，大気の温室効果は低下する。逆に，平均気温が低下すると，「風化反応が抑制」され，大気中の二酸化炭素が鉱物と反応して消費される度合いも低下するのである。

問八＜文章内容＞地球の平均気温が上昇すると，大気中の二酸化炭素が鉱物を溶解する風化反応が進み，二酸化炭素が固定化され，大気中の二酸化炭素濃度が低下することで温室効果も低下し，平均気温が下がるというように，ある原因によって生じた結果が，その原因を抑制してシステムを安定化させる「負のフィードバック効果」が生じる。「地球の気候は，風化反応の温度依存性によって安定に保たれてきた」と考えられるのである。

問九＜文章内容＞地球システムの安定化メカニズムは，長い時間スケールでは有効だが，「速い速度で炭素をやり取りする」現代の地球温暖化のような「短い時間スケール」での乱れには，有効とはいえないのである。

問十．ⅰ＜文章内容＞１．地球以外の惑星を住みやすく改造するテラフォーミングとは，地球特有の「炭素循環」のシステムを構築することである。　**２．**炭素循環のシステムが構築されると，大気ができ，気象が発生して雨が降り，その雨水が集まって海洋ができて植物プランクトンが光合成を行えるようになり，緑が生じるのである。　**ⅱ＜資料＞**地球以外の惑星であっても，テラフォーミングを行い，大気や海洋，緑を持つ大陸が生じることで，まるで地球と同じような景色が広がっていくのである。

二〔小説の読解〕出典；安岡章太郎『瀑布』。

問一＜漢字＞ア．「錯覚」は，思い違いや勘違いをすること。　イ．「変哲」は，普通と変わっていること。　ウ．「褐色」は，黒みがかった茶色のこと。　エ．「円滑」は，物事が滞らず，すらすら運ぶこと。　オ．「断片」は，あるまとまったものの，一部分のこと。

問二＜文章内容＞「私」や平林さんのような日本人からすると，インディアン・リザーヴは，言語や文化の違いによって意思の疎通が難しいという「心理的に遠い」ことに加えて(…イ)，「地図」で計ったよりも実際は距離が「遙かに遠かった」のである(…オ)。

問三＜文章内容＞地図を見て想定していたよりも，目指す教会に着くのに時間がかかっているため，インディアンの言葉に「〝彼〟が〝彼女〟を」指す「第四人称」があるように，見ている地図が，自分たちには実感のわかない「彼から見た彼女の地図」なのではないかと，「私」は言ったのである。

問四＜文章内容＞村島師は，説教の中で，「神は唯一人で」あり，人種や民族によって区別されて神がいるわけではないことを話していた。「私」は，近く結婚する二人の男女を見た目から白人だと思い込んだが，平林さんにインディアンであると聞かされ，人種や民族を区別している自分を意識し，村島師の言葉をふと思い返したのである。

問五＜文章内容＞スコットランド人である村島師の奥さんは，村島師がふだんは使わない日本語で三人の日本人どうしで話しているのを見て，夫の顔や部屋全体の空気が「異質なもの」に感じられ，「孤立感」を覚えたのではないかと，「私」は奥さんの表情から感じた。

問六＜表現＞「私」は，村島師の奥さんが「こわばった微笑」を浮かべ，寂しそうにしていることを気にかけていた。そこに，インディアンの紳士が映画のフィルムと映写機を持ってきてくれたので，映写が始まれば「村島師の奥さんの顔からギコチなさが少しでも消えるか」と期待し，「私」は多少安心したのである。

問七＜文章内容＞インディアンの紳士は，村島師に対して，しょっちゅうお客を呼び，普通のインディアンからすれば「ウマそうなもの」を食べていることを指摘し，村島師をインディアンとは異質なよそ者としてとらえていることを暗ににおわせた。「私」は，インディアンの紳士の陽気な中に皮肉を込めた言い方に気づき，楽しく笑えなくなってしまったのである。

問八＜文章内容＞インディアン保護区は，実際はインディアンを「閉じこめておくために設けられたもの」であり，インディアン・リザーヴにいるインディアンも，外部の人間に完全に心を許すことはないと考えられる。そして，外部から来た人間が「無礼を働いた」と感じれば，インディアンは，自分たちの誇りを大切にし，発砲することもあると考えられる。

問九．ⅰ＜文章内容＞平林さんは，必死に米国社会の中で「大学に通い学位の取得を目指して」きた。しかし，「私」とリラックスして立ち小便をしたことで，日本を強く意識することになり，異質な米国社会で「学位」の取得ばかり「考えて暮らしてきたことが間違いだった」かもしれないと，平林さんは思い始めた。　**ⅱ＜文章内容＞**平林さんは，米国での学位の取得をやめ，家族を連れて「日本へ帰ること」に決めたのである。　**ⅲ＜表現技法＞**インディアン・リザーヴで「私」と平林さんが立ち小便をしたときの辺りの景色は，まるで「冬の武蔵野か信州の何処かの高原を想い出させるようで」もあったと，はっきり指し示す比喩である直喩で表現されている。

2022年度　文化学園大学杉並高等学校(第２回)

【英　語】(50分)〈満点：100点〉

I　次に読まれる Jim と Mary の会話を聞き、後の各問いに対する答えとして最も適切なものをア～エの中から１つ選び、記号で答えなさい。英文は２回放送されます。

■リスニングテストの音声は，当社ホームページで聴くことができます。(実際の入試で使用された音声です)
　再生に必要なＩＤとアクセスコードは「収録内容一覧」のページに掲載しています。

(1) Which is not true about Jim's cats?

ア. Their eyes are blue.
イ. They are a mother and a daughter.
ウ. Jim got them from a cat café.
エ. They used to be stray cats.

(2) What is the thing that you cannot do at the cat café Jim visited?

ア. Play with cats.
イ. Get the cats from the café.
ウ. Take the cats for a walk in the park.
エ. Buy some cat goods.

(3) How many stray cats are there in Tokyo?

ア. 100 cats.　イ. 1,000 cats.　ウ. 5,000 cats.　エ. 10,000 cats.

(4) Which of these opinions does Jim not agree with?

ア. The "Stray cats' problem" is very serious.
イ. Everyone should start keeping dogs and cats because they are very cute.
ウ. It is necessary to care more about the lives of animals.
エ. When we can't keep our dogs or cats, we have to find someone who can take care of them.

(5) According to this conversation, which statement is not true?

ア. Since the Corona virus began to spread, many people have started to keep pets.
イ. Cat cafés are also found in other countries, especially in Asia.
ウ. Mary can't believe that some people throw their pets out easily.
エ. Nowadays, more than 9,000,000 cats are kept in Japan.

※　リスニングテスト放送文は，英語の問題の終わりに付けてあります。

Ⅱ 次の英文を読んで、ア～コの中から本文の内容に合うものを５つ選び、記号で答えなさい。

In South Africa, black people were *discriminated against under *apartheid for a long time. Their education, employment, and houses were strictly separated from white people. They could not receive a good education, find work, or live in the areas that were only for white people. Many people did not like this policy and Nelson Mandela was leading a group of such people. He was *arrested by the police and put in prison. He was there for 27 years until he was freed in 1990.

In 1994, general elections were held. People of all races could *vote for the first time in the history of South Africa, and Mandela was elected president of South Africa. In that same year, apartheid was *abolished. However, black people could not forget about their *oppression. At the same time, white people were afraid that black people would strike back at them in revenge.

To solve this situation, Mandela thought he could use sports to *unify the nation. He chose rugby. In South Africa, rugby was a "white people's sport." Black people didn't like the Springboks, South Africa's national team, so they cheered for foreign teams instead. Mandela thought, "If people of different colors play a sport together, or cheer for the same team together, they may be able to become friends."

Mandela's goal was "One Team, One Country." Francois Pienaar, who was the captain of the Springboks, and the other players supported Mandela's idea. In order to understand the meaning of Mandela's goal, the Springboks team decided to go to a prison on Robben Island. Mandela was held in that prison for 27 years. When the team members saw Mandela's room, they could understand his feelings. It was so tiny and they were very shocked.

After they saw Mandela's room, the Springbok players were welcomed by the prisoners there. They were all black people. Fifteen years before, the prisoners cheered for the British team. But now, they looked happy and they knew that the team was now representing the whole country. The prisoners were trying to forget the past, look to the future and become friends with their old enemies. However, it took a long time for all black South Africans to forget the past and start supporting the Springboks.

The atmosphere gradually changed as the team won in the Rugby World Cup in 1995. It was held in South Africa. Black people did not even know the rules of rugby, but as the Springboks won more games, more black people began playing rugby. At last, all the people in South Africa supported the Springboks. More and more people began to wave their new national flag. It was the real end of apartheid.

The Springboks met the All Blacks from New Zealand in the final. Five minutes before the game, Nelson Mandela shook hands with the players. He was wearing the green Springbok cap and uniform. Then people began to sing the national anthem, low at first, but it rose quickly in volume. Black and white South Africans sang together. As one nation, they began shouting. "Nel-son! Nel-son!" over and over again. It was a magic moment.

The Springboks had to win the game. In the second half, however, the All Blacks scored and regular play ended with the score tied 9-9. The game had to go into overtime, with two halves of ten minutes each. The players were very tired, but their coach said to his teammates, "Look around you. See those flags? Play for those people. We have to do this for South Africa." Six minutes before the end of the game, South Africa finally dropped a goal. It led to victory.

A TV reporter came over to their coach on the field and asked, "What did it feel like to have 62,000 fans supporting you here in the stadium?"

He replied, "We had 43 million South Africans." There were no old flags in the stadium. Everybody was waving the new national flag.

*【注】discriminate 差別する apartheid アパルトヘイト（南アフリカで行われていた人種隔離政策。1948年に法制として確立されて国内で積極的に推進されていたが1994年に撤廃）

arrest 逮捕する　　vote 投票する　　abolish 廃止する

oppression 弾圧　　unify 統一する

ア. Under apartheid, the quality of education that black people could receive was not as good as white people.

イ. In the national election in 1994, black people couldn't vote.

ウ. When apartheid was over, white people felt anger towards black people.

エ. Mandela thought it was difficult to use sports to stop apartheid.

オ. The players realized the bad things white people had done to black people when they saw Mandela's room on Robben Island.

カ. It wasn't so difficult for black people to forget apartheid and become friends with white people.

キ. At first, black people didn't know the rules of rugby but finally they cheered for the Springboks.

ク. The Springboks started to win games during the Rugby World Cup in 1995, but black people didn't support the team.

ケ. In the final of the Rugby World Cup in 1995, Mandela wore the cap and uniform of the Springboks to unify black people and white people.

コ. The coach felt that his team was supported by not only 62,000 fans in the stadium, but also all the people of South Africa.

Ⅲ 次の広告を読んで、下の各問いに答えなさい。

Paris Renaissance Art Museum

Welcome to Paris Renaissance Art Museum! We mainly have European artworks from the 15th century, for example, the paintings of Leonardo da Vinci, Michelangelo, Raffaello etc. There are over 2,000 artworks (paintings, sculptures, old books and crystal) from more than 100 countries.

◇Open: 9:00 a.m.-5:00 p.m.
◇Closed: Mondays, December 29th-January 5th

Admission Fee

	Single	**Group (25 people or more)**
Child (under 6 years old)	free	free
Elementary school students	€2.00	€1.50 (per person)
Junior High School and High School students	€4.00	€3.50 (per person)
Adults (18-60 years old)	€8.00	€7.50 (per person)
Seniors (over 60 years old)	€4.50	€4.20 (per person)

※On your birthday month, you can get 10% discount. (single only)

Annual Pass €30

If you have an annual pass, you can visit the museum as many times as you want and when you use *Ukiyoe* art café, you can always get 5% discount!

Guided Tours

language	day	time
French	every day	10:00 a.m., 1:00 p.m., 3:00 p.m.
English	Tuesdays, Thursdays	11:30 a.m., 2:00 p.m.
Spanish	Wednesdays	3:30 p.m.
Italian	The third Saturday	10:30 a.m.

※All tours start on the 2nd floor, in front of the Japanese *Ukiyoe* art café.
If you want to join these tours, please call us at 400-134-9898 at least two days before the tour.
We also have the museum pamphlets in various languages (Chinese, Portuguese and German) besides the four languages of the guided tours.

(1) When 30 Bunka Suginami High School students and two teachers (40-year-old and 45-year-old) go to the Paris Renaissance Art Museum, how much will they have to pay?

ア. €120.00　　イ. €135.00　　ウ. €136.00　　エ. €150.00

(2) James (38-year-old), his wife Mary (35-year-old), their daughter Betty (high school student) and their son Tom (elementary school student) went to the museum in October and it was James's birthday on October 10th. How much did they pay?

ア. €16.70　　イ. €21.20　　ウ. €21.60　　エ. €22.00

(3) Mary can speak French and English. Her friend Betty can only speak English. They are university students and they don't have classes in the afternoon this week. Today is Monday and they want to visit the museum this week. If they want to join a guided tour together, which tour is possible for them to join?

ア. Tuesday, 11:30 a.m.
イ. Tuesday, 2:00 p.m.
ウ. Thursday, 11:30 a.m.
エ. Thursday, 2:00 p.m.

(4) Which of the following statements is true?

ア. They have both Portuguese guided tours and pamphlets.
イ. If you are in your forties and you come to this museum more than four times a year, it's better for you to buy an annual pass.
ウ. If you are in a group, you can get 5% discount at the museum café.
エ. Italian guided tours are held three times a month.

Ⅳ 次の英文を読んで、（　1　）～（　5　）に当てはまるものを選択肢から選び、記号で答えなさい。ただし、それぞれの選択肢は１度しか使用できません。

Thanks to Steve Jobs, we have the iPad, the iPhone, and iTunes. Steve was an innovator. (　　1　　) Many of Steve's ideas changed the way people live and work every day.

Steven Paul Jobs was born on February 24, 1955, in San Francisco, California. He was adopted by Paul and Clara Jobs soon after he was born.

Steve's father liked to build things. He taught his son how to build things, too. Paul and

Steve shared a workbench in the garage. They worked on many projects together.

Steve Jobs and his friend Steve Wozniak also liked to build things in Jobs's garage. They started a company called Apple. They built a computer called the Apple II. (　　2　　)

One day, Steve visited another computer company. (　　3　　) Steve thought this was a great idea. He made the mouse a big part of Apple's next computer.

In 1985, Steve left Apple. He started a new computer company called NeXT. When he was visiting a school to talk about NeXT computers, Steve met Laurene Powell. The two married in 1991. They later had three children: Reed Paul, Erin Sienna, and Eve.

Around the same time, Steve bought a computer animation company. He renamed the studio Pixar. In 1995, Pixar made the world's first-ever computer animated movie. It was called Toy Story. The movie was a huge hit!

Meanwhile, Steve's old company was not doing well. People at Apple asked him to come back. He did. And in 1998, Steve helped to develop a new computer. It was called the iMac. Steve saw that people liked listening to music on the Internet. So he created software that helped people to buy and store music. He called it iTunes. Later Apple made a small music player called the iPod.

Then Steve worked on creating a cell phone that would be better than any other. The result was the iPhone. People could use an iPhone to do so much more than make phone calls!

In 2010, Steve introduced a tablet computer called the iPad. A tablet is a small computer that you can hold in your hands. (　　4　　) They could also listen to music, play games, and do many other things.

In the summer of 2011, Steve left his job at Apple. He had been sick with cancer since 2003. On October 5, 2011, Steve passed away.

People all over the world felt sad when Steve Jobs died. Millions of people use Apple products every day. (　　5　　)

ア. Many believe that Steve's amazing ideas changed the world.

イ. That means he came up with a lot of new ideas.

ウ. People could buy books and read them right on the screen.

エ. It was the first computer to have a color screen.

オ. He saw people using a mouse to point and click on the screen.

V 次の日本語に合うように（　）内の語または語句を並べかえなさい。ただし、文頭に来るものも小文字になっています。

(1)日本で東京ほど大きい都市はありません。
No (as / is / other / as / city / big / in Japan) Tokyo.

(2)この鳥は英語で何と呼ばれていますか。
(called / this / in / bird / what / English / is) ?

(3)私が先週の日曜日に見た映画は面白かった。
(saw / interesting / which / last Sunday / the movie / I / was).

(4)あなたは奈良へ何度行ったことがありますか。
(been / Nara / times / have / many / you / to / how)?

(5)何か冷たい飲み物をもらえますか。
(drink / I / something / to / can / have / cold)?

(6)この国では何語が話されているか知っていますか。
(spoken / know / language / is / do / what / you) in this country?

VI 日本語に合うように英文を１文作りなさい。ただし、（　）内の語を用いること。

(1) その川で泳ぐには寒すぎる。(too)

(2) 彼はできるだけ多くの本を読みました。(could)

(3) ここから見る海はとても美しい。(seen)

(4) もし私があなたなら、英語をもっと一生懸命勉強するのに。(would)

＜リスニングテスト放送文＞

Jim: Hi, Mary! Guess what? I just got two cats!

Mary: Oh, really? I love cats. What are they like?

Jim: They are white cats with blue eyes and short hair.
They are in a parent-child relationship, a father and a daughter.
They make me feel very relaxed! I can't imagine my life without them.

Mary: Did you buy them at a pet shop?

Jim: No. I received them from a cat café.

Mary: Oh! What kind of cat café did you visit?
Can you play with cats there?

Jim: Of course, you can. But it's not only that.
They rescue stray cats and they are looking for people who can take care of cats.
They also sell their original cat goods and the money from the sales is used to rescue other cats. I bought a "cat mask" and a "cat wallet" there.

Mary: Wow, that sounds good. I want to go there!

Jim: There are also cat cafés in other countries, for example, America, Australia, Spain and Finland.
People in these countries are very interested in animal welfare.

Mary: I heard that there are a lot of stray cats in Tokyo…

Jim: Yes. I'm very worried about this problem. Do you know how many stray cats there are in Tokyo?

Mary: 1,000 cats? 5,000 cats?

Jim: More!

Mary: 10,000 cats?

Jim: Yes. That's right. And most of them are killed by local governments.
In 2020, about 28,000 cats were killed in Japan.
I think we should respect their lives more and we should do something about that.
That's why I started to keep rescued cats.

Mary: I'm very sad to hear that so many cats were killed. That is a very serious problem.

Jim: Nowadays, cats are very popular in Japan. The number of cat owners is more than dog owners. In 2020, 9,640,000 cats were kept as pets in Japan.
Especially these days, many people have started to keep pets because of Covid-19. We have to "stay home" so a lot of people want pets. Many people live with them happily but some of them throw their pets out because they get bored of them.

Mary: Really? Unbelievable!

Jim: I think we should take care of our pets well until they die.
If we are not able to keep them, we have to look for a new owner.

Mary: I think so, too. I'm very interested in this problem and I want to be an owner of rescued cats someday.

【数　学】（50分）〈満点：100点〉

1 次の各問いに答えなさい。

(1) $-3^2-(-2)^2\times 5-100\div(-5)$ を計算しなさい。

(2) $\left(\frac{1}{4}ab^2\right)^2\div\frac{1}{6}a^3b^2\times\left(\frac{3a}{b^2}\right)^3$ を計算しなさい。

(3) $\frac{2x+y}{3}-\frac{x-3y}{2}$ を計算しなさい。

(4) $(\sqrt{3}+2)^2-4(\sqrt{3}-1)$ を計算しなさい。

(5) $x=2\sqrt{5}+5\sqrt{2}$，$y=2\sqrt{5}-5\sqrt{2}$ であるとき，x^2-y^2 の値を求めなさい。

(6) $a^2+ab+ac+bc$ を因数分解しなさい。

(7) 連立方程式 $\begin{cases}5x-2y=9\\4x+3y=-2\end{cases}$ を解きなさい。

(8) 2次関数 $y=\frac{1}{2}ax^2$ において，x の変域が $-4\leqq x\leqq 3$ のとき，y の変域が $0\leqq y\leqq 24$ である。定数 a の値を求めなさい。

(9) $\sqrt{5}$ の整数部分を a，小数部分を b とするとき，a^2+ab+b^2 の値を求めなさい。

(10) 『2次方程式 $2x^2-3x-1=0$』を次のように解きましたが，答えを間違えました。誤りのある初めの行の番号 ①～④ と，この問いの正しい答えを求めなさい。

（解答） $2x^2-3x-1=0$

$$x^2-\frac{3}{2}x=\frac{1}{2}$$

$$x^2-\frac{3}{2}x+\left(\frac{3}{4}\right)^2=\frac{1}{2}+\left(\frac{3}{4}\right)^2 \quad \cdots①$$

$$\left(x-\frac{3}{4}\right)^2=\frac{17}{16} \quad \cdots②$$

$$x-\frac{3}{4}=\sqrt{\frac{17}{16}} \quad \cdots③$$

$$x=\frac{3+\sqrt{17}}{4} \quad \cdots④$$

2 次の各問いに答えなさい。

(1) 3枚の硬貨を同時に投げたとき，少なくとも1枚は裏が出る確率を求めなさい。

(2) $135n$ がある自然数の3乗になるような自然数 n のうち，最小の数を求めなさい。

(3) 130問の数学の問題を，第1週目の1日目から解き始め，1日4問ずつ解くとする。第何週目の何日目に解き終わるか求めなさい。

(4) 原価が2400円の商品に定価をつけて，その定価の20％引きで売っても，まだ原価の10％の利益であるようにしたい。この商品の定価を x 円として方程式を作りなさい。また，このときの x の値を求めなさい。

3 次の各問いに答えなさい。

(1) 下の図において，$m \parallel n$ であり，五角形 ABCDE は正五角形である。$\angle x$ の大きさを求めなさい。

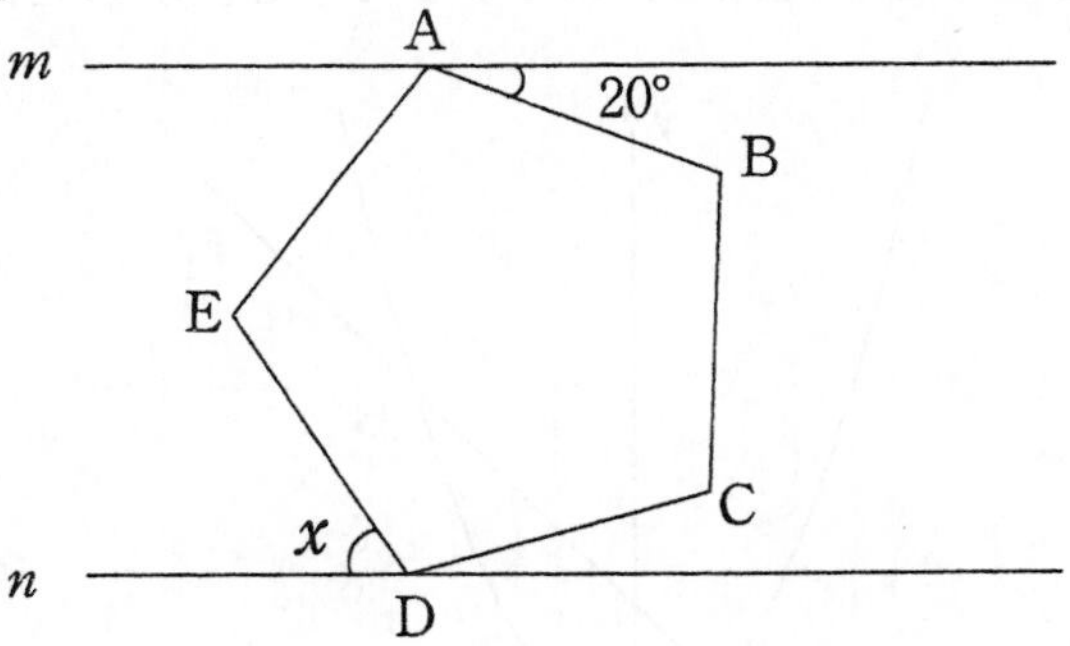

(2) 下の図のように，線分 AB を直径とする半円 O の周上に，点 P を $\angle ABP=30°$，$AP=4$ cm となるようにとる。このとき，斜線部分の面積を求めなさい。
ただし，円周率は π とする。

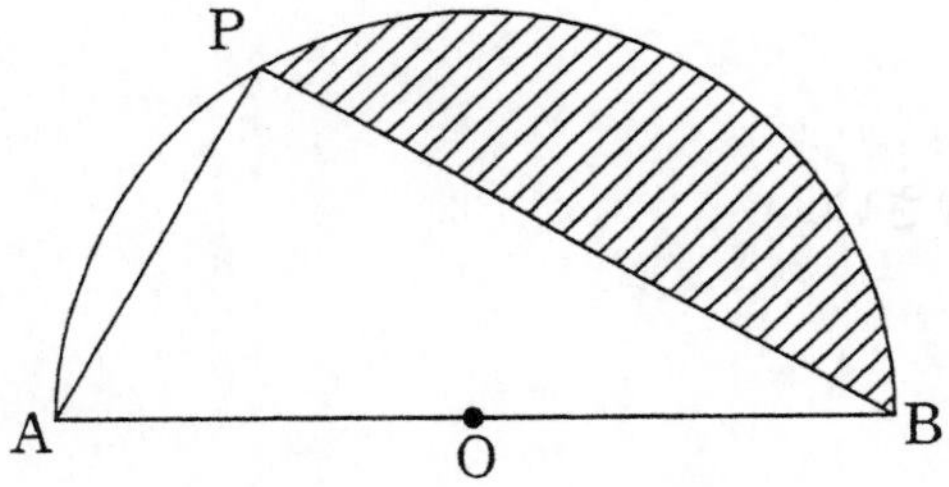

(3) 次の図のような 1 辺の長さが 2 cmの正方形を底面とする正四角錐 OABCD があり，その中に球が内接している。

① 正四角錐 OABCD の体積を求めなさい。

② 球の半径を求めなさい。

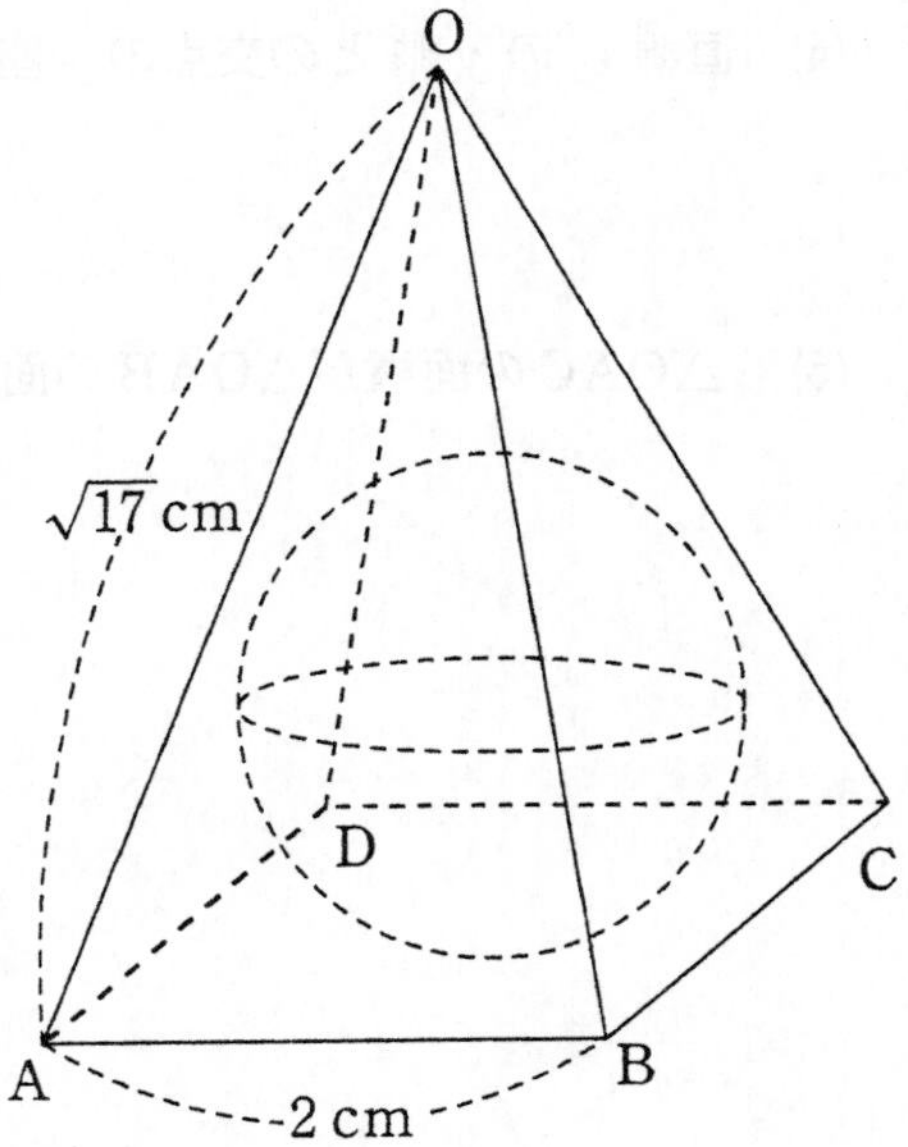

4 下の図のように，放物線 $y=x^2$ 上に x 座標が -1 である点 A をとる。
点 A を通り，傾き 2 の直線を ℓ_1，傾き m の直線を ℓ_2 とし，放物線との 点A 以外の交点をそれぞれ B，C とする。ただし，$m>-1$ とする。次の各問いに答えなさい。

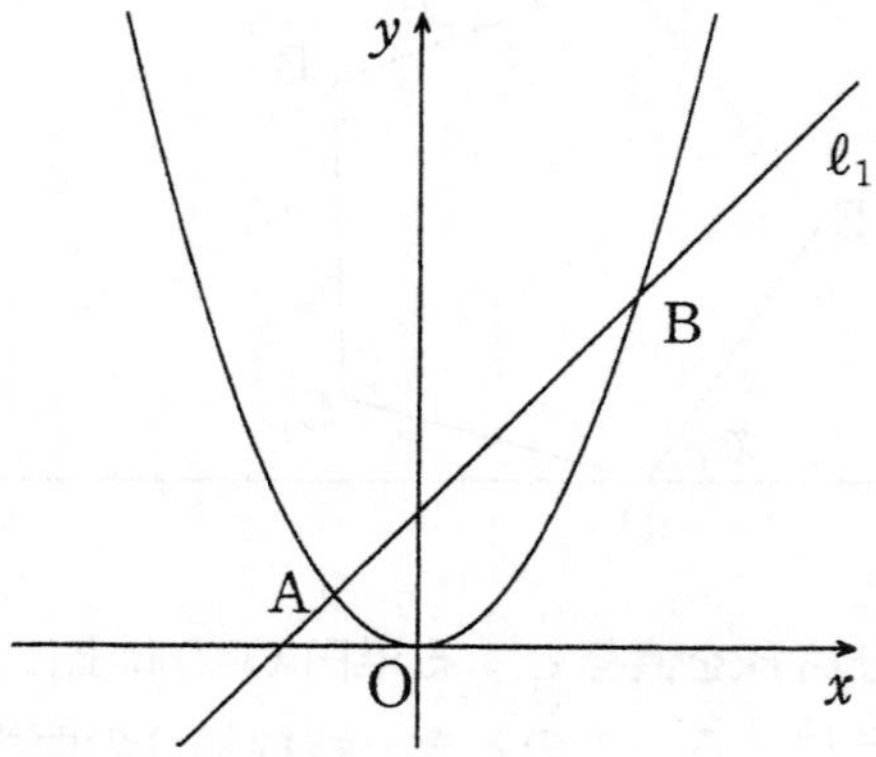

(1) 直線 ℓ_1 の方程式を求めなさい。

(2) 点 B の y 座標を求めなさい。

(3) △OAB の面積を求めなさい。

(4) 直線 ℓ_2 の y 軸 との交点の y 座標を m を用いて表しなさい。

(5) △OAC の面積が△OAB の面積の 6 倍になるとき，m の値を求めなさい。

問十一　本文に登場する人物描写について適切なものを次のア〜カから二つ選び、記号で答えなさい。

ア　命にかかわる大きな病気であるにもかかわらず、治療に専念しようとしない大義をどうにか治療させたい愛来の苦労と献身的な様子が描かれている。

イ　自分が大きな病気にかかってしまったことで不安に陥る恋人を元気づけようと、できるだけ明るく振る舞う大義の優しさと苦悩が描かれている。

ウ　命にかかわる大きな病気を目の前にした大義と愛来が、残り少ない人生を充実したものにするために、積極的に多くの人たちと触れ合う様子が描かれている。

エ　命にかかわるかもしれない大きな病気を発症してしまった主人公の大義であるが、恋人の愛来の支えや励ましもあり、少しずつ現実と向き合いながら前向きに治療に専念していく様子が描かれている。

オ　大きな病気にかかってしまい不安な気持ちになる大義を目の当たりにして、不安を感じてもおかしくない愛来ではあるが、その様子を全くみせず、明るく献身的に大義を支える様子が描かれている。

カ　大きな病気にかかってしまったために恋人を心配させたくない大義と、できるだけ献身的に尽くそうとする愛来との思いのすれ違いや葛藤《かっとう》が描かれている。

問七　傍線部⑥「つとめて冷静に手紙を書いた」とあるが、この時の大義の様子として最適なものを次のア〜エから選び記号で答えなさい。

ア　自分の恐怖や不安に寄り添おうとする愛来の優しさをありがたいと感じるが、病気についてはどうしようもないので気にしないでほしいという思いを、言葉を選びながら伝えようとしている。

イ　一人では抱えきれない恐怖や不安を愛来には伝えずにはいられないが、一方で必要以上に心配をかけたくないとも感じ、できるだけ平常心でその相反する思いを綴《つづ》ろうとしている。

ウ　一人でいると壊れそうなほどの恐怖と不安を感じるが、大切に思う愛来の前では少しでも格好良い自分でいたいと思い、心配しないで大丈夫だという思いを手紙にしたためている。

エ　病気の恐怖と不安が募り、もう愛来と長くは一緒にいられないことを悟り、愛来と過ごせる時間を少しでも大切にしたいという気持ちを素直に表現しようとしている。

問八　空欄Xに当てはまる言葉として最適なものを次のア〜エから選び、記号で答えなさい。

ア　本当に明るい人だ　　イ　本当に強い人だ　　ウ　本当にうらやましい人だ　　エ　本当に笑顔が素敵な人だ

問九　傍線部⑦「浅野大義のわがまま」とあるが、これに該当する大義の心の中の言葉にあたる部分を本文中から三十五字以内で抜き出し、初めと終わりの三字を書きなさい。

問十　傍線部⑧「大義は髪を丸刈りにする」とあるが、その理由として最適なものを次のア〜エから選び、記号で答えなさい。

ア　抗がん剤治療の不安を紛らわすために、治療する前に周囲を笑わそうと考えたから。

イ　抗がん剤治療をするとなかなか入浴できずに髪の毛を洗うことができなくなってしまうと考えたから。

ウ　抗がん剤治療をする前に気分転換をして、自分と愛来の不安な気持ちを和らげようと考えたから。

エ　抗がん剤治療をすると髪の毛が抜けてしまうため、その前に自分から髪の毛を切ってしまおうと考えたから。

問四　傍線部③「驚くと同時に『面倒くさい』と思った」とあるが、このときの大義の心理として最適なものを次のア～エから選び、記号で答えなさい。

ア　「検査入院」という言葉に自分も動揺したが、それ以上に母と愛来が激しく動揺していることが気がかりで、自分の心配に加え他人の心配までしてやるはめになったと感じている。

イ　「検査入院」にかかる時間を考えると、愛来に甘え楽しく過ごす時間を増やすほうが今の自分にとって必要なことではないかと感じ、逃避的気分に浸っている。

ウ　「検査入院」などしなくても結果は目に見えているので、残された時間を有意義に過ごすにはどうしたらよいかを考えて実行していきたいと前向きになっている。

エ　「検査入院」という言葉に狼狽《ろうばい》するが、自分の置かれた状況をまだ正確に把握できていないため見通しが甘く、どこか高を括《くく》っている。

問五　傍線部④「母の声は少し震えていた」とあるが、このときの母の心理状態を五十字以内で説明しなさい。

問六　傍線部⑤「にっこり微笑んだ」とあるが、愛来が「微笑んだ」理由として最適なものを次のア～エから選び、記号で答えなさい。

ア　大義の母の発言に驚きはしたが、自分が動揺したら大義をより不安にさせてしまうと思い、いつも通りの笑顔を見せようとしたから。

イ　大義の病状が心配であったが、大きな病院への転院が決まって、治療に向けて安心感を得ることができたから。

ウ　大義は非常に不安そうな様子であったが、大義の母はそれほど心配していないので、自分もいつも通りにしていることが一番よいと考えたから。

エ　大義の病状が思ったほど悪くないということが分かり、大義も大義の母も安心した様子を見せたことがうれしかったから。

そんな返信を一人一人に返しながら、本当にこんな病気、大したことはないと思った。絶対に治してやる。絶対に、大丈夫。

（中井　由梨子『20歳のソウル』より）

※ 市船吹部の赤ジャー　―　千葉県船橋市立船橋高等学校吹奏楽部の赤色のジャージ。「赤」は学年カラー

一眼レフ　―　カメラの型の一つ　　クール　―　治療期間の一単位

解答に句読点・記号が含まれる場合は一字と数える

問一　二重傍線部ア～オのカタカナを漢字に、漢字はひらがなにしなさい。

問二　傍線部①「いかんせん」の本文中での意味として最適なものを次のア～エから選び、記号で答えなさい。

ア　思いもよらないことに　　イ　とんでもないことに　　ウ　どうにもならないことに　　エ　かなしいことに

問三　傍線部②「今日はカメラマンに徹するわ、俺」と言った時の大義の気持ちとして最適なものを次のア～エから選び、記号で答えなさい。

ア　胃腸炎のために十分に食べる楽しみを味わえない分、周りの人の写真を撮ることで自分自身が参加した証を残したいという気持ち。

イ　胃腸炎のために十分に食べることができない代わりに、周りの人たちが食べている写真を撮ることで自分も食事の楽しみを味わいたいという気持ち。

ウ　嫌いな野菜を食べなくてはいけないのであれば、カメラマンとして周りの人の写真を撮る方が楽しいだろうという気持ち。

エ　今日の主役は自分ではないため、あまりはしゃがないでカメラマンとして周りの人の写真を撮ることに専念しようという気持ち。

「髪が抜ける前に、オ先手を打とうかと。どう思う？」

愛来は、ぱっと顔を輝かせて頷《うなず》いた。

「野球部みたい、いいじゃん！」

「そう、野球部になれる」

「大義、野球部に入りたかったんでしょ？」

「そう、ちょっとね」

「じゃあ、頭だけでも」

「入りますか」

長い前髪を気に入っていた大義だったが、愛来の言葉を受けてあっさり丸刈りにした。それはそれで似合うんじゃないか、大義は自分で思い込むことにした。

何より救いになったのは、愛来の強さだった。

病名を告げたとき、彼女はじっと大義を見つめて、やがて頷いてくれた。

「絶対に治そう。大丈夫」

それから彼女はほとんど毎日大義の病室にやってきた。来ると必ず楽しい話題を持ってくる。

「年末のディズニーコンサートのチケット、もう取っちゃった。一緒に行こうね」

大義の病気なんてなんの問題もない、すぐに治る、と言わんばかりの明るさでそんなことを言う。愛来と話していると、本当に「こんな病気なんでもない」と思えるから不思議だ。大義は、少しずつ現実を前向きに捉えられるようになった。

治療は１～２週間の薬の投与を４※クールし、年末まで続く。大学はしばらく行けそうにない。大義は、大学の仲間にＬＩＮＥで現状を伝えた。しばらく学校には行けないので、後は頼む！と。たくさんの仲間から激励の言葉が届いた。

「ありがとー！」

「がんばります！」

「病気やっつけてきます」

「愛来へ」

怖すぎて、曲にすることすらできなかった。

言葉にしなければ、この恐怖だけで自分は死んでしまいそうだ。誰かにこの恐怖を分かち合ってもらわなければ、壊れてしまう――。

書きなぐった文章は、恐怖と不安に溢《あふ》れていた。そして、やり場のない怒り。なぜ自分がこんな目に遭うのか……。

これを読んだ愛来はどう思うだろう。

きっと大義以上の重荷を彼女に背負わせるに違いない。きっと自分以上に、苦しむに違いない。

大義は書きなぐった文章を破いた。

深呼吸する。新しいページに、⑥つとめて冷静に手紙を書いた。

「愛来へ

正直不安です。一人で病室にいると怖くて涙が出ることもあります。それでも僕は愛来の笑顔、強さに助けられています。

自分の想像以上に愛来は不安でいっぱいだと思います。

それなのに、お見舞いに来てくれたときはそんな顔一切見せず常に笑顔でした。

[X]と思った。と同時に無理をさせてしまっていることに申し訳なく思ってしまいます。

そんな愛来に自分ができることは早く元気になることでそれを常に心の中に想っています。愛来のために。

もう少し、⑦浅野大義のわがままにおつきあいください。

大丈夫だから。

浅野大義」

大義の病名は、胚細胞腫瘍《はいさいぼうしゅよう》だった。

癌《がん》である。

肺で大きくなった腫瘍を抗がん剤の投与で少しでも小さくし、年明けに手術して(エ)セツジョするという治療が始まった。

初めての抗がん剤投与の前に、⑧大義は髪を丸刈りにすると愛来に告げた。

大義は、特に表情も変えずに聞いた。愛来が一瞬笑顔をなくし、じっと大義と母の顔を見つめていたが、大義を見ると⑤にっこり微笑《ほほえ》んだ。大義は愛来に微笑み返した。

「……ふうん」

暗い予感がした。

不安が津波のように押し寄せて、しばらくすると引いていき、かと思えば再び押し寄せる。

夜になり、母が帰宅していなくなると、大義は耐えられず、ヘッドフォンをつけた。大好きなマーラーを大音量で聴く。横になる。どれだけ大音量で聴いても、音楽の世界に没頭することができない。

大義は起き上がる。

五線譜を引っ張り出す。何か、曲を作ろうと思った。音符を書けば、気が紛れる。愛来。そうだ、愛来に曲を書こう。

だけど。

鉛筆を持つ手が、ぶるぶる震えているのを感じた。

怖い。

大義は、はっきりと感じた。そうだ、今、物凄《ものすご》く怖い。

大学病院ほどの大きな病院でなければ分からない病気とは、何なんだろう。もしかして、取り返しのつかないような病気なんじゃないだろうか。まさか、まだ19歳なのに……？

怖い。自分は、いったいどうなってしまうんだ。

大義は五線譜を手の中で握りしめた。グシャ、という音を立てて紙が丸まっていく。手の震えは止まらない。

愛来。

たまらなく、愛来に会いたくなった。傍《そば》にいてほしい。あの変わらない笑顔で、「大丈夫だよ」と言ってほしい。

大義は、丸めた五線譜を引きちぎると、新しい五線譜に書いた。

数日前から、下痢と吐き気が続いていた。薬を飲んでも良くならない。バーベキューから帰った日の夜、大義は愛来《あいら》に電話していたが、今度は咳《せき》が止まらなくなってきて早々に電話を切る。タチの悪い風邪にかかったな、そう思って布団《ふとん》に潜り込んだ。

風邪薬をもらって帰るつもりで、母の勧める総合病院で診察を受けた。しかし、一通りの診察を受けた後、先生はイ肺疾患の疑いがあると大義に告げた。

「検査入院してください」

大義は正直、③驚くと同時に「面倒くさい」と思った。なぜわざわざ検査のためだけに入院しなければならないのだろう。明日はオーケストラの練習日だし、友人からクラリネット四重奏の作曲を頼まれているところだし、今けっこう忙しいんだけどな……。

しかし先生はさっさと母親に連絡して、大義は入院させられてしまった。

愛来が病院にやってきたのはその翌日だった。その頃、大義の声はガラガラにかすれてしまい満足に話せなくなっていた。

「筆談しよ」

愛来はいつもの笑顔でノートを差し出す。それはそれでウシンセンで楽しく、二人でノートに落書きをしたりして遊んだ。

そのとき、先生に話を聞きに行っていた母が、病室に帰ってきた。

「大義」

④母の声は少し震えていた。

「病院、変わったほうがいいみたい」

「え？」

「ここだと、原因が分からないんだって」

「なんで」

「それが分からないから、行くのよ」

「どこの病院？」

「千葉大学医学部附属病院」

二

次の文章を読み、後の問いに答えなさい。

夏の終わり。

ヒロアキのワゴンに乗るには多すぎる人数が集まった。

「誰か降りろ、電車で行け」

「やだよ」

「ミノリは小さいんだから、大義《たいぎ》の膝《ひざ》に乗ればいいじゃん」

「いいよ～乗れよ～」

「私は子どもか」

※市船吹部の赤ジャが集まるのは1年半ぶりだった。同窓会を兼ねたバーベキュー。しばらく会っていないメンバーとも、顔を合わせれば一気に高校時代に戻ることができた。

その日は、肉を焼いたり、歌ったり、笑ったり、ふざけたり、とにかく大騒ぎした。この日を大義も楽しみにしていたのだが、①いかんせん朝から体調が悪い。胃のあたりがムカムカして吐き気がする。

「胃腸炎らしい」

大義はアシブい顔をしてコーラを飲む。

「あ～、肉食いたい」

「今日はしゃーない、野菜食え」

「絶対食べません」

大義はヒロアキが大量に皿に盛ってくれた野菜を拒否し、胸に下げた※一眼レフを持ち上げた。祖父から借りたものだった。

「②今日はカメラマンに徹するわ、俺」

そう言って、ソーセージにかぶりつくヒロアキの顔をカメラに収める。女子が駆け寄ってきてカメラの前でVサインを作る。大義は次々とシャッターを切った。

(2) 傍線部「かういふこと」とはどのようなことか。最適なものを次のア～エから選び、記号で答えなさい。

ア 敗戦によって、自分たちのアイデンティティに関わる事象すらも根絶の危機を迎えるということ。

イ 何もかも失った戦後こそ国力をつけるチャンスであり、華やかな外国文化を積極的に取り入れること。

ウ 言語は人間のコミュニケーション・ツールでしかなく、常に勝者によって破壊され、滅びる運命にあるということ。

エ タテ書きで、漢字、平仮名、片仮名と三種類も存在する日本語が、戦勝国の言語である英語に駆逐《くちく》されること。

問九 次の会話文は、本文を読んだ五人の生徒が話し合っている場面である。本文の趣旨として適当でないものを次のア～オから二つ選び、記号で答えなさい。

ア 生徒A――現在六千もの言語が存在しているけれど、半分は今世紀末までに亡びてしまうようだね。文字の学習者を増やすという点で、これまでは文字数が少ないという特徴が言語の拡大や存続に一役買っていたようだね。

イ 生徒B――そうだね。日本語は文字数が多すぎる点だけでなく、タテ書きというのが難点だね。タテ書きの持つ魅力を感じる人がいなくなり、いつかタテ書きの存在すら世界の人々の記憶から失われていきそうだね。

ウ 生徒C――そうかもしれないけれど、漢字のような特定の意味を持っている文字の方が単語の意味を理解しやすく、読むのに時間がかからない点は、アルファベットにはない利点だと思うな。

エ 生徒D――たしかにね。アルファベットは文字と音が一対一の対応関係がない文字だからね。話をするときも、音の元素レベルから文のレベルまで言語を積み上げていく過程を意識しなければならない点が難しいよね

オ 生徒E――なるほど。漢字を用いた和文は、文字と意味が一対一の対応関係を成す文字だから、失語症者でも漢字の読み書きができる場合が多数見られるんだね。

問八　次の資料は出題文中の波線部『日本語が亡びるとき――英語の世紀の中で』の一節で、国語学者福田恆存《つねあり》氏が『私の國語教室』の中で語った、戦後改革された日本語表記に対する提言を引用している。これを読んで後の問いに答えなさい。

かうして幾多の先学の血の滲《にじ》むやうな苦心努力によつて守られて来た正統表記が、戦後※倉皇《そうこう》の間、人〻《ひとびと》の関心が衣食のことにかかづらひ、他を顧みる余裕のない隙《すき》に乗じて、慌しく覆されてしまつた、まことに取返しのつかぬ痛恨事である。しかも一方では相も変らず伝統だの文化だのといふお題目を並べ立てる、その依《よ》つて立つべき「言葉」を蔑《ないがし》ろにしておきながら、何が伝統、何が文化であらう。なるほど、戦に敗れるといふのはかういふことだつたのか。

「なるほど、戦にやぶれるといふのはかういふことだつたのか」という最後の一言は今読んでもなお胸にせまる。

（中略）

たかが表記法のことではないかと人は言うかもしれない。

だが、それはたかが表記法のことではない。

福田恆存は言う。「言葉は文化のための道具ではなく、文化そのものであり、私たちの主体そのものなのです」。かれは、国語審議会に入っている表音文字主義者の松坂忠則に問う。「松坂さん、気を確かにもつてください。タイプライターのための文字か、文字のためのタイプライターか」

※倉皇　―　あわてふためくこと

(1)　出題文の筆者も福田恆存氏も戦後の新しい日本語表記に強い懸念を抱いている。その理由について、「『タテ書き』」と「文化」という語句を用いて六十字以内で説明しなさい。

問三　傍線部①「世界の言語はアルファベットとヨコ書きが主流となっていった」の理由として最適なものを次のア～エから選び、記号で答えなさい。

ア　グローバル化によってタテ書きを使う言語がヨコ書きの言語に吸収されてきたから。

イ　アルファベットで書くことが非常に簡単で、グローバル化に伴って世界中に広がったから。

ウ　タテ書きを使う人の数は変わらないが、世界人口が増えたためにその比率がどんどん下がってしまったから。

エ　文字を持たない言語の音声を文字化するときにアルファベットとヨコ書きが広まったから。

問四　空欄ａ・ｂに当てはまる語句を本文中からそれぞれ漢字二字で抜き出しなさい。

問五　傍線部②「漢字の意味は一瞬でわかる」とあるが、その理由を解答欄に合うように本文中から二十五字以内で抜き出し、初めと終わりの三字を書きなさい。

問六　空欄Ⅰ～Ⅲに当てはまる語句として最適なものを次のア～オからそれぞれ選び、記号で答えなさい。

ア　つまり　　イ　だが　　ウ　なぜなら　　エ　また　　オ　たとえば

問七　傍線部③「私たちの言語活動」とあるが、言語の階層という点において漢字が英語よりも有利な理由を【図２】と本文を参考に六十字以内で説明しなさい。

たとえば、「いぬ」の「い」は、「いす」の「い」にも「とけい」の「い」にもなり得る言語の材料である。ところが、多くの失語症患者は、このような音の分析ができなくなっている。この作業を省いてくれるのが漢字なのである。仮名文字以上に音の分析が必要となる音素文字のみを用いる国の失語症者の症状は、より重篤《じゅうとく》なのではないだろうか。

音の分析について、このような困難を経験しているのは失語症者だけではない。英語を母国語とし、英語の学習段階にある多くの子どもが読み書き障害に陥っているのである。米国では、子どもの二〇パーセント前後が読み書き障害（ディスレクシア）である、といわれている（サリー・シェイウィッツ　二〇〇六）。この数字は、日本では考えられない大きさである。

実は、この読み書き障害は、英語圏では能力の高い人物にもよく現れる特性をもっており（ウエスト　一九九四など）、第二次世界大戦中の英国首相ウィンストン・チャーチルや俳優のトム・クルーズも読み書き障害だったといわれる。また、つい最近、二〇一二年一〇月には、「ジョーズ」「未知との遭遇」「E.T.」などの映画監督として有名なスティーヴン・スピルバーグが、幼少期は読み書き障害があったため、いじめにあっていたと告白している。

（熊谷　高幸『タテ書きはことばの景色をつくる』より）

【問題文は設問の都合上、一部変更しました。】

解答に句読点・記号が含まれる場合は一字と数える

問一　二重傍線部ア～オのカタカナは漢字に、漢字はひらがなにしなさい。

問二　傍線部A・Bのここでの意味として最適なものを次のア～エからそれぞれ選び、記号で答えなさい。

A　「危惧」

ア　傾向が著しいこと　　イ　可能性が高いこと　　ウ　心配しておそれること　　エ　予想されること

B　「追従」

ア　他者の意向にそのままついていくこと　　イ　他者に負けないように努力すること

ウ　他者の真似をしようとすること　　エ　他者に命令されていいなりになること

は、聞き取った音のレベルを十分に意味をもった文のレベルまで引き上げていかなければならない。

ここで問題となるのは、③私たちの言語活動はたしかに図２のような構造をもっているが、私たちが実際に言語活動をするとき、いちいちその各段階を意識しているわけではない、ということである。私たちがある思いを言い表そうとするとき、意識されるのはせいぜい文や単語のレベルで、音素や音節のレベルまでは意識していない。また、人の話を聞くときにも、音を音素のレベルまで分解して聞いているわけではないのである。しかし、アルファベットの読み書きのときには音の分解や合成レベルの活動が要求されるのである。音素文字では、瞬間的にしか発せられない子音まで聞き取ってそれを文字化する必要がある。

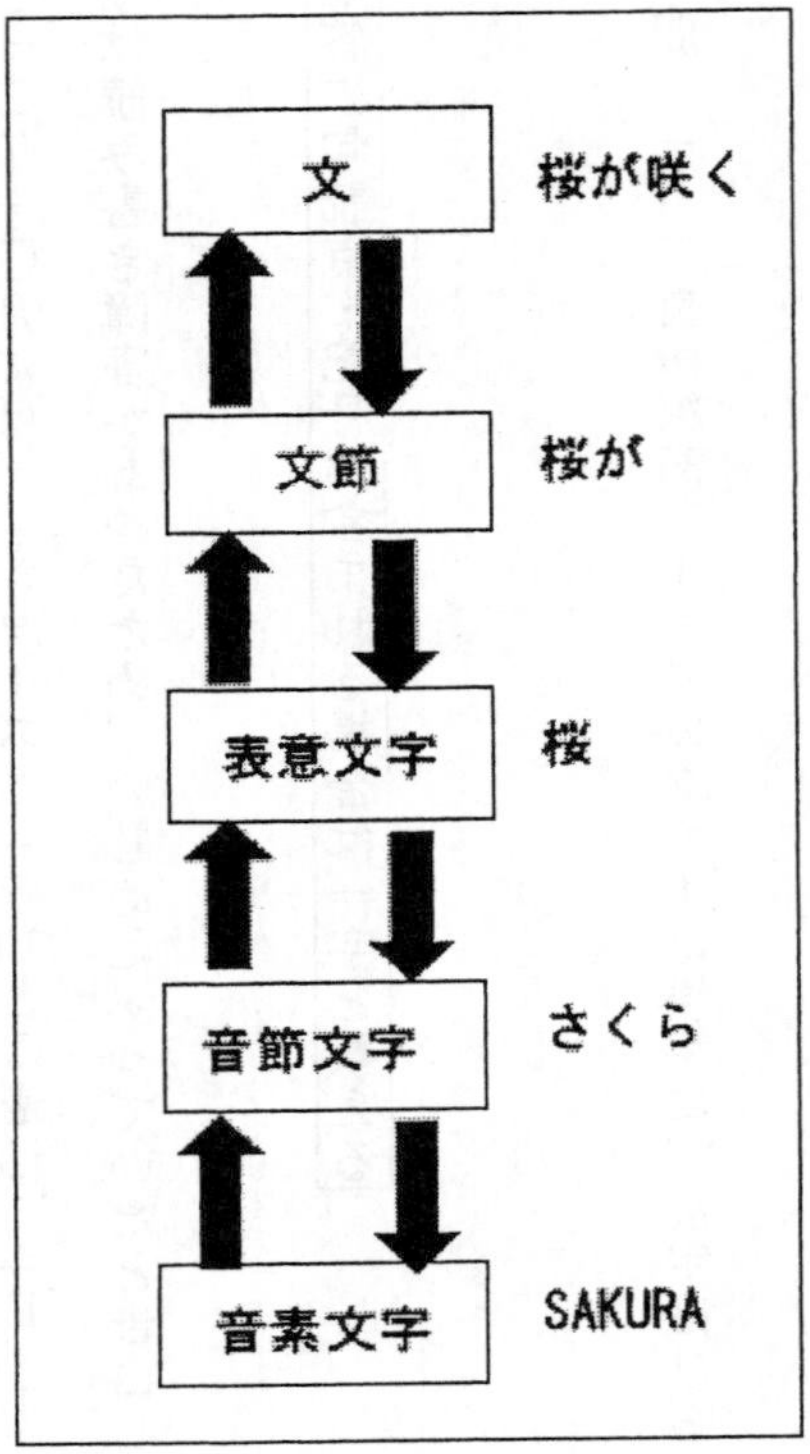

図２　言語の階層構造

つまり、アルファベットの読みでは、音素文字から出発して文のレベルまで上昇していく必要がある。また、書きでは、文意を音素のレベルまで下降させていかなければならない。つまり、言語の全階層を経ることが必要なのである。だが、これに対して、仮名の場合はやや短縮されて、文と音節のレベルのあいだの行き来ですむ。さらに漢字の場合には、基本的には文と単語のあいだの行き来ですむのである。

このしくみの影響がはっきり形になって表れるのが失語症者の場合である。失語症の臨床分野では、日本の失語症患者の中に、仮名文字の読み書きはできなくなってしまったのに、漢字の読み書きだけはできる者が多数存在することが知られている。（佐野洋子・加藤正弘　一九九八など）。漢字はそれだけで意味をもっているので、言い表したい事柄に直結しやすい。しかし、仮名ひとつは表音文字であるため一般に特定の意味をもたない。それを組み合わせることによって初めて意味が生じてくるのである。

注意	attention
危険	danger
入口	entrance

図１　日英の単語の比較

漢字の数は非常に多く、また、ひらがな、カタカナの数もアルファベットの数よりは多い。しかし、それをいったん憶《おぼ》えてしまえば、テキストの理解にはかなり有利なはずである。しかし、文字の学習者を増やすという点では、文字数の少ないアルファベットの方が圧倒的に有利である。紀元前より始まるローマ帝国オハンエイの時代に、アルファベット（この場合はローマ字）の文字の少なさは領土拡張にも貢献したはずである。［Ｉ］、アルファベットのこの特性は、グローバル化が急速に進展する現代においても有利に働いているはずである。しかし、だからといって、テキストを深く読もうとするとき、それが有利に働くとはいえないだろう。

アルファベットは読み書き障害を生じやすい

ところで、アルファベットの文字数が少ないという特性は、不利に働くこともある。その理由をここで説明しておきたい。

いま述べたように、ローマ帝国拡張の時代に、アルファベットは多くの言語をその構造のもとに取り込んでいった。その中で、さまざまな土着の音はアルファベットで表されるようになったはずである。ということは、多様な音の構造を少ない文字の組み合わせに置き換えていったということである。アルファベットの文字数が少ないということは憶えるには有利だが、一方で多数の音を少ない文字で表さなければならないという不利な状況が生み出された。その代表例が英語の場合である。

英語には一〇前後の母音と三〇前後の子音があるといわれている。それをわずか二六文字のアルファベットによって表さなければならないのである。これに対して、［Ⅱ］日本語の場合、特殊音節を除くと、五個の母音と一四個の子音の組み合わせを七一文字の仮名で表せばよい。そのため、仮名文字の場合、基本的に、文字と音は一対一の対応関係を保っている。ところが、英語では一対一の対応を成していない。たとえば、〝cake〟の〝a〟と〝cat〟の〝a〟はまったく異なる音である。また、〝night〟のように、発音されない文字を含むことばまで存在する。［Ⅲ］、文字を見るだけでは、対応する音を特定することができないのである。

アルファベットのむずかしさは他にもある。それは、アルファベットが音素文字である、ということからきている。すでに述べたように、音素文字は音を感知できる最小のレベルまで分解することによって得られた音の「元素」である。この音素のレベルから文のレベルまで言語の単位が積み上げられていく過程を日本語について示すと、図２のような階層構造を成すだろう。そして、私たちが、ある思いを口にするときには、階層構造を上から下へ、音のレベルまで降りて表出し、逆に人の思いを理解するときにムの途上にあるとしたら、その表現形式の一つであるタテ書きの滅亡は、プログラムの早い段階に書かれているだろう。そして、タテ書きを失い、世界標準にB追従しようとして魅力のイ乏しくなった日本語は、滅びのスピードを速めるに違いない。

タテ書きが消えるということは、タテ書きの文書が消えていくということだけではない。いや、むしろ、文書としてのタテ書きは歴史的な遺産として今後も長く生き残るだろう。それよりも重要なことは、タテ書きを読み書きする人々の認知の働きが消えていくということなのである。近年では、世界文化遺産の登録活動が盛んである。これも、もちろん重要なことだが、このように、物質化され、目に見えるものばかりが重視され、保護されるのは問題である。無数の人々が日々経験している心と身体の働きの中身をもっと見つめ、その優れた内容を保存していく必要があるのではないだろうか。

漢字はアルファベットより原始的か？

前章で述べたように、人類が生み出した文字は、最初、漢字のような［ a ］文字から出発し、その後、アルファベットのような［ b ］文字が生まれ、メジャーな存在となってきた。前章で述べたように、アルファベットがメジャーになったことがヨコ書き優位の世界を作ってきたのである。では、漢字は原始的な文字でアルファベットは進化した文字である、といえるだろうか？

このことを考えていくために、図１の漢字と英語の対照図に目を向けてほしい。②漢字の意味は一瞬でわかるが、英語の意味のやり取りには、やや時間がかかるのではないだろうか。もちろん、そう感じるのは、私が日本人であることが関係している。ネイティブの英語の読み手は一瞬といっていい速さで、この程度の単語の意味を把握できるだろう。しかし、多くの文字をウ連ねて構成される英単語の識別には、ミリセカンドというレベルで測ればより長い時間がかかっているはずである。

このことは、テキストの中で目標となる文字や単語を探すときの違いにも表れる。アルファベット文字がエエンエンと並べられている英文の中よりも、和文の中の方が目当ての文字や単語を見つけやすい。日本語のテキストの場合は、漢字に加えて、平仮名、カタカナ、さらにはローマ字まで含まれている。それらも識別特性となってターゲットに到達しやすくなる。私がこの本の中で、「縦書き・横書き」を「タテ書き・ヨコ書き」と表しているのも、「タテ」と「ヨコ」の文字を文中で識別しやすくするためである。もちろん、いまではコンピュータ検索にかければ、英単語の識別も容易である。しかし、人の目は、意味をもった情報の方が識別しやすいのである。

二〇二二年度 文化学園大学杉並高等学校（第2回）

【国語】（五〇分）〈満点：一〇〇点〉

一　次の文章を読み、後の問いに答えなさい。

絶滅危惧《きぐ》種としての縦書き文化

　現在、世界には六〇〇〇前後の言語が存在するといわれている。これは驚くべき数だが、そのうち半数は、近隣の言語のアシントウなどによって今世紀の終わりまでには消滅するであろうと予想されている。それらの言語は、同じくグローバル化による地球環境の変化によって動植物界にもたらされたA絶滅危惧種になぞらえ、「絶滅危惧言語」とも呼ばれている。地球上での生物多様性の危機は言語多様性の危機にも通じる問題なのである。

　生物多様性が保護されなければならない理由は、絶滅危惧種の中にまだ人類が見つけていない優れた資質が隠されていると思われるからである。その存在理由は、現代文明の価値基準だけで判断してはならないものである。この視点は、これまで述べてきた、タテ書きの存在理由にも当てはまるものである。

　この「絶滅危惧言語」という問題を言語の種類というより、その記述形式、つまり、タテ書き・ヨコ書きという観点からみると、ヨコ書きのタテ書き駆逐の動きはかなり早くから始まっていたと考えられる。もともと世界には文字のない言語が多数存在したため、その音声が文字化される段階でアルファベットを用いるヨコ書きになっていったという現実もある。このようにして、①世界の言語はアルファベットとヨコ書きが主流となっていった。もはや、タテ書きが生き残っているのは、地球上のごくわずかの地域である。しかし、比率的にはわずかであっても、一億二〇〇〇万人の中で日本語のタテ書きを日々目にしていると、その現実は見えにくいものとなっている。

　二〇〇八年に、水村美苗によって『日本語が亡《ほろ》びるとき――英語の世紀の中で』が発刊され、大きな話題となった。この書の中では、英語が世界語となる中で、日本語もやがて亡びる運命にあるのかもしれない、と説かれている。もし日本語が滅亡プログラ

英語解答

I (1) イ　(2) ウ　(3) エ　(4) イ　(5) イ

II ア，オ，キ，ケ，コ

III (1) ア　(2) イ　(3) エ　(4) イ

IV (1) イ　(2) エ　(3) オ　(4) ウ　(5) ア

V (1) other city in Japan is as big as
(2) What is this bird called in English
(3) The movie which I saw last Sunday was interesting
(4) How many times have you been to Nara
(5) Can I have something cold to drink
(6) Do you know what language is spoken

VI (1) (例)It is too cold to swim in the river.
(2) (例)He read as many books as he could.
(3) (例)The sea seen from here is very beautiful.
(4) (例)If I were you, I would study English harder.

数学解答

1 (1) -9　(2) $\dfrac{81a^2}{8b^4}$　(3) $\dfrac{x+11y}{6}$
(4) 11　(5) $40\sqrt{10}$
(6) $(a+b)(a+c)$
(7) $x=1$, $y=-2$　(8) 3
(9) $9-2\sqrt{5}$
(10) **行の番号…③　答え…**$x=\dfrac{3\pm\sqrt{17}}{4}$

2 (1) $\dfrac{7}{8}$　(2) 25
(3) 第５週目の５日目
(4) **方程式…**(例)$\dfrac{4}{5}x-2400=240$
$x=3300$

3 (1) $56°$　(2) $\dfrac{16}{3}\pi-4\sqrt{3}\,\mathrm{cm}^2$
(3) ① $\dfrac{4\sqrt{15}}{3}\mathrm{cm}^3$　② $\dfrac{\sqrt{15}}{5}\mathrm{cm}$

4 (1) $y=2x+3$　(2) 9　(3) 6
(4) $m+1$　(5) 7

国語解答

一　問一　ア　浸透　イ　とぼ　ウ　つら
エ　延々　オ　繁栄

問二　A…ウ　B…ア　　問三　エ

問四　a　表意　b　表音

問五　人の目～やすい[から]

問六　Ⅰ…エ　Ⅱ…オ　Ⅲ…ア

問七　アルファベットは音素文字から文のレベルまでの階層を行き来する必要があるが，漢字は文と単語の間の行き来ですむから。(56字)

問八　(1)　「タテ書き」が滅びれば，「タテ書き」を用いて言語活動を行ってきた人々の認知の働きが消え，それは文化の消失につながるから。(60字)
(2)…ア

問九　イ，エ

二　問一　ア　渋　イ　しっかん　ウ　新鮮
エ　切除　オ　せんて

問二　ウ　　問三　ア　　問四　エ

問五　息子の不調の原因がわからず，大きな病院に移らなくてはならない事態になったことに動揺を隠せずにいる。(49字)

問六　ア　　問七　イ　　問八　イ

問九　傍にい～しい。　　問十　エ

問十一　エ，オ

●要点チェック●　図形編一相似と平行線

◎相似な図形

相似……一方の図形を拡大または縮小して，他方の図形と合同となるとき，２つの図形は相似である。

・相似な図形の性質

１．対応する線分の長さの比はすべて等しい。
２．対応する角の大きさはそれぞれ等しい。

・三角形の相似条件

２つの三角形は次のどれかが成り立つとき相似である。
１．３組の辺の比がすべて等しい。
２．２組の辺の比とそのはさむ角がそれぞれ等しい。
３．２組の角がそれぞれ等しい。

1.

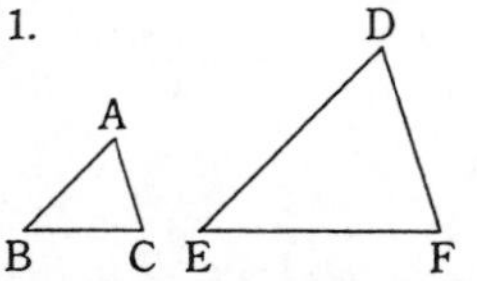

AB : DE=BC : EF=AC : DF

2.

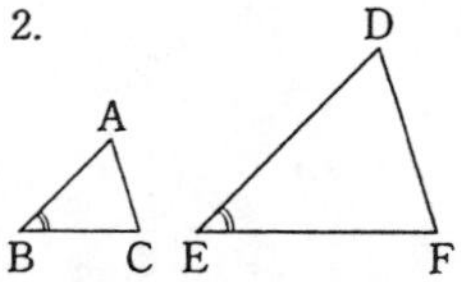

AB : DE=BC : EF
∠ABC=∠DEF

3.

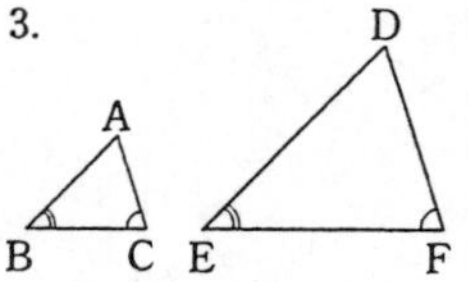

∠ABC=∠DEF
∠ACB=∠DFE

・平行線と線分の比

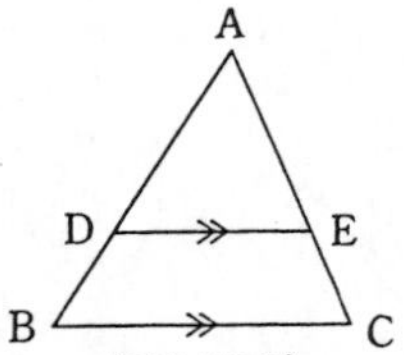

(DE//BC)
AD : DB=AE : EC
AD : AB=DE : BC=AE : AC

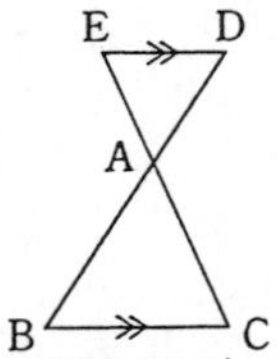

(ED//BC)
AD : AB=DE : BC=AE : AC

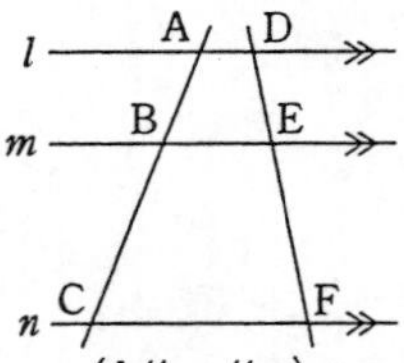

(l // m // n)
AB : BC=DE : EF

●要点チェック●　図形編―合同

◎図形の合同

合同……一方の図形を移動させて(ずらしたり《平行移動》，回したり《回転移動》，裏返したり《対称移動》して)，他方の図形に重ね合わせることのできるとき，この2つの図形は合同である。

・合同な図形の性質

1．対応する線分の長さは等しい。

2．対応する角の大きさは等しい。

・三角形の合同条件

2つの三角形は次のどれかが成り立つとき合同である。

1．3組の辺がそれぞれ等しい。

2．2組の辺とそのはさむ角がそれぞれ等しい。

3．1組の辺とその両端の角がそれぞれ等しい。

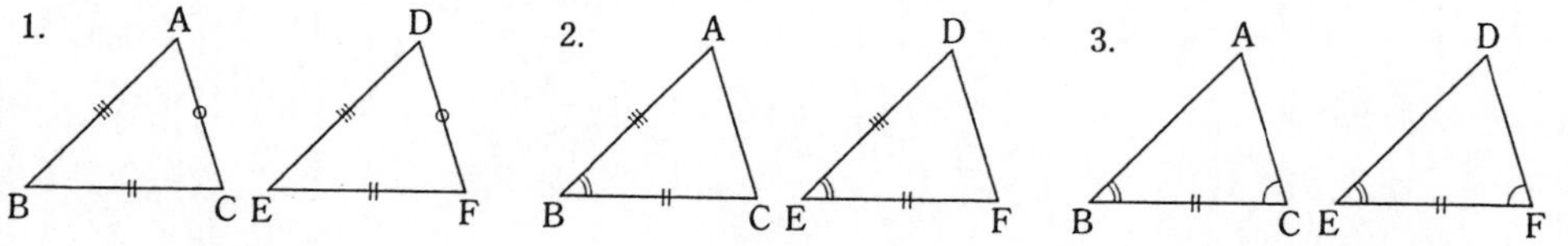

1.
AB＝DE
BC＝EF
AC＝DF

2.
AB＝DE
BC＝EF
∠ABC＝∠DEF

3.
BC＝EF
∠ABC＝∠DEF
∠ACB＝∠DFE

・直角三角形の合同条件

2つの直角三角形は次のどちらかが成り立つとき合同である。

1．斜辺と1鋭角がそれぞれ等しい。

2．斜辺と他の1辺がそれぞれ等しい。

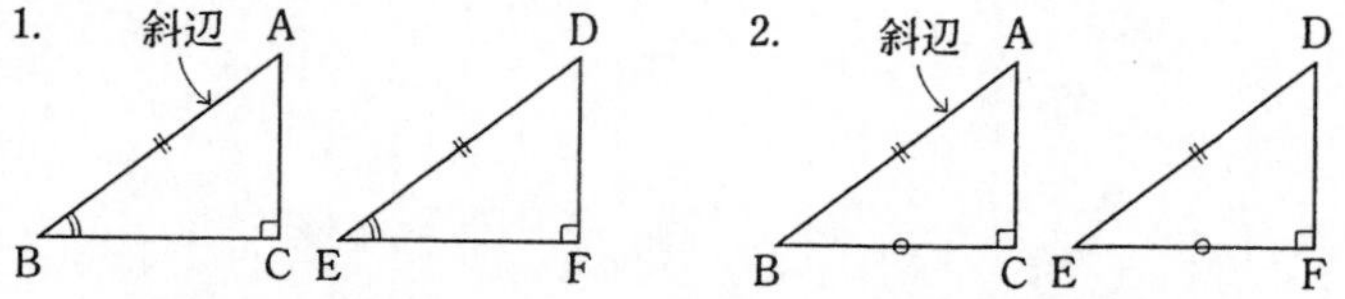

1.
∠ACB＝∠DFE＝90°
AB＝DE
∠ABC＝∠DEF

2.
∠ACB＝∠DFE＝90°
AB＝DE
BC＝EF

Memo

2025年度用

高校を受験する生徒とご父母のための…

高校合格資料集

■首都圏有名書店にて今秋発売予定!

※表紙は昨年のものです。

内容目次

1. まず試験日はいつ?推薦ワクは?競争率は?
2. この学校のことはどこに行けば分かるの?
3. かけもち受験のテクニックは?
4. 合格するために大事なことが二つ!
5. もしもだよ!試験に落ちたらどうしよう?
6. 勉強しても成績があがらない
7. 最後の試験は面接だよ!

定価1430円(税込)

当社発行物の無断使用は固くお断りいたします。御使用の前はまずご相談ください。

当社発行物には500点余の首都圏中・高過去問をはじめ、6点の学校案内、そのほかいくつかの情報誌などがございます。その多くが年度版で、限られたスタッフが来るべき受験シーズン前に余裕を持って受験生へ届けられるよう、日夜作業にあたり出版を重ねております。

最近、通塾生ご父母や塾内部からの告発によって、いくつかの塾が許諾なしに当社過去問を複写(コピー)し生徒に配布、授業等にも使用していることが発覚し、その一部が紛争、係争に至っております。過去問には原著作者や管理団体、代行出版等のほか、当社に著作権がございます。当社としましては、著作権侵害の発覚に対しては著作権を有するこれらの著作権関係者にその事実を開示して、マスコミにリリースする場合や法的な措置を取る場合がございます。その事例としましては、毎年当社過去問の発行を待って自由にシステム化使用していたA塾、個別教室でコピーを生徒に解かせ指導していたB塾、冊子化していたC社、生徒の希望によって書籍の過去問代わりにコピーを配布していたD塾などがあります。

当社発行物の全部もしくは一部を無断使用することは固くお断りいたします。

当社コンテンツの中にはリーズナブルな設定で紙面の利用を許諾している塾もたくさんございますので、ご希望の方は、お気軽にご相談くださいますようお願いします。同時に、当社発行物を無断で使用している会社などにつきましての情報もお寄せいただければ幸いです。

株式会社 声の教育社

スーパー過去問の **解説執筆・解答作成スタッフ(在宅)募集!** ※募集要項の詳細は、10月に弊社ホームページ上に掲載します。

2025年度用

高校スーパー過去問

■編集人 声の教育社・編集部

■発行所 株式会社 声の教育社

〒162-0814 東京都新宿区新小川町8-15

☎03-5261-5061㈹ FAX03-5261-5062

https://www.koenokyoikusha.co.jp

禁無断使用・転載

※本書の内容についての一切の責任は当社にあります。内容・解説・解答その他の質問等は文書にて当社に御郵送くださるようお願いいたします。

公立高校過去問シリーズ

●東京都立高校
●神奈川県公立高校
●千葉県公立高校
●埼玉県公立高校
●茨城県公立高校
●栃木県公立高校
●群馬県公立高校

掲載全問に
わかりやすい解説つき
各教科の
出題傾向と対策

定価1100円(税込)

都立独自高校 公立高校過去問シリーズ

251 都立日比谷高校
252 都立西高校
253 都立八王子東高校
254 都立国立高校
255 都立戸山高校
256 都立国分寺高校
257 都立立川高校
258 都立新宿高校
259 都立青山高校

定価2090円(税込)

高校ベスト10シリーズ

出題形式別、入試によく出る順!!

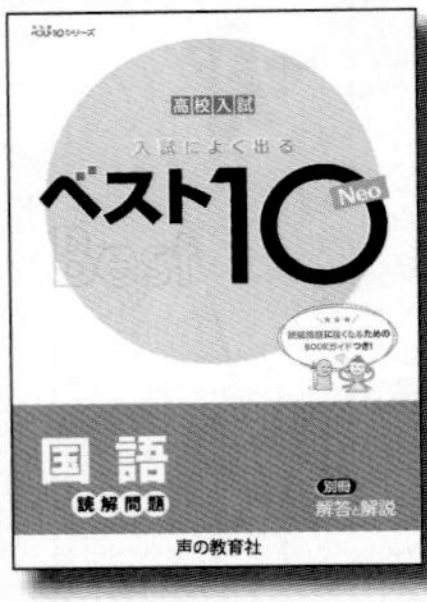

ベスト10Neo **国語** 読解問題

ベスト10Neo **数学** 図形問題

英語 文法問題ベスト10

定価990～1100円(税込)

高校受験面接ブック

別冊がウリ!! 首都圏の各高校の面接内容

本体 質問回答例ベスト150
面接ワークシート
自己PR書の書き方とワークシート

別冊 首都圏の私国立高校などの面接方法、時間、質問具体例
推薦・一般入試の面接内容
主要校の面接会場のようす
(各校図示)

小冊子 試験場に持って行ける
チェックBOOK
など面接対策がつまった1冊

定価1320円(税込)

図解でわかる!! 作文・小論文

本体 (88P) **合格作文の書き方**
①7日間で仕上げる基礎編
②4日間で仕上げる応用編

別冊 (52P) 首都圏の各高校の作文課題、制限時間、文字数の具体例調査
①首都圏の作文課題2000例を代表的な15パターンに分類(書き易くするため)
②着眼点、キーワード、ポイントを各パターンごとにコメント
③推薦と一般入試の作文出題校と課題例を一挙公開!!
④首都圏公立高校4年間課題調査

定価1100円(税込)

公立の漢字

公立高校の試験によく出る漢字

1漢字は全都道府県で出題!!
2公立の漢字の配点は高い!!
3 10年間の頻度をデータ化!!
4最頻出漢字を5段階評価!!

定価748円(税込)

声の教育社 〒162-0814 東京都新宿区新小川町8-15
TEL.03(5261)5061 FAX.03(5261)5062

カコを追いかけ
ミライをつかめ
「今の説明、もう一回」を何度でも
web過去問
ストリーミング配信による入試問題の解説動画
声の教育社
詳しくはこちらから

これで入試は完璧　高校入試用

最新版 高校ベスト10シリーズ

ベスト10Neo 国語 読解問題

入試によく出る作品を著者別・作品別に分類し、出題頻度順にランキング。実際の入試問題を解きながら効率よく学習ができます。論理的文章と文学的文章を分野別に掲載した、取り組みやすい構成。学習の基礎となる読解力を着実に身につけるとともに、国語の入試問題の全体的傾向を知ることができる問題集です。

最新版 高校ベスト10シリーズ

ベスト10Neo 数学 図形問題

入試に頻出の図形問題を網羅した本書は、基礎を固めるBasic(基礎編)、テーマ別に分類し、出題ランキングを表示したStandard(標準編)、難関校レベルのChallenge(発展編)の3部構成。基礎から応用問題まで幅広く学べます。便利な別冊「らくらく解答シート」がついており、声の教育社webサイトで作図動画も公開中です。

新改訂版 高校ベスト10シリーズ

高校入試 英語 文法問題ベスト10

出題頻度の高い文法問題をパターン別に分類し、ランキング順に掲載。解法のヒントや頻出事項を確認しながら問題に取り組むことができます。さらに、他に類を見ない詳しい解説、文法用語の意味や用法といった基礎知識を分かりやすくまとめた「文法用語mini事典」もつくなど、英語の力を着実にＵＰさせる情報が満載です。

声の教育社　〒162-0814 東京都新宿区新小川町8-15
TEL.03(5261)5061　FAX.03(5261)5062

文化学園大学杉並高等学校

別冊 解答用紙

丁寧に抜きとって、別冊としてご使用ください。

入試結果データ

※ ― は非公表

	2024年度	2023年度	2022年度
合格基準点	特進 210 進学 180 DD ―	特進 210 進学 180 DD ―	特進 210 進学 180 DD ―

※DD＝ダブルディプロマコース
※合格基準点は推薦入試を除く。

注意

- ○ 解答用紙は、収録の都合により縮小したものや、小社独自に作成したものもあります。
- ○ 学校配点は学校発表のもの、推定配点は小社で作成したものです。
- ○ 無断転載を禁じます。
- ○ 解答用紙を拡大コピーする場合、表示した拡大率に対応する用紙サイズは以下のとおりです。
  101%～102%＝B5　103%～118%＝A4　119%～144%＝B4　145%～167%＝A3
  （タイトルと配点表は含みません）

２０２４年度　文化学園大学杉並高等学校　第１回

英語解答用紙

番号		氏名	

評点	／100

I	(1)		(2)		(3)		(4)		(5)	

II										
(1)		(2)		(3)		(4)		(5)		
(6)		(7)		(8)		(9)		(10)		

III	(1)		(2)		(3)		(4)		(5)	

IV	(1)		(2)		(3)	

V		
(1)	She	in Japan .
(2)	You	making an effort .
(3)	I'm	.

VI	
(1)	
(2)	
(3)	

（注）この解答用紙は実物を縮小してあります。Ｂ４用紙に128%拡大コピーすると、ほぼ実物大で使用できます。（タイトルと配点表は含みません）

学校配点		計
	I 各３点×５　II 各４点×10 III〜V 各３点×11　VI 各４点×３	100点

２０２４年度　文化学園大学杉並高等学校　第１回

数学解答用紙

番号		氏名	

評点	／100

1

(1)		(2)		(3)	
(4)		(5)	$x=$　　，　$y=$	(6)	
(7)		(8)		(9)	$x=$
(10)	誤りのある番号		正しい答え		

2

(1)		(2)		(3)	$n=$
(4)	方程式				$x=$

3

(1)	$\angle x=$	(2)	cm
(3)	cm^3	(4)	cm^2

4

(1)	$a=$	(2)	(　　，　　)	(3)	(　　，　　)
(4)		(5)			

（注）この解答用紙は実物を縮小してあります。Ａ４用紙に103%拡大コピーすると、ほぼ実物大で使用できます。（タイトルと配点表は含みません）

学校配点		計
	1　各３点×10　　2～4　各５点×14〔2(4)は各５点×２〕	100点

二〇二四年度　文化学園大学杉並高等学校　第一回

国語解答用紙

番号		氏名		評点	/100

一

問一　ア　イ　ウ　エ　オ

問二

問三

問四

問五　↓ 間 ↓ ↓

問六

問七

問八

問九　制約がなければ、

問十　(1) 〜　(2)　(3)　(4) Ⅰ　Ⅱ　(5)

二

問一　ア　イ　ウ　エ　れば　オ

問二

問三　a　b

問四

問五

問六

問七

問八

問九

問十

問十一

学校配点	
一　問一　各2点×5　問二〜問六　各3点×5　問七　2点　問八　3点 問九　5点　問十　(1)　3点　(2)〜(4)　各2点×4　(5)　4点 二　問一　各2点×5　問二　4点　問三　各2点×2　問四〜問六　各4点×3 問七　6点　問八、問九　各3点×2　問十、問十一　各4点×2	
100点	計

(注)　この解答用紙は実物を縮小してあります。Ａ３用紙に161%拡大コピーすると、ほぼ実物大で使用できます。(タイトルと配点表は含みません)

２０２４年度　文化学園大学杉並高等学校　第２回

英語解答用紙

番号		氏名	

評点	／100

Ⅰ	(1)		(2)		(3)		(4)		(5)	

Ⅱ	(1)		(2)		(3)		(4)		(5)	
	(6)		(7)		(8)		(9)		(10)	

Ⅲ	(1)		(2)		(3)		(4)		(5)	

Ⅳ	(1)		(2)		(3)	

Ⅴ	(1)	other .
	(2)	the station .
	(3)	Tom .

Ⅵ	(1)	
	(2)	
	(3)	

(注) この解答用紙は実物を縮小してあります。Ｂ４用紙に128%拡大コピーすると、ほぼ実物大で使用できます。(タイトルと配点表は含みません)

学校配点		計
	Ⅰ　各３点×５　Ⅱ　各４点×10 Ⅲ～Ⅴ　各３点×11　Ⅵ　各４点×３	100点

２０２４年度　文化学園大学杉並高等学校　第２回

数学解答用紙

番号		氏名		評点	／100

1

(1)		(2)		(3)	
(4)	$x=$　　，$y=$	(5)		(6)	
(7)	$n=$	(8)	$x=$	(9)	
(10)	誤りのある初めの行の番号		正しい答え	$a=$　　，$b=$	

2

(1)			(2)	点	(3)	
(4)	式					
	x	$x=$				

3

(1)	$\angle x=$		(2)	cm^2
(3)	①	cm^2	②	cm^3

4

(1)		(2)		(3)	（　　，　　）
(4)	B（　　，　　）	(5)			

（注）この解答用紙は実物を縮小してあります。Ａ４用紙に105％拡大コピーすると、ほぼ実物大で使用できます。（タイトルと配点表は含みません）

学校配点		計
	1　各３点×10　　2～4　各５点×14〔2(4)は各５点×２〕	100点

二〇二四年度　文化学園大学杉並高等学校　第二回

国語解答用紙

番号		氏名	

評点	/100

一

問一　ア　む　イ　ウ　エ　る　オ

問二　問三

問四　20　40　60　70

問五　問六　B　C　D　問七　〜

問八　問九　問十

問十一　（1）　（2）

二

問一　ア　めて　イ　ウ　エ　われた　オ

問二　①　④　問三

問四　20　40

問五　問六　⑥　⑧　問七

問八　20　35

問九

問十　・　問十一

（注）この解答用紙は実物を縮小してあります。A３用紙に161％拡大コピーすると、ほぼ実物大で使用できます。（タイトルと配点表は含みません）

学校配点	
	一 問一 各2点×5　問二 3点　問三 4点　問四 6点　問五 3点 問六 各1点×3　問七、問八 各3点×2　問九、問十 各4点×2 問十一 （1） 3点 （2） 4点　二 問一、問二 各2点×7 問三 4点　問四 5点　問五 3点　問六 各2点×2　問七 4点 問八 5点　問九 3点　問十 各2点×2　問十一 4点
計	100点

２０２３年度　文化学園大学杉並高等学校　第１回

英語解答用紙

番号		氏名	

評点	／100

Ⅰ	(1)		(2)		(3)		(4)		(5)	

Ⅱ	(1)		(2)		(3)		(4)		(5)	
	(6)		(7)		(8)		(9)		(10)	

Ⅲ	(1)		(2)		(3)		(4)		(5)	

Ⅳ	(1)		(2)		(3)	

Ⅴ	(1)	?
	(2)	.
	(3)	.

Ⅵ	(1)	
	(2)	
	(3)	

(注) この解答用紙は実物を縮小してあります。Ｂ４用紙に128%拡大コピーすると、ほぼ実物大で使用できます。(タイトルと配点表は含みません)

学校配点		計
	Ⅰ　各３点×５　Ⅱ　各４点×10 Ⅲ～Ⅴ　各３点×11　Ⅵ　各４点×３	100点

2023年度　文化学園大学杉並高等学校　第1回

数学解答用紙

番号		氏名		評点	／100

1

(1)		(2)		(3)	
(4)		(5)	$x=$	(6)	
(7)		(8)	個	(9)	
(10)	誤りのある番号		正しい答え		

2

(1)		(2)	$m=$　　, $n=$	(3)	個
(4)	方程式		2回目の入場者数	人	

3

(1)		(2)	：
(3)	$\angle x=$	(4)	

4

(1)	(　　　,　　　)	(2)		(3)	
(4)		(5)			

(注)　この解答用紙は実物を縮小してあります。Ａ４用紙に103%拡大コピーすると、ほぼ実物大で使用できます。(タイトルと配点表は含みません)

学校配点		計
	1　各３点×10　　2～4　各５点×14〔2(4)は各５点×２〕	100点

二〇二三年度 文化学園大学杉並高等学校 第一回

国語解答用紙

番号　氏名　評点 /100

一

問一 ア イ ウ

問二 A B C

問三

問四

問五

問六

問七 を高めること

問八 (1) A B (2) (4)

(3)

二

問一 ア イ ウ エ オ

問二

問三

問四 X Y

問五

問六

問七 〜

問八

問九 (1) (2)

問十

問十一

問十二

(注) この解答用紙は実物を縮小してあります。A３用紙に152%拡大コピーすると、ほぼ実物大で使用できます。(タイトルと配点表は含みません)

学校配点	計
一 問一、問二 各2点×6 問三、問四 各3点×2 問五 8点 問六、問七 各3点×2 問八 (1) 各2点×2 (2) 3点 (3) 8点 (4) 3点 二 問一、問二 各2点×6 問三 3点 問四 各2点×2 問五 6点 問六〜問八 各3点×3 問九 各2点×2 問十 3点 問十一 6点 問十二 3点	100点

２０２３年度　文化学園大学杉並高等学校　第２回

英語解答用紙

番号		氏名	

評点	／100

Ⅰ	(1)		(2)		(3)		(4)		(5)	

Ⅱ	(1)		(2)		(3)		(4)		(5)	
	(6)		(7)		(8)		(9)		(10)	

Ⅲ	(1)		(2)		(3)		(4)		(5)	

Ⅳ	(1)		(2)		(3)	

Ⅴ	(1)	?
	(2)	.
	(3)	.

Ⅵ	(1)	
	(2)	
	(3)	

（注）この解答用紙は実物を縮小してあります。Ｂ４用紙に128%拡大コピーすると、ほぼ実物大で使用できます。（タイトルと配点表は含みません）

学校配点		計
	Ⅰ　各３点×５　　Ⅱ　各４点×10 Ⅲ～Ⅴ　各３点×11　　Ⅵ　各４点×３	100点

２０２３年度　文化学園大学杉並高等学校　第２回

数学解答用紙

番号		氏名	

評点	／100

1

(1)		(2)		(3)	
(4)		(5)	$x=$　　，$y=$	(6)	
(7)		(8)	$x=$	(9)	$a=$
(10)	誤りのある番号		正しい答え	回	

2

(1)		(2)		(3)	
(4)	方程式			x	

3

(1)		(2)	cm^3
(3)	cm	(4)	cm

4

(1)	$a=$	(2)	$a=$	(3)	$a=$
(4)		(5)	：		

（注）この解答用紙は実物を縮小してあります。Ａ４用紙に103％拡大コピーすると、ほぼ実物大で使用できます。（タイトルと配点表は含みません）

学校配点		計
	1　各３点×10　　2～4　各５点×14〔2(4)は各５点×２〕	100点

二〇二三年度　文化学園大学杉並高等学校　第二回

国語解答用紙

番号　　氏名　　評点 /100

一

問一　ア　イ　ウ　ね　エ　オ

問二

問三　A　B　C

問四

問五　問六　問七　問八

問九　i　ii　iii

問十

二

問一　ア　イ　ウ　エ　オ

問二　問三　問四

問五

問六　問七

問八

問九　問十　問十一　問十二

(注)　この解答用紙は実物を縮小してあります。A３用紙に152%拡大コピーすると、ほぼ実物大で使用できます。(タイトルと配点表は含みません)

学校配点

一 問一　各２点×５　問二　３点　問三　各２点×３　問四　８点
問五、問六　各３点×２　問七　２点　問八　３点
問九　(i)　３点　(ii)、(iii)　各２点×３　問十　３点
二 問一　各２点×５　問二～問五　各３点×４　問六　４点　問七　２点
問八　８点　問九　３点　問十　２点　問十一、問十二　各３点×３

100点　計

２０２２年度　文化学園大学杉並高等学校　第１回

英語解答用紙

番号		氏名		評点	／100

Ⅰ	(1)		(2)		(3)		(4)		(5)	

Ⅱ					

（順不同）

Ⅲ	(1)		(2)		(3)		(4)	

Ⅳ	(1)		(2)		(3)		(4)		(5)	

Ⅴ	(1)	a movie this Sunday ?
	(2)	Ken　twenty years .
	(3)	We'll be　raining .
	(4)	The e-mail　.
	(5)	The doctor　day after dinner .
	(6)	grandmother .

Ⅵ	(1)	
	(2)	
	(3)	
	(4)	

（注）この解答用紙は実物を縮小してあります。A３用紙に149％拡大コピーすると、ほぼ実物大で使用できます。（タイトルと配点表は含みません）

学校配点		計
	Ⅰ　各３点×５　Ⅱ, Ⅲ　各４点×９ Ⅳ, Ⅴ　各３点×11　Ⅵ　各４点×４	100点

２０２２年度　文化学園大学杉並高等学校　第１回

数学解答用紙

番号		氏名		評点	／100

1

(1)		(2)		(3)	
(4)		(5)	$x=$　　, $y=$	(6)	
(7)		(8)	$x=$	(9)	$a=$
(10)	誤りのある番号		正しい答え	回	

2

(1)	$n=$	(2)		(3)	
(4)	方程式		x		

3

(1)		(2)	cm^2
(3)	m	(4)	cm

4

(1)		(2)	(　　,　　)	(3)	
(4)		(5)			

（注）この解答用紙は実物を縮小してあります。Ａ４用紙に103％拡大コピーすると、ほぼ実物大で使用できます。（タイトルと配点表は含みません）

学校配点	1　各３点×10　2～4　各５点×14〔2(4)は各５点×２〕	計 100点

二〇二三年度　文化学園大学杉並高等学校　第一回

国語解答用紙

番号　　氏名　　評点　／100

一

問一　ア　イ　ウ　エ　オ

問二　a　b　　問三　Ⅰ　Ⅱ

問四　　問五

問六　　問七　　問八

問九

問十　i　1　2　　ii　3

二

問一　ア　イ　ウ　エ　オ

問二　　問三　　問四

問五　　問六

問七

問八

問九　i　〜　　ii　　iii

（注）この解答用紙は実物を縮小してあります。A３用紙に152％拡大コピーすると、ほぼ実物大で使用できます。（タイトルと配点表は含みません）

学校配点	
一 問一〜問三　各２点×９　問四　４点　問五〜問七　各３点×３　問八　４点　問九　５点　問十　i　各３点×２　ii　４点 二 問一　各２点×５　問二、問三　各３点×３　問四、問五　各４点×２　問六　３点　問七　６点　問八　３点　問九　i、ii　各４点×２　iii　３点	
100点	計

２０２２年度　文化学園大学杉並高等学校　第２回

英語解答用紙

番号		氏名	

評点	／100

I	(1)		(2)		(3)		(4)		(5)	

II					

（順不同）

III	(1)		(2)		(3)		(4)	

IV	(1)		(2)		(3)		(4)		(5)	

V	(1)	No　　　　Tokyo　.
	(2)	?
	(3)	.
	(4)	?
	(5)	?
	(6)	in this country　?

VI	(1)	
	(2)	
	(3)	
	(4)	

（注）この解答用紙は実物を縮小してあります。A３用紙に149％拡大コピーすると、ほぼ実物大で使用できます。（タイトルと配点表は含みません）

学校配点		計
	I　各３点×５　II, III　各４点×９ IV, V　各３点×11　VI　各４点×４	100点

２０２２年度　文化学園大学杉並高等学校　第２回

数学解答用紙

番号		氏名		評点	／100

1

(1)		(2)		(3)	
(4)		(5)		(6)	
(7)	$x=$　　，$y=$	(8)	$a=$	(9)	
(10)	誤りのある初めの行の番号		正しい答え	$x=$	

2

(1)		(2)	$n=$	(3)	第　週目の　日目
(4)	方程式			x	

3

(1)			(2)		cm^2
(3)	①	cm^3	②		cm

4

(1)		(2)		(3)	
(4)		(5)	$m=$		

（注）この解答用紙は実物を縮小してあります。Ａ４用紙に103％拡大コピーすると、ほぼ実物大で使用できます。（タイトルと配点表は含みません）

学校配点	1　各３点×10　　2～4　各５点×14〔2(4)は各５点×２〕	計 100点

二〇二二年度　文化学園大学杉並高等学校　第二回

国語解答用紙

番号		氏名		評点	/100

一

問一　ア　　イ　　しく　ウ　　ね　エ　　オ

問二　A　　B　　問三

問四　a　　b　　問五　　～　　から

問六　Ⅰ　　Ⅱ　　Ⅲ

問七

問八　(1)

(2)　　問九

（注）この解答用紙は実物を縮小してあります。A３用紙に152%拡大コピーすると、ほぼ実物大で使用できます。（タイトルと配点表は含みません）

二

問一　ア　　い　イ　　ウ　　エ　　オ

問二　　問三　　問四

問五

問六　　問七　　問八

問九　　～　　問十　　問十一

学校配点		計
	一 問一、問二　各2点×7　問三　3点　問四　各2点×2　問五　4点 問六　各2点×3　問七　5点　問八　(1) 5点　(2) 3点　問九　各3点×2 二 問一　各2点×5　問二～問四　各3点×3　問五　5点 問六、問七　各4点×2　問八　3点　問九　4点　問十　3点 問十一　各4点×2	100点

Memo

社会情勢の影響で中止の可能性がございます。必ず弊社HPをご確認ください。

首都圏最大級の進学相談会

第43回　中・高入試
受験なんでも相談会

主催　声の教育社

1都3県の有名校が参加!!

会場　新宿住友ビル三角広場

交通●ＪＲ・京王線・小田急線「新宿駅」西口徒歩8分
●都営地下鉄大江戸線「都庁前駅」A6出口直結
●東京メトロ丸ノ内線「西新宿駅」2番出口徒歩4分

日時　6月22日(土)…中学受験のみ
6月23日(日)…高校受験のみ

中学受験　午前・午後の２部制
高校受験　90分入れ替え４部制

特設ページ

入場予約6/8～(先行入場抽選5/31～)
当日まで入場予約可能(定員上限あり)
詳しくは弊社ＨＰ特設ページをご覧ください。

新会場の三角広場は天井高25m、換気システムも整った広々空間

●参加予定の中学校・高等学校一覧

22日(中学受験のみ)参加校
麻布中学校
跡見学園中学校
鷗友学園女子中学校
大妻中学校
大妻多摩中学校
大妻中野中学校
海城中学校
開智日本橋学園中学校
かえつ有明中学校
学習院女子中等科
暁星中学校
共立女子中学校
慶應義塾中等部（午後のみ）
恵泉女学園中学校
晃華学園中学校
攻玉社中学校
香蘭女学校中等科
駒場東邦中学校
サレジアン国際学園世田谷中学校
実践女子学園中学校
品川女子学院中等部
芝中学校
渋谷教育学園渋谷中学校
頌栄女子学院中学校
昭和女子大学附属昭和中学校
女子聖学院中学校
白百合学園中学校
成城中学校
世田谷学園中学校
高輪中学校
多摩大学附属聖ヶ丘中学校
田園調布学園中等部
千代田国際中学校
東京女学館中学校
東京都市大学付属中学校
東京農業大学第一中等部
豊島岡女子学園中学校
獨協中学校
ドルトン東京学園中等部
広尾学園中学校
広尾学園小石川中学校
富士見中学校
本郷中学校
三田国際学園中学校
三輪田学園中学校
武蔵中学校
山脇学園中学校
立教女学院中学校
早稲田中学校
和洋九段女子中学校
青山学院横浜英和中学校
浅野中学校
神奈川大学附属中学校
カリタス女子中学校
関東学院中学校
公文国際学園中等部
慶應義塾普通部（午後のみ）
サレジオ学院中学校
森村学園中等部
横浜女学院中学校
横浜雙葉中学校
光英VERITAS中学校
昭和学院秀英中学校
専修大学松戸中学校
東邦大学付属東邦中学校
和洋国府台女子中学校
浦和明の星女子中学校
大妻嵐山中学校
開智未来中学校

23日(高校受験のみ)参加校
岩倉高校
関東第一高校
共立女子第二高校
錦城高校
錦城学園高校
京華商業高校
国学院高校
国際基督教大学高校
駒澤大学高校
駒場学園高校
品川エトワール女子高校
下北沢成徳高校
自由ヶ丘学園高校
潤徳女子高校
杉並学院高校
正則高校
専修大学附属高校
大成高校
大東文化大学第一高校
拓殖大学第一高校
多摩大学目黒高校
中央大学高校
中央大学杉並高校
貞静学園高校
東亜学園高校
東京高校
東京工業大学附属科学技術高校
東京実業高校
東洋高校
東洋女子高校
豊島学院・昭和鉄道高校
二松学舎大学附属高校
日本大学櫻丘高校
日本大学鶴ヶ丘高校
八王子学園八王子高校
文華女子高校
豊南高校
朋優学院高校
保善高校
堀越高校
武蔵野大学附属千代田高校
明治学院高校
桐蔭学園高校
東海大学付属相模高校
千葉商科大学付属高校
川越東高校
城西大学付属川越高校

22・23日(中学受験・高校受験)両日参加校
【東京都】
青山学院中等部・高等部
足立学園中学・高校
郁文館中学・高校・グローバル高校
上野学園中学・高校
英明フロンティア中学・高校
江戸川女子中学・高校
学習院中等科・高等科
神田女学園中学・高校
北豊島中学・高校
共栄学園中学・高校
京華中学・高校
京華女子中学・高校
啓明学園中学・高校
工学院大学附属中学・高校
麴町学園女子中学校・高校
佼成学園中学・高校
佼成学園女子中学・高校
国学院大学久我山中学・高校
国士舘中学・高校
駒込中学・高校
駒沢学園女子中学・高校
桜丘中学・高校
サレジアン国際学園中学・高校
実践学園中学・高校
芝浦工業大学附属中学・高校
芝国際中学・高校
十文字中学・高校
淑徳中学・高校
淑徳巣鴨中学・高校
順天中学・高校
城西大学附属城西中学・高校
聖徳学園中学・高校
城北中学・高校
女子美術大学付属中学・高校
巣鴨中学・高校
聖学院中学・高校
成蹊中学・高校
成城学園中学・高校
青稜中学・高校
玉川学園　中学部・高等部
玉川聖学院中等部・高等部
中央大学附属中学・高校
帝京中学・高校
東海大学付属高輪台高校・中等部
東京家政学院中学・高校
東京家政大学附属女子中学・高校
東京成徳大学中学・高校
東京電機大学中学・高校
東京都市大学等々力中学・高校
東京立正中学・高校
桐朋中学・高校
桐朋女子中学・高校
東洋大学京北中学・高校
トキワ松学園中学・高校
中村中学・高校
日本工業大学駒場中学・高校
日本学園中学・高校
日本大学第一中学・高校
日本大学第二中学・高校
日本大学第三中学・高校
日本大学豊山中学・高校
日本大学豊山女子中学・高校
富士見丘中学・高校
藤村女子中学・高校
文化学園大学杉並中学・高校
文京学院大学女子中学・高校
文教大学付属中学・高校
法政大学中学・高校
宝仙学園中学・高校共学部理数インター
明星学園中学・高校
武蔵野大学中学・高校
明治学院中学・東村山高校
明治大学付属中野中学・高校
明治大学付属八王子中学・高校
明治大学付属明治中学・高校
明法中学・高校
目黒学院中学・高校
目黒日本大学中学・高校
目白研心中学・高校
八雲学園中学・高校
安田学園中学・高校
立教池袋中学・高校
立正大学付属立正中学・高校
早稲田実業学校中等部・高等部
早稲田大学高等学院・中学部
【神奈川県】
中央大学附属横浜中学・高校
桐光学園中学・高校
日本女子大学附属中学・高校
法政大学第二中学・高校
【千葉県】
市川中学・高校
国府台女子学院中学・高等部
芝浦工業大学柏中学・高校
渋谷教育学園幕張中学・高校
昭和学院中学・高校
東海大学付属浦安高校・中等部
麗澤中学・高校
【埼玉県】
浦和実業学園中学・高校
開智中学・高校
春日部共栄中学・高校
埼玉栄中学・高校
栄東中学・高校
狭山ヶ丘高校・付属中学校
昌平中学・高校
城北埼玉中学・高校
西武学園文理中学・高校
東京農業大学第三高校・附属中学校
獨協埼玉中学・高校
武南中学・高校
星野学園中学校・星野高校
立教新座中学・高校
【愛知県】
海陽中等教育学校

※上記以外の学校や志望校の選び方などの相談は

スーパー過去問をお買い上げいただいた方に

声教からのお知らせ

どうしても使ってほしい3冊!!

声の教育社では，高校入試のスタンダード（定番）として，高校受験案内／学校別スーパー過去問／都立・公立高校スーパー過去問をご用意しています。知っておきたい学校情報や，解いておきたい珠玉の頻出問題が満載です!!

充実のラインアップ!!
受験案内+公立過去問+私立過去問

東京都高校受験案内：定価2310円（税込）
東京都立高校スーパー過去問：定価1100円（税込）
3～10年間スーパー過去問：定価2200～2530円（税込）

各県高校受験案内：定価2310円（税込）（茨城県は定価1650
各県公立高校スーパー過去問：定価1100円（税込）
3～10年間スーパー過去問：定価2200～2530円（税

声の教育社
〒162-0814 東京都新宿区新小川町8-15
TEL 03（5261）5061 FAX 03（5261）5062
https://www.koenokyoikusha.co.jp